Súmulas Vinculantes

Análise crítica da experiência do Supremo Tribunal Federal

S296s Schäfer, Gilberto.

Súmulas vinculantes: análise crítica da experiência do Supremo Tribunal Federal / Gilberto Schäfer. – Porto Alegre: Livraria do Advogado Editora, 2012.

184 p.; 23 cm.

Inclui bibliografia.

ISBN 978-85-7348-806-7

1. Direito. 2. Súmula vinculante - Brasil. 3. Brasil. Supremo Tribunal Federal. 4. Poder judiciário. 5. Direito comparado. 6. Efeitos vinculantes. 7. Direito comum. 8. Reclamação (Direito). I. Título.

CDU 340.143
CDD 340.6

Índice para catálogo sistemático:

1. Direito : Jurisprudência como fonte do direito 340.143

(Bibliotecária responsável: Sabrina Leal Araujo – CRB 10/1507)

Gilberto Schäfer

Súmulas Vinculantes

Análise crítica da experiência do Supremo Tribunal Federal

Porto Alegre, 2012

Capa, projeto gráfico e diagramação
Livraria do Advogado Editora

Revisão
Rosane Marques Borba

Direitos desta edição reservados por
Livraria do Advogado Editora Ltda.
Rua Riachuelo, 1338
90010-273 Porto Alegre RS
Fone/fax: 0800-51-7522
editora@livrariadoadvogado.com.br
www.doadvogado.com.br

Impresso no Brasil / Printed in Brazil

Aos meus alunos.

Agradeço ao Professor Doutor Almiro do Couto e Silva, pela amizade, pela orientação e pelo carinho com que educa, transformando o aprendizado em uma viagem saborosa. Mestre do saber, faz do Magistério um debate franco e plural e, jamais, uma forma de imposição de ideias e, – por isso, cativou a muitos de nós.

Aos meus Professores da Graduação, do Mestrado e do Doutorado, que contribuíram imensamente com a minha formação.

Aos Professores que compuseram a banca de qualificação: Dr. Airton José Sott, Dra. Ana Paula Oliveira Ávila, Dr. Itiberê de Oliveira Castellano Rodrigues, Dr. Sérgio Luís Wetzel de Mattos, que contribuíram para melhorar esta pesquisa. Aos que compuseram a banca do Doutorado: professores, Dra. Ana Paula Oliveira Ávila, Dr. Rodrigo Valim de Oliveira, Dr. Itiberê de Oliveira Castellano Rodrigues, Dr. Sérgio Luís Wetzel de Mattos e Dr. Carlos Alberto Alvaro de Oliveira.

Aos que me ajudaram com material, com pesquisa e com ideias, especialmente Alberto Fett, Carlos Reverbel, Giuliana Mayara Silva de Oliveira, José Eduardo Previdelli, Maristela da Silva Alves, Maurício Cleber Miglioranzi Santos e Marcos Miguel.

A todos os colegas com quem partilhei os momentos de angústia e de conquista.

Aos funcionários das Bibliotecas do Tribunal de Justiça e do Uniritter, pelo auxílio constante.

Nem rir, nem chorar, antes compreender.

Baruch Spinoza

Sumário

Introdução

O presente texto tratará de um dos temas mais debatidos nos últimos anos, no Brasil: a inserção de um modelo de Súmulas Vinculantes no ordenamento jurídico. A inserção foi parte de um debate sobre a Reforma do Judiciário que não se restringiu à academia nem ao meio jurídico, mas que atingiu o grande público em manifestações nos jornais, nas revistas, na Internet, no rádio e na televisão.

A Reforma do Poder Judiciário reuniu em torno de si uma série de atores com objetivos e interesses diversos e que buscavam remodelar o Poder Judiciário no Brasil.[1] O discurso comum de todos estes atores era a da celeridade e da efetividade processual, a fim de estancar atos de improbidade e corrupção; um grupo pretendia estabelecer maior controle dos membros do Poder Judiciário; para outro, uma maior participação dos seus membros na administração do Judiciário.

Estas diretrizes continham, em comum, uma concepção mais centralizadora, o que significava remodelar a nossa concepção federativa, como se pode ver em novos mecanismos, como o Conselho Nacional de Justiça, modificações nos instrumentos de controle de constitucionalidade e na criação de um sistema de jurisprudência de menor liberdade aplicativa, que redundou no sistema das Súmulas Vinculantes.

A Reforma do Judiciário, sem dúvida, foi um instrumento de centralização federativa, inédito, assentado na premissa de um Poder Judiciário nacional,[2] cuja consequência ainda não foi totalmente explorada.

As Súmulas Vinculantes fizeram parte deste processo de centralização. O estudo não terá mais como ponto de partida os argumentos a favor

---

[1] Veja o conhecido documento técnico 319 do Banco Mundial que tem o título O setor judiciário na América Latina e no Caribe – elementos para Reforma, cuja versão é de Maria Dakolias. Disponível em:< http://www.anamatra.org.br/downloads/documento318.pdf>. Segundo a agência financeira internacional, na p. 58, "similarmente, espaços efetivos e gratuitos na mídia são necessários para construir uma base de apoio e gerar pressão pública pelas reformas". Isto explica também o forte apelo midiático que todos os temas encontraram no cenário brasileiro. Sobre as diferenças dos grupos na Reforma do Judiciário, ver, entre outros, CASTRO E COSTA, Flávio Dino de. *Judiciário, qual Reforma.* Disponível em:< http://www.mt.trf1.gov.br/judice/jud3/art2.html>.

[2] Ver a este respeito o decidido na ADI 3367/DF, Relator(a): Min. Cezar Peluso, Julgamento: 13/04/2005, Órgão Julgador: Tribunal Pleno.

ou contra a sua inserção, porém buscará partir da conformação normativa, inscrita na Constituição Federal pela Emenda Constitucional 45 e, após, na Lei n. 11.417/05, compreender a experiência incipiente na prática sumular vinculante.

Para este fim, buscará, de forma exemplificativa, a referência nas primeiras Súmulas que foram editadas e nas questões daí advindas, buscando subsídios nos debates, nos precedentes e nas reclamações em julgamento no Supremo Tribunal Federal (STF). Não se buscará esgotar a matéria de fundo, discutida em cada uma das Súmulas, a exemplo da obra de Roberto Rosas,[3] mas fazer referência à matéria como apoio para a compreensão do tema desenvolvido, ou seja, para entender a experiência sumular vinculante e como elas procuram estabelecer a série de inter-relações normativas no ordenamento jurídico.

Não se desconhece a evolução histórica da prática da vinculação sumular ou mesmo da importância de outros institutos que reforçam a aplicação da jurisprudência consolidada, também retratada em outras obras[4] – aqui, contudo, somente quando se entender necessário para a compreensão do tema, é que se buscarão referências históricas sobre o tema ou a comparação com outros institutos.

Também não se deixará de lançar mão de análises do Direito Comparado, especialmente para compreender papel do Judiciário, especialmente do STF, órgão encarregado da guarda precípua da Constituição, que intrinsecamente tem relação com uma visão do papel das instituições políticas e jurídicas, ou com uma prática da Separação dos Poderes (como cada órgão reconhece e desenvolve as suas funções estatais). Neste sentido, embora não seja o objetivo primordial desta pesquisa, sempre que se entender como necessário para esclarecer um determinado ponto de vista, irá se buscar o auxílio em autores que estudaram outros sistemas jurídicos, como uma forma de compreender o nosso sistema. De fato, o objetivo do estudo do Direito Comparado é compreender a nossa experiência através do outro.[5]

---

[3] ROSAS, Roberto. *Direito Sumular*: comentários às Súmulas do Supremo Tribunal Federal e do Superior Tribunal de Justiça. 8. ed. rev. e atual, São Paulo: Malheiros, 1997.

[4] Cito à guisa de exemplo, entre outros, que abordaram o assunto: MANCUSO, Rodolfo de Camargo. *Divergência jurisprudencial e Súmula Vinculante*. 3. ed. São Paulo: RT, 2007; CRUZ E TUCCI, José Rogério. Precedente judicial como fonte do Direito. São Paulo: Editora Revista dos Tribunais, 2004; LUSA CADORE, Márcia Regina. *Súmula Vinculante e uniformização de Jurisprudência*. São Paulo: Atlas, 2007; STRECK, Lenio Luiz. *Súmulas no Direito brasileiro*: eficácia, poder e função: a ilegitimidade constitucional do Efeito Vinculante. 2. ed. rev. e ampl. Porto Alegre: Livraria do Advogado, 1998. DIAS DE SOUZA, Marcelo Alves. *Do precedente judicial à Súmula Vinculante*. Curitiba: Juruá Editora, 2006. SIFUENTES, Mônica. *Súmula Vinculante*: um estudo sobre o Poder Normativo dos Tribunais. São Paulo: Saraiva, 2005.

[5] Neste sentido, ver: FACCHINI NETO, Eugênio. Estrutura e funcionamento da Justiça norte-americana. *Revista da Ajuris*, n. 113, p. 176-177, mar. 2009: "Por mais paradoxal que possa parecer a um

O livro será dividido em três partes. Estas divisões, embora desejáveis para a exposição didática do tema, não podem olvidar a imbricação do assunto desemvolvido, que implica numa interdependência das partes. Exemplifica-se rapidamente esta afirmação. A redação de uma Súmula, realizada com uma linguagem mais genérica ou abstrata, leva a uma atividade de atribuição de significado (que tem relação com o conteúdo e, portanto, com a interpretação) e a uma determinada utilização do instrumento de garantia da eficácia vinculante (a Reclamação).

Assim, na primeira parte, tratar-se-á do caráter normativo das Súmulas Vinculantes, de seus pressupostos de expedição e do procedimento para a revisão e para o cancelamento.

Nesta parte, será apresentada a inserção das Súmulas no Direito brasileiro, sistema do qual decorrem as Súmulas Vinculantes; construir-se-á o significado das Súmulas como normas, especialmente a sua característica de generalidade, fazendo uma aproximação com a teoria geral da norma. Quanto aos pressupostos para a sua expedição, apresentar-se-á uma proposta de interpretação do Texto Constitucional e analisar-se-á a fidelidade do STF a tais pressupostos. Neste ponto, a pesquisa tentará dissecar a fidelidade do Tribunal a cada um dos pressupostos para a expedição das Súmulas Vinculantes e para o sentido que atribui a cada um deles, buscando discutir de forma crítica o papel do STF. Também serão desenvolvidos os pressupostos para a expedição das Súmulas, como um processo regulado constitucionalmente, mas muito próximo da natureza legislativa – tema que será próprio do debate que faremos.

Em uma segunda parte, abordar-se-ão os chamados Efeitos Vinculantes da Súmula, fazendo uma comparação com o "Efeito Vinculante" no controle de constitucionalidade, a discussão a respeito da sua aplicabilidade para as Súmulas Vinculantes, bem como a questão da interpretação e da modulação dos Efeitos das Súmulas.

---

recém-iniciado no estudo do Direito Comparado, um dos principais objetivos desse ramo da ciência jurídica é aumentar o conhecimento sobre o *próprio* Direito. Ou seja, através do conhecimento do sistema jurídico de outros países, passamos a conhecer melhor o nosso próprio sistema. Refletindo um pouco, o paradoxo se desfaz. Uma pessoa hipoteticamente nascida e criada sozinha, numa ilha deserta, sem contato com nenhum outro ser humano, não tem a menor idéia de quem ela seja. Esse hipotético ser não sabe se é alto ou baixo, gordo ou magro, inteligente ou estúpido, expansivo ou introvertido, sensível ou bruto, belo ou feio. Não tem noção, enfim, de sua própria humanidade. Isso porque construímos nossa identidade através do espelho que são os outros. É através da observação dos meus semelhantes que eu me descubro e identifico minhas peculiaridades. É na socialidade que eu construo e identifico o meu ser. Pois bem. Quando estudamos apenas o nosso sistema jurídico e nele passamos a funcionar, temos a tendência de achar que ele é sensato, razoável e 'natural'. Mas somente ao tomarmos conhecimento de sistemas diversos, é que realmente podemos checar a sensatez, razoabilidade e naturalidade do nosso próprio sistema. Ao identificarmos suas peculiaridades, começamos a nos perguntar sobre suas razões mais profundas. Ao questionarmos sobre sua racionalidade, começamos, muitas vezes, a pensar em alterá-lo, melhorá-lo. Começamos a exigir explicações melhores do que a simplória explicação de que "as coisas sempre foram assim". (grifo nosso)

Para entender esse Efeito Vinculante, buscar-se-á compreender o que significou a inserção de um *modelo vinculante* no ordenamento jurídico brasileiro. Por isso, neste ponto far-se-á uma reconstrução histórica do controle de constitucionalidade, como forma de compreender o próprio controle de constitucionalidade, parcial objeto das Súmulas, considerando que foi nele que se inseriu o Efeito Vinculante no Direito brasileiro.

Também, entende-se como necessário realizar uma discussão a respeito da abrangência do chamado Efeito Vinculante, sob o aspecto de se reconhecer qual é a matéria abrangida pela vinculatividade, se ela se aplicará ao dispositivo das decisões no controle abstrato ou também aos seus fundamentos determinantes. Neste ponto, procurar-se-á estabelecer em que medida uma Súmula Vinculante pode albergar em seu conteúdo um Motivo Determinante de outros julgamentos, especialmente no controle abstrato.

Após, far-se-á uma análise do Efeito Vinculante nas Súmulas, procurando estabelecer esta vinculação de um ponto de vista subjetivo (a quem vincula) e objetivo (o que se vincula). É claro que já advertidos que, em relação a estes dois pontos de vista, eles estão relacionados com a forma de como esta vinculação acontece e de como os operadores do Direito podem se postar interpretativamente frente às Súmulas. Em outras palavras, quer-se discutir e compreender qual será a postura do aplicador e intérprete. Discutir em que medida é possível esperar uma atitude passiva e não crítica, quando se discute a aplicação de uma Súmula Vinculante.

Aqui, estudar-se-á o sistema dos precedentes da *Common Law*, buscando a partir daquelas experiências iluminar a prática jurídica brasileira. Identificar-se-á quais são as técnicas utilizadas para a interpretação e para a análise dos casos naquele sistema, como funcionam as técnicas de superação e de distinção, utilizadas naquele sistema, verificando-se como aqueles juristas aplicam o método. Por outro lado, tentar-se-á verificar em que medida as Súmulas são simples explicitações do precedente ou quando buscam uma interpretação ampliativa e generalizante, feita através dos seus Enunciados. Procurar-se-á traçar a semelhança e diferenças das Súmulas Vinculantes com aquele sistema. Caracterizar-se-á o papel da Súmula como Enunciado, ou seja, como Texto, que procura ter efeitos generalizantes, buscando na Teoria do Direito elementos para tal compreensão.

Finalmente, nesta parte ainda, observar-se-á em que medida é possível alguma modulação dos efeitos das Súmulas, tentando se fazer uma experiência que a aproxime da modulação dos efeitos de controle de constitucionalidade.

Em uma terceira parte, trataremos da garantia da vinculatividade expressa na utilização de um instrumento chamado Reclamação Constitucional, estabelecendo a evolução desta ação, de sua conformação constitucional e como este instrumento é utilizado para a garantia das Súmulas Vinculantes.

Situar-se-á a Reclamação no cenário constitucional, delineando como funciona e como é operada. O operador do Direito já deve ter identificado o alargamento deste instituto e de como ele vem sendo utilizado profusamente na prática jurídica brasileira, desde a sua criação. Por isso, é importante que ele seja devidamente situado para a sua compreensão, trazendo-se, inclusive, breves elementos históricos.

Ele é, sem dúvida, o instrumento de garantia do Efeito Vinculante, com a função de garantir o Efeito Vinculante do controle de constitucionalidade e nas Súmulas Vinculantes. Antes de adentrar no tema, das Súmulas Vinculantes, uma exposição deste instrumento e de sua expansão, visando vislumbrar traços de abusividade da utilização do instituto pelo STF, como sucedâneo do controle de constitucionalidade. Após, demonstrar-se-á como se opera a reclamação para o Efeito Vinculante das Súmulas, na aplicação dos atos da Administração Pública e o Poder Judiciário.

Buscar-se-á elucidar em última instância qual é o papel e o modo de operar do STF e dos demais intérpretes do Direito na resolução dos casos concretos, na identificação e escolha dos elementos fáticos e jurídicos. O livro procurará demonstrar que a Súmula, ao contrário do pensamento comum, não acaba com a atividade interpretativa e argumentativa, embora se exija um maior esforço argumentativo por parte dos operadores jurídicos. Finalmente, o presente trabalho se pauta em explorar as várias possibilidades que se apresentam na atribuição de sentido as normas, sem descurar do papel crítico, necessário para a construção do direito.

1. *A formulação, a modificação e o cancelamento das Súmulas Vinculantes*

1.1. As Súmulas e as Súmulas Vinculantes

As Súmulas Vinculantes foram insertas no ordenamento jurídico brasileiro pela Emenda Constitucional n. 45, que introduziu o art. 103-A na Constituição Federal,[6] e que autorizou o Supremo Tribunal Federal a editá-las. O Instituto recebeu conformação infraconstitucional através da Lei n. 11.417/2006.

Atualmente, há uma experiência prática de Súmulas Vinculantes (SV) que conta com a edição de 32 (trinta e dois) enunciados expedidos pelo STF,[7] de várias reclamações em que se questiona a aplicabilidade destes enunciados e de várias propostas de novas Súmulas Vinculantes.

No Direito brasileiro, o STF, que, como sabemos, ocupa um papel primordial como órgão de equilíbrio no mecanismo federativo[8] e unifor-

---

[6] "Art. 103-A. O Supremo Tribunal Federal poderá, de ofício ou por provocação, mediante decisão de dois terços dos seus membros, após reiteradas decisões sobre matéria constitucional, aprovar súmula que, a partir de sua publicação na imprensa oficial, terá Efeito Vinculante em relação aos demais órgãos do Poder Judiciário e à administração pública direta e indireta, nas esferas federal, estadual e municipal, bem como proceder à sua revisão ou cancelamento, na forma estabelecida em lei. § 1º A súmula terá por objetivo a validade, a interpretação e a eficácia de normas determinadas, acerca das quais haja controvérsia atual entre órgãos judiciários ou entre esses e a administração pública que acarrete grave insegurança jurídica e relevante multiplicação de processos sobre questão idêntica. § 2º Sem prejuízo do que vier a ser estabelecido em lei, a aprovação, revisão ou cancelamento de súmula poderá ser provocada por aqueles que podem propor a ação direta de inconstitucionalidade. § 3º Do ato administrativo ou decisão judicial que contrariar a súmula aplicável ou que indevidamente a aplicar, caberá reclamação ao Supremo Tribunal Federal que, julgando-a procedente, anulará o ato administrativo ou cassará a decisão judicial reclamada, e determinará que outra seja proferida com ou sem a aplicação da súmula, conforme o caso".

[7] Grande parte deste livro foi escrito levando em conta as dezesseis primeiras Súmulas Vinculantes, o que permite analisar o instituto, tendo em vista que não houve uma reviravolta do STF, na expedição e aplicação das Súmulas Vinculantes.

[8] Castro Nunes faz uma associação entre o papel do STF e o Estado Federal, no qual este exerce um papel fundamental. Para ele, as "Cortes Supremas são órgãos de equilíbrio entre os Poderes no mecanismo do Estado Federal". Ver: NUNES, Castro. *Teoria e prática do Poder Judiciário*. Rio de Janeiro: Forense, 1943. p. 136-137. Por isso, segue o referido autor, é necessário pensar a função do Judiciário

mizador da interpretação do Texto Constitucional e dos direitos fundamentais,[9] é o único Tribunal competente para editar, e como consectário normativo, para revisar e para cancelar as Súmulas Vinculantes.[10]

O Direito brasileiro já conhecia as duas realidades: as Súmulas – sem qualificativo – que podemos nominar de não vinculantes ou ordinárias e a prática de um Efeito Vinculante.

---

no regime federativo em que "todos os poderes constitucionais, diz Countryman (COUNTRYMAN, Edwin, The Supreme Court of the United States. 1913, os. 67-78) são por igual independentes dentro da esfera de atribuições de cada um deles. Os diversos departamentos entre os quais se distribui a ação de Governo exercem os seus deveres e funções com inteira liberdade de movimentos. Apenas estão adstritos à observância das leis, e da lei das leis, que é a Constituição. Ferida ou violada a Constituição e suscitada a questão entre partes, em forma regular, autoriza-se a jurisdição, com fundamento na cláusula constitucional que reservou ao Poder Judiciário todas as questões nascidas da Constituição, das leis federais e dos tratados, cabendo conseqüentemente ao Juiz a apreciação das regras constitucionais sobre a partilha dos Poderes e discriminação das atribuições dos diferentes departamentos para decidir do direito pleiteado; e no exercício dessa função, acrescenta, ele desempenha uma função estritamente judicial, que se não confunde com o Poder Legislativo ou Executivo". Castro Nunes conclui, citando o mencionado jurista, dizendo que a Suprema Corte é o árbitro final para determinar essas disputas. Ibid.

[9] Sobre uma análise do papel uniformizador em relação aos direitos humanos na Federação e das influências uniformizadores na Federação: ver FERCOT, Celine. La diversité des sources des droits fondamentaux : une caractéristique essentielle du Fédéralisme. Les exemples des Länder allemands, des cantons suisses et des Etats américains. Colloque A.I.D.C., Athènes, 11/15 juin 2007 Atelier: Constitutions infranationales dans les États fédéraux La diversité. Disponível em: <http://camlaw.rutgers.edu/statecon/workshop11greece07/workshop11/Fercot.pdf>, Acesso em: 22 mai.2008 e SCHLAICH, Klaus. Procedures et techniques de protection des droits fondamentaux: Tribunal Constitutionnel Federal Allemand. *Revue Internationale de Droit Compare*, Paris, p. 384, 1981.

[10] O STF é um Tribunal relativamente homogêneo, com poucos membros, não inflado pelo gigantismo de tal forma que não resulte em um Tribunal enfraquecido pelo seu fracionamento e divisões. Neste sentido importante recuperar a apreciação comparativa de Mauro Cappelletti que explica bem tal situação: "Do ponto de vista de sua estrutura e organização, as Cortes Superiores tradicionais dos países de "Civil Law" – especialmente, mas não apenas, no Continente europeu – são profundamente diversas dos Tribunais Superiores dos países da "Common Law". Elas não têm a estrutura unitária e compacta de um Tribunal de nove Juízes (como as Cortes Supremas dos Estados Unidos e do Canadá) ou então de sete (como a Corte Suprema do Estado da Califórnia). No vértice do sistema judiciário dos países de "Civil Law", encontramos, usualmente, uma dicotomia de Cortes Supremas, mutuamente autônomas: uma para as matérias civis e penais (como a nossa Corte de Cassação, a Cour de Cassation francesa e o *Bundesverwaltunsgericht* alemão). Em adição a esta falta de unitariedade, também existe o fato, muito relevante, de que a cada uma dessas Cortes é atribuído grande número de Juízes; por exemplo, mais de cem Juízes operam tanto na Cour de Cassation quanto no Conseil d'État franceses, como também no *Bundesgerichtshof* alemão, enquanto chegam a algumas centenas os Juízes da Cassazione italiana. Naturalmente, para poder agir com tão elevado número de Juízes ou Tribunais Superiores dos países de "Civil Law", subdividem-se em várias Seções (Chambres, Senate), cada uma das quais, em larga medida, decide de maneira independente das demais. Para completar essa falta de unitariedade e firmeza, surpreendentes aos olhos de todo *Common Lawyer*, usualmente pertencem a cada seção muito mais Magistrados do que necessários para a decisão colegiada da causa, razão por que não raro, de caso para caso, a mesma seção é composta por Juízes diversos. A conseqüência inevitável dessa desunida e diluída estrutura organizatória é o enfraquecimento da própria autoridade dos Tribunais, dos Magistrados singulares que os integram, e de suas decisões. Tal autoridade mostra-se incomparavelmente inferior à das Cortes Supremas dos países de "Common Law", de seus juízes individuais e das suas decisões". Ver: CAPPELLETTI, Mauro. *Juízes Legisladores?* Trad. de Carlos Alberto Alvaro de Oliveira. Porto Alegre: Sergio Antonio Fabris Editor, 1999. p. 116-117.

O termo *Súmula* em linguagem usual tem o significado de "pequena suma; breve resumo; epítome, sinopse";[11] – a palavra expressa, pois, síntese. Na sua origem latina, *summula* é diminutivo de *summa*, indicando que se trata de uma pequena soma ou quantia. Assim, a expressão *ad summa* significa "em suma, em resumo, enfim, para não entrar em pormenores", ou *in summa* que se refere ao total ou mesmo ao essencial.[12]

Estas características da linguagem geral foram recepcionadas pela terminologia jurídica, visto que se entendia que o resultado do procedimento de fixação da Súmula consistia em um Enunciado, em uma síntese, no caso das súmulas da orientação jurisprudencial assentada por um determinado Tribunal. Para Sérgio Sérvulo da Cunha,[13] que acompanha este raciocínio, "...as Súmulas são enunciados que, sintetizando as decisões assentadas pelo respectivo Tribunal em relação a determinados temas específicos de sua jurisprudência, servem de orientação a toda a comunidade jurídica".[14]

As Súmulas foram concebidas, como esclarece um dos seus defensores o Ministro Victor Nunes Leal, como um método de trabalho com efeito persuasivo,[15] no qual brevemente se enunciava o que o STF vinha decidindo de forma reiterada, tanto em Direito federal como em questões constitucionais, que, na época, eram julgadas pelo Supremo. Uma das funções para as quais as Súmulas foram pensadas era de orientação e de informação, porquanto sempre pode ser difícil para o cidadão tomar conhecimento da jurisprudência, superando um dos obstáculos do acesso à justiça.[16] Para o Ministro, tratava-se de uma maneira rápida de levar ao

---

[11] HOLANDA FERREIRA, Aurélio Buarque de. *Dicionário Aurélio*. 2. ed. rev. e aument. Rio de Janeiro: Nova Fronteira, 1986. p. 1628.

[12] DICIONÁRIO DE LATIM. 2. ed. rev. e actual. pelo Departamento de Dicionários da Porto Editora. Porto: Porto Editora, 2001. p. 647.

[13] CUNHA, Sérgio Sérvulo da. *O Efeito Vinculante e os poderes do Juiz*. São Paulo: Saraiva, 1999.

[14] Para outras definições, que giram em torno desse tema, ver CHIARINI JÚNIOR, Enéas Castilho. A inconstitucionalidade da Súmula de Efeito Vinculante no Direito brasileiro. *Jus Navigandi*, Teresina, ano 7, n. 91, 2 out. 2003. Disponível em: <http://jus2.uol.com.br/doutrina/texto.asp?id=4248>. Acesso em: 23 jun. 2009. Não pretendemos reproduzi-las, eis que todas giram em torno da ideia básica de ser um Enunciado sintético.

[15] LEAL, Victor Nunes. Passado e futuro da Súmula do S.T.F. *Revista da Ajuris*, Porto Alegre, v. 9, n. 25, p. 46-67, jul. 1982.

[16] Esta preocupação está expressa em Mauro Cappelletti: "Antes de tudo, parece sustentável que, para o cidadão normal, mostra-se freqüentemente mais difícil ter *informação* adequada do Direito jurisdicional do que do Direito legislativo, especialmente quando codificado este último. Embora existisse, sem dúvida, forte dose de ingenuidade na pretensão, que se seguiu às grandes codificações nacionais do século XIX – e também em codificações bem mais antigas, como a de Justiniano –, de saber dar ao Direito uma formulação simples, clara, completa, sistemática e acessível para todos, essa grande utopia não ocorreu sem alguma justificativa. O direito judiciário é casuístico, de modo freqüente bastante 'casual', descontínuo e, em grande medida, dependente da sorte de determinados casos concretos. Mesmo quando integrado pelo direito legislativo, e assim tornado menos 'esporádico', o resultado

público o conhecimento da jurisprudência – mais do que a função atual –, julgar de uma forma rápida uma classe de casos. A admissão, como relata o próprio Ministro, deu-se através da introdução de uma emenda no Regimento Interno do STF, datada de 28 de agosto de 1963, e modificada posteriormente.[17] Foram inicialmente 370 ementas, aprovadas na sessão plenária de 13 de dezembro daquele ano e que passaram a vigorar a partir de 1964.

As Súmulas – Não Vinculantes – atualmente são o resultado de um entendimento pacífico dos Tribunais sobre determinado tema ou resultam de um procedimento de uniformização de jurisprudência. Vamos abordar brevemente estes procedimentos com o escopo de compreender o instituto das Súmulas Vinculantes.

1.1.1. Das Súmulas ditas vão vinculantes

As Súmulas podem ser editadas no entendimento pacífico, na uniformização de jurisprudência, na uniformização de interpretação de lei federal no âmbito dos Juizados Especiais Federais e, com a mesma previsão para os Juizados Especiais.

A Súmula em entendimento pacífico é a prevista no Regimento Interno do STF. No art. 102 do referido Regimento há previsão de que a jurisprudência assentada, reiterada, em que não se vislumbre mais divergência, seja compendiada. Estas Súmulas são expedidas somente após reiterados julgamentos e não como o resultado direto de um procedimento de unificação jurisprudencial. De acordo com o § 1° do referido artigo, a inclusão de enunciados na Súmula, bem como a sua alteração ou o seu cancelamento, será deliberada em Plenário, por maioria absoluta. O objetivo inicial dessas Súmulas foi dispensar maiores referências por ocasião

---

constitui, amiúde, confusa mistura de fontes jurídicas diversas, muitas vezes conflitantes entre si, vindas à luz em tempos diferentes, motivadas por fins diversos, difíceis de compreender, combinar e reconciliar entre si. E de qualquer modo é um dado da realidade que os 'repertórios' do direito judiciário são usualmente mais numerosos, volumosos e atulhados, mais custosos e difíceis de serem consultados, do que os códigos e as coleções de leis oficialmente publicadas". (grifo nosso) Ver: CAPPELLETTI, 1999, op. cit., p. 83-84.

[17] "Art. 102. A jurisprudência assentada pelo Tribunal será compendiada na 'Súmula do Supremo Tribunal Federal'. '§ 1° A inclusão de enunciados na 'Súmula', bem como a sua alteração ou cancelamento, serão deliberados em Plenário, por maioria absoluta. § 2° Os verbetes cancelados ou alterados guardarão a respectiva numeração com a nota correspondente, tomando novos números os que forem modificados. '§ 3° Os adendos e emendas à 'Súmula', datados e numerados em séries separadas e sucessivas, serão publicados 3 vezes consecutivas no Diário da Justiça. '§ 4° A citação da 'Súmula', pelo número correspondente, dispensará perante o Tribunal a referência a outros julgados no mesmo sentido. 'Art. 103. Qualquer dos Ministros pode propor a revisão da jurisprudência assentada em matéria constitucional e da compendiada na 'Súmula', procedendo-se ao sobrestamento do feito, se necessário".

dos julgamentos ou dos recursos aduzidos no Supremo Tribunal Federal. O pedido de revisão pode ser feito por qualquer Ministro, procedendo-se ao sobrestamento do feito, se necessário (art. 103 do RISTF).

No Superior Tribunal de Justiça (STJ), a matéria será objeto de Súmula para a uniformização de jurisprudência e também para as decisões tomadas por unanimidade dos membros componentes da Corte Especial ou da Seção, em um caso, ou por maioria absoluta em pelo menos dois julgamentos concordantes.

A uniformização de jurisprudência (com ou sem edição de Súmula) e a prevenção e a composição da divergência são, antes de tudo, métodos que buscam – diante da discricionariedade judicial[18] e da interpretação de textos normativos cada vez mais abertos – introduzir coerência atual na aplicação das normas legislativas (em sentido lato). Dito de outro modo, os Tribunais expressam a sua palavra sobre a aplicação controvertida de um determinado Texto, buscando eliminar a controvérsia e buscar a igualdade na aplicação das normas jurídicas. O Direito, cada vez mais, procura estabelecer um momento em que se formará um precedente que se aplique aos casos em julgamento e para os casos futuros, debatendo-se, desta maneira, a respeito dos valores e das normas que devem prevalecer no caso.[19]

O incidente de uniformização de jurisprudência está disciplinado no art. 476 do nosso Código de Processo Civil. Ele pode ser instaurado pelo julgador ou pela parte, incluindo o próprio Ministério Público. O Magistrado, também, antes de proferir o voto no órgão fracionário,[20] segundo o art. 476, pode solicitar o pronunciamento prévio do Tribunal

---

[18] Sobre o debate a respeito da discricionariedade judicial, ver RODRIGUEZ, César. *La decisión judicial*: el debate – Hart-Dworkin. estudio preliminar. Bogotá: Siglo del Hombres Editores: Facultad de Derecho, Universidad de los Andes, 1997. Para as questões de argumentação jurídica, ou seja, porque a decisão A ou B é a melhor, ou qual é o conjunto de valores que leva a rejeitar a decisão A ou B, ver ATIENZA, Manuel. *As razões do Direito* – teorias da argumentação jurídica: Perelman, Toulmin, Mackormick, Alexy e outros. São Paulo: Landy Livraria e Editora, 2000.

[19] As exigências próprias do liberalismo como a estabilidade, a certeza e a uniformidade do Direito se manifestaram na *Common Law* no precedente vinculante e, no Continente, no sistema codificado. Neste sentido, Adele Anzon assevera: "Basterà osservare come il progressivo affermarsi della regola del valore vincolante del singolo precedente per i giudici delle controversie successive coincida, storicamente, com l´affermarsi dello Stato liberale e, com esso, dell´esingenza di stabilità, certezza ed uniformità del diritto, quali garanzie indispensabili del pratico operare dei principi del liberalismo político ed econômico. Questa esigenza negli ordinamenti continentali a diritto codificato si ritenne appagata dai principi della generalità e astratezza della leggi formale e della soggezione dei giudici a questúltima; nel sistema anglo-americano, nella sfera del common Law, trovo invece Il suo instrumento di garanzia nell´obbligo per i giudici di uniformarsi alle proprie precedenti decisioni su controversie analoche". Ver: ANZON, Adele. *Il valore del precedente nel Giudizio sulle leggi*: l´esperienza italiana alla luce di un´analise comparata sul regime del Richterrecht, Milano: Giuffrè Editore, 1995. p. 24-25.

[20] O incidente de uniformização não pode ser feito quando o julgador é o Plenário ou o órgão especial. Neste sentido, ver também BARBOSA MOREIRA, José Carlos. *Comentários ao Código de Processo Civil*. v. 5, arts. 476-565. 7. ed, Rio de Janeiro: Forense, 1998.

quando: "I– verificar que, a seu respeito, ocorre divergência; II – no julgamento recorrido a interpretação for diversa do que lhe haja dado outra turma, câmara, grupo de câmaras ou câmaras cíveis reunidas". Isso significa qualquer Juiz que participa do julgamento.[21] A parte, conforme o parágrafo único do referido artigo, pode requerer fundamentadamente o incidente "ao arrazoar o recurso ou em petição avulsa". Este incidente, no entanto, é uma faculdade do órgão julgador[22] e deve representar uma divergência atual não ultrapassada.

O art. 477 estabelece o procedimento da divergência: "Reconhecida a divergência, será lavrado o acórdão, indo os autos ao Presidente do Tribunal para designar a sessão de julgamento. A secretaria distribuirá a todos os Juízes cópia do acórdão". É, de fato, um acórdão que apenas suscita a questão, expondo-se a dúvida a respeito daquilo que será enfrentado. Remetem-se posteriormente os autos ao Presidente do Tribunal. O Tribunal, reconhecendo a divergência, dará a interpretação a ser observada, cabendo a cada Juiz emitir o seu voto em exposição fundamentada (art. 478). Em outras palavras, isto significa que o Tribunal fará uma apreciação prévia a respeito da matéria, devendo-se ouvir o Chefe do Ministério Público que funciona em cada Tribunal (parágrafo único do referido artigo). O julgamento será retomado posteriormente pelo órgão suscitante. De acordo com o art. 479, "o julgamento, tomado pelo voto da maioria absoluta dos membros que integram o Tribunal, será objeto de Súmula e constituirá precedente na uniformização da jurisprudência. Parágrafo único. Os regimentos internos disporão sobre a publicação no órgão oficial das súmulas de jurisprudência dominante".

O efeito, de acordo com Barbosa Moreira "só se produz se houverem votado pela tese vitoriosa Juízes em número superior à metade do total; do contrário, a fixação da tese jurídica prevalecerá para o caso concreto, mas não será 'objeto de Súmula' nem constituirá precedente na uniformização da jurisprudência".[23] Para formar essa maioria no STJ, o Regimento interno exige *quorum* qualificado de dois terços dos seus Ministros para a instalação da sessão.[24]

---

[21] BARBOSA MOREIRA, op. cit., 1998, p 15.

[22] Neste sentido as decisões publicadas em RSTJ 17/452 e STJ-RT 664/175, citadas também em FREITAS KIETZMANN, Luís Felipe de. Da uniformização de jurisprudência no Direito brasileiro. *Jus Navigandi*, Teresina, ano 10, n. 1124, 30 jul. 2006. Disponível em: <http://jus2.uol.com.br/doutrina/texto.asp?id=8701>. Acesso em: 26 set. 2006.

[23] BARBOSA MOREIRA, op. cit., 1998, p. 25

[24] RISTJ, art. 119. No julgamento de uniformização de jurisprudência, a Corte Especial e as Seções se reunirão com o *quorum* mínimo de dois terços de seus membros. § 1°. O Presidente, em qualquer caso, somente proferirá voto de desempate. § 2°. No julgamento, o pedido de vista não impede que votem os Ministros que se tenham por habilitados a fazê-lo, devendo o Ministro que o formular apresentar o feito em mesa na primeira sessão seguinte. § 3°. Proferido o julgamento, em decisão tomada pela maioria

Além dessa forma de uniformização, a Lei n. 10.352, de 26.12.01, introduziu um modo preventivo para solucionar a divergência jurisprudencial. Conforme a redação dada ao § 1º do art. 555 do CPC, ocorrendo relevante questão de Direito, que faça conveniente prevenir ou compor divergência entre Câmaras ou Turmas do Tribunal, poderá o Relator propor que seja o recurso julgado pelo órgão colegiado que o Regimento assim o indicar. Assim, o colegiado, reconhecendo o interesse público na assunção de competência, julgará o recurso.[25]

A prevenção ocorre no caso de inexistência prévia de decisões divergentes sobre o tema e a composição pressupõe, por sua vez, a existência de soluções díspares anteriores, divergência que poder ser ensejadora de embargos infringentes. A questão jurídica[26] a ser enfrentada deve ser relevante e embora seja um juízo de conveniência este deve ser orientado pelos princípios processuais que informam o Processo e, em consonância, com a ideia de que a solução deva se dar a partir do amplo debate – satisfazendo o contraditório e o princípio democrático –, que visa a prevenir justamente a existência de divergências entre os órgãos fracionários. Esta forma visa evitar, nas chamadas questões de Direito, os embargos infringentes, aumentando o debate a respeito da questão controversa e reforçando o Colegiado.

---

absoluta dos membros que integram o órgão julgador, o Relator deverá redigir o projeto de súmula, a ser aprovado pelo Tribunal na mesma sessão ou na primeira sessão ordinária seguinte.

[25] No TJRS essa atribuição foi dada pelo art. 1º da Emenda Regimental n. 06/05, publicada em 29.11.2005 às Turmas de Julgamento, sendo duas na Seção de Direito Público e três na Seção de Direito Privado e aos grupos. Compete às Turmas uniformizar a Jurisprudência Cível e julgar os recursos dos feitos que, envolvendo relevante questão de Direito, se faça conveniente prevenir ou compor divergências entre Câmaras ou Grupos. Nessa hipótese, em primeiro lugar, deliberará acerca de interesse público na assunção da competência para julgar o recurso. Não o reconhecendo, devolverá os autos ao órgão originariamente competente. Tendo tomado a decisão em três julgamentos concordantes, pelo menos, a Turma poderá aprovar Súmula sobre a matéria decidida, divulgando-a em órgão de publicação oficial. O objetivo da Súmula vem explicado no Regimento: "visará à segurança jurídica e à contenção da multiplicação de processos sobre questões idênticas". Segundo o art. 16: "Aos Grupos Cíveis compete uniformizar a Jurisprudência Cível, em matéria sujeita à especialização por Grupos ou por Câmaras, aprovando as respectivas Súmulas, inclusive por via administrativa. § 1º Os embargos infringentes e as ações rescisórias serão distribuídos ao Grupo de que faça parte a Câmara prolatora do acórdão. § 2º A escolha do Relator ou Revisor recairá, quando possível, em Juiz que não haja participado do julgamento da apelação ou da ação rescisória".

[26] Cândido Rangel Dinamarco observa que: "O vocábulo questão é empregado no texto da lei (...) em seu puro significado carneluttiano, a designar toda dúvida surgida no espírito do Juiz ou levada a ele pelas partes. Têm-se dúvidas quanto aos fatos, ou questões de fato; e dúvidas quanto à interpretação da lei ou à dimensão desta e sua pertinência ao caso, ou questões de direito. Como é arquinotório, Carnelutti conceituou questões como 'pontos duvidosos de fato ou de direito'. Esse mesmo autor prossegue, sustentando que se tem questão jurídica relevante "quando sua solução pode transcender os interesses dos sujeitos em litígio, projetando influência sobre a sociedade como um todo ou sobre os valores inerentes à vida social, notadamente aqueles que a Constituição Federal abriga e resguarda". Ver: DINAMARCO, Cândido Rangel. *A reforma da Reforma*. 3. ed. São Paulo: Malheiros, 2002, p. 136-137.

Finalmente, foi instituído um Processo de uniformização no âmbito dos Juizados Especiais Federais e, posteriormente, seguido pelos Juizados da Fazenda Pública.

Os Juizados Especiais Federais são uma importante instituição para o aprimoramento do acesso à Justiça,[27] informado pelos critérios de celeridade e de efetividade processual.[28] Eles seguiram a tendência de deforma-

---

[27] Os Juizados Especiais Federais foram inspirados no Juizado de Pequenas Causas e pelos seus sucessores, os Juizados Especiais, que foram criados como uma hipótese para a solução de litígios que implicavam a resolução da chamada "litigiosidade contida". Ver: WATANABE, Kazuo. Filosofia e Características do Juizado de Pequenas Causas, In: WATANABE, Kazuo (coord.). Juizado Especial de Pequenas Causas. São Paulo: Editora Revista dos Tribunais, 1985, p. 2. Para Boaventura de Sousa Santos, a consolidação do Estado Social resultou em uma explosão de litigiosidade, na qual a Administração da Justiça dificilmente poderia dar respostas, pois essa explosão veio a se agravar com uma crise recessiva que resultou na redução progressiva dos recursos financeiros do Estado e a sua crescente incapacidade para dar cumprimento aos compromissos assistenciais e providenciais, assumidos para as classes populares na década anterior (crise financeira do Estado). Ver: SANTOS, Boaventura de Sousa. Introdução à Sociologia da Administração da Justiça. *Repro,* v. 37, p. 124-125. Por isso, os processualistas se voltaram ao encontro de soluções técnicas aptas a realização dessas vias, buscando "deformalizar as controvérsias". O termo é utilizado em duas acepções diferentes: a deformalização do próprio Processo, utilizando-se a "técnica processual em busca de um Processo mais simples, rápido, econômico, de acesso fácil e direto, apto a solucionar com eficiência tipos particulares de conflitos de interesses" e a "deformalização das controvérsias, implementando equivalentes jurisdicionais "como vias alternativas ao Processo, capazes de evitá-lo, para solucioná-las mediante instrumentos institucionalizados de mediação". Ver: GRINOVER, Ada Pellegrini. Deformalização do Processo e deformalização das controvérsias. RIL, v. 25 n. 97, jan./ mar. 1988, p. 191ss. Com essa diretriz conceitual, surgem alternativas como o juízo arbitral, a conciliação, os Juizados de Pequenas Causas, Tribunais de vizinhança e mecanismos especiais de conciliação e arbitragem, em que o Acesso à Justiça é visto como direito fundamental, em que é necessário não apenas proclamar direitos mas também garanti-los. Os Juizados Especiais têm previsão constitucional no art. 98, que dispõe que "a União, no Distrito Federal e nos Territórios, e os Estados criarão: I – Juizados Especiais, providos por Juízes Togados, ou togados e leigos, competentes para a conciliação, o julgamento e a execução de causas cíveis de menor complexidade e infrações penais de menor potencial ofensivo, mediante os procedimentos oral e sumaríssimo, permitidos, nas hipóteses previstas em lei, a transação e o julgamento de recursos por turmas de Juízes de primeiro grau ." (grifo nosso). O Juizado é um sistema hoje consolidado, em expansão, e por isso, foram criados os Juizados Especiais Federais – logo serão criados os Juizados Especiais para o julgamento das causas contra os entes públicos, na esfera estadual.

[28] A busca da efetividade do Processo é uma aspiração crescente e generalizada. Para Barbosa Moreira, a efetividade é a "aptidão de um meio ou instrumento para realizar os fins ou produzir os efeitos a que se ordena. Ver: BARBOSA MOREIRA, José Carlos. Notas sobre o problema da 'efetividade' do Processo. *Revista da Ajuris,* 29, p. 79, nov. 1993. De acordo com José Carlos Barbosa Moreira, esses fins devem ser procurados enquanto escopos da Jurisdição e podem ser elencados como escopo social, político e jurídico. O escopo social é a busca da pacificação com Justiça, eliminando as insatisfações e os conflitos. É fator de conscientização do povo para a conquista de seus direitos. O escopo político é a capacidade estatal de decidir imperativamente (Poder) que é uma informação de sua autoridade. O escopo jurídico significa pôr em questão o modo como opera e a posição ocupada no sistema jurídico pelo Processo, diante do Direito Material em jogo. O Direito Processual deve guardar fidelidade aos desígnios do Direito Objetivo como um valor em si mesmo, visto que nas disposições jurídico-substanciais reside a projeção das escolhas políticas e sociais da Nação, resumidas com vistas à solução geral dos casos concretos. A lei, mesmo com os fins políticos do Direito, é limitativa do arbítrio do Juiz. Os escopos devem, de fato, ser compreendidos como unidade. A relevância do escopo social e político representa o fim do imobilismo do sistema, que nasceu sob o signo de individualismo liberal e deve estar coadunado com as novas estruturas do Estado, denominado de pós-social. Ver: DINAMARCO, Cândido Rangel. *A instrumentalidade do Processo.* 3. ed. São Paulo: Malheiros, 1993. p. 149 ss. Id. Escopos políticos do Processo. In: Encontro sobre participação e Processo, 1987, São Paulo. *Anais do Encon-*

lizar as controvérsias, já testadas nos Juizados Especiais Cíveis Estaduais. No entanto, um problema assolava os seus criadores: deixar formar uma Jurisprudência à margem daquela formada pelo STJ e de acordo com cada uma das Turmas Recursais de cada Região. O problema poderia ser mais sério, porque poderia fazer com que a Administração Federal, responsável pelo cumprimento de tal Jurisprudência, ficasse impossibilitada de agir de maneira uniforme.

Em decorrência disso, foi instituída pela Lei Federal n. 10.259, de 12 de julho de 2001, a uniformização de Jurisprudência – uma forma de controlar e de centralizar a criação desta última.[29] Idêntico procedimento foi previsto pela Lei Federal n. 12.153 de 22 de dezembro de 2009.

A uniformização de jurisprudência cabe em questões de Direito Material. Quando a divergência for entre Turmas de igual Região, o julgamento dar-se-á em reunião conjunta das Turmas em conflito, sob a Presidência do Juiz Coordenador; quando a divergência ocorrer entre

---

tro sobre participação e Processo. São Paulo: Procuradoria Geral do Estado – Centro de Estudos, 1987. O Direito, como positivação do Poder, procura assegurar-se de técnicas. Deste modo, a técnica processual é "a predisposição ordenada de meios destinados à realização dos escopos processuais. A técnica processual vai se adaptando às exigências sociais e políticas que atuam sobre o sistema processual e lhe cobram o cumprimento de seu compromisso com o Estado e com a própria sociedade.Por isso, não basta apenas examinar a dinâmica interna do Processo mas também examinar a própria dinâmica do Poder. Assim, a ideia de efetividade do Processo deve ser entendida como a capacidade de exaurir os objetivos que o legitimam no contexto jurídico, social e político. Ver: Id., 1993, op. cit., p. 225.

[29] "Art. 14. Caberá pedido de uniformização de interpretação de lei federal quando houver divergência entre decisões sobre questões de direito material proferidas por Turmas Recursais na interpretação da lei. § 1º O pedido fundado em divergência entre Turmas da mesma Região será julgado em reunião conjunta das Turmas em conflito, sob a presidência do Juiz Coordenador. § 2º O pedido fundado em divergência entre decisões de Turmas de diferentes regiões ou da proferida em contrariedade à Súmula ou Jurisprudência dominante do STJ será julgado por Turma de Uniformização, integrada por Juízes de Turmas Recursais, sob a Presidência do Coordenador da Justiça Federal. § 3º A reunião de juízes domiciliados em cidades diversas será feita pela via eletrônica. § 4º Quando a orientação acolhida pela Turma de Uniformização, em questões de Direito Material, contrariar Súmula ou Jurisprudência dominante no Superior Tribunal de Justiça – STJ, a parte interessada poderá provocar a manifestação deste, que dirimirá a divergência.§ 5º No caso do § 4º, presente a plausibilidade do direito invocado e havendo fundado receio de da no de difícil reparação, poderá o Relator conceder, de ofício ou a requerimento do interessado, medida liminar determinando a suspensão dos processos nos quais a controvérsia esteja estabelecida. § 6º Eventuais pedidos de uniformização idênticos, recebidos subseqüentemente em quaisquer Turmas Recursais, ficarão retidos nos autos, aguardando-se pronunciamento do Superior Tribunal de Justiça. § 7º Se necessário, o Relator pedirá informações ao Presidente da Turma Recursal ou Coordenador da Turma de Uniformização e ouvirá o Ministério Público, no prazo de cinco dias. Eventuais interessados, ainda que não sejam partes no Processo, poderão se manifestar, no prazo de trinta dias.§ 8º Decorridos os prazos referidos no § 7º, o Relator incluirá o pedido em pauta na Seção, com preferência sobre todos os demais feitos, ressalvados os processos com réus presos, os Habeas Corpus e os mandados de segurança. § 9º Publicado o acórdão respectivo, os pedidos retidos referidos no § 6º serão apreciados pelas Turmas Recursais, que poderão exercer juízo de retratação ou declará-los prejudicados, se veicularem tese não-acolhida pelo Superior Tribunal de Justiça. § 10. Os Tribunais Regionais, o Superior Tribunal de Justiça e o Supremo Tribunal Federal, no âmbito de suas competências, expedirão normas, regulamentando a composição dos órgãos e os procedimentos a serem adotados para o processamento e o julgamento do pedido de uniformização e do recurso extraordinário".

decisões de Turmas de diferentes Regiões ou da proferida em contrariedade à Súmula ou à Jurisprudência dominante do STJ, será julgada por Turma de Uniformização, integrada por Juízes de Turmas Recursais, sob a Presidência do Coordenador da Justiça Federal. Se a orientação que for acolhida pela Turma de Uniformização, em questões de Direito Material, contrariar Súmula ou Jurisprudência dominante do STJ, a parte interessada poderá provocar a manifestação deste último, que dirimirá a divergência.

Vale ainda dizer que este sistema garante a prevalência, em última instância, daquilo que é decidido pelo STJ, acrescentando-se que não se trata unicamente da chamada matéria sumulada mas também daquela objeto da jurisprudência dominante, ou seja, daquilo que prevalentemente o referido Tribunal consolidou a respeito da matéria.

Deste modo, observa-se que no Brasil já havia – e há – ampla utilização de Súmulas, experiência que fortificou a concepção de que tal forma de exprimir as decisões dos Tribunais devesse ganhar um agregado especial, quando fosse decidido pelo STF, um Efeito Vinculante, também já testado como veremos em momento próprio.

1.2. As Súmulas: texto e normas

Antes de expor os requisitos da expedição da Súmula Vinculante, devem ser realizados alguns apontamentos sobre a sua natureza normativa. A Súmula é, antes de mais nada, um Texto Normativo, que é formulado em caráter geral e indeterminado.

Adota-se neste livro a diferença entre Texto e Norma, sendo esta última produto de interpretação.[30] Desta maneira, a norma possui os seguintes componentes: um programa normativo o que significa um modelo de ordenação expressa através de enunciados lingüísticos;[31] um domínio ou setor normativo: uma constelação de dados reais (setor ou domínio nor-

[30] Neste sentido, podemos citar, entre outros, GUASTINI, Riccardo. Das fontes às normas. São Paulo: Quartier Latin, 2005. p. 23.: "Entendo por 'interpretação (jurídica)' a atribuição de sentido (ou significado) a um texto normativo. Chamo 'texto normativo' qualquer documento elaborado por uma autoridade normativa e, por isso, identificável *prima facie* como fonte do Direito dentro de um sistema jurídico dado".. Entre nós, especial referência à ÁVILA, Humberto. *Teoria dos princípios*: da definição à aplicação dos princípios jurídicos. 2. ed. São Paulo: Malheiros, 2003, p. 30ss. Assim, "Normas não são textos nem o conjunto deles, mas os sentidos construídos a partir da interpretação sistemática de textos normativos. Daí se afirmar que os dispositivos se constituem no objeto da interpretação; e as normas no seus resultado. O importante é que não existe correspondência entre norma e dispositivo, no sentido de que sempre que houver um dispositivo haverá uma norma, ou sempre que houver uma norma deverá haver um dispositivo que lhe sirva de suporte". Ibid., p. 30.

[31] "O teor literal expressa o 'programa da norma', a 'ordem jurídica' tradicionalmente assim compreendida". Ver: MÜLLER, Friedrich. 3. ed., rev. e ampl., Rio de Janeiro, Renovar, 2005. p. 43.

mativo).[32] A norma (constitucional) é, pois, "um modelo de ordenação orientado para uma concretização material, constituído por uma medida de ordenação, expressa através de enunciados linguísticos e por um 'campo' de dados reais (factos jurídicos, factos materiais)".[33] Neste nível, nas palavras de Canotilho, "a norma jurídica é ainda uma regra geral e abstracta, que representa o resultado intermédio do processo concretizador, mas não é ainda imediatamente normativa".[34] Para passar à normatividade concreta, a norma constitucional precisa tornar-se uma norma de decisão, quando o Judiciário decide um caso jurídico ou quando há a atuação do legislador e do administrador. No nosso caso, deve-se considerar a atividade judicial como concretizadora das normas, constitucionais ou legais.

As Súmulas, entre outros requisitos, exigem, previamente, uma norma de decisão judicial, ou seja, exigem uma solução para uma série de casos "idênticos", ocorridos a partir de outros Textos Normativos (constitucionais ou não), dos quais eles assumem um caráter acessório[35] ou subordinado.[36] A norma de decisão é exarada em cada caso, que permite, depois, em um procedimento próprio formar um novo Texto, que concre-

---

[32] "Pertence adicionalmente à norma, em nível hierárquico igual, o âmbito da norma, i.é., o recorte da realidade social na sua estrutura básica, que o programa da norma 'escolheu' para si ou em parte criou para si como seu âmbito de regulamentação (como amplamente no caso de prescrições referentes à forma ou similares)." Ver: MÜLLER, loc. cit.

[33] GOMES CANOTILHO, José Joaquim. *Direito Constitucional*. Coimbra: Livraria Almedina, 1993. p. 217-218.

[34] Ibid., p. 223.

[35] Jorge Miranda acentua este ponto da acessoriedade, quando se refere ao instituto dos assentos, embora para chegar a resultado diverso da posição que assumimos aqui: "Numa primeira fase, escrevemos que o assento possuía uma eficácia geral sem ser normativa; que aí se executava uma norma; que não havia um limite que surgisse novo, havia uma questão que se decidia à luz do Direito, já existente. Depois abandonamos essa maneira de ver, para, pura e simplesmente, descortinarmos nele um acto normativo da função jurisdicional. Não se tratava de normas legislativas nem de interpretação autêntica em acepção própria; faltava-lhe o irrescusável elemento político que nestas sempre se exibe. Tratava-se, sim, de normas jurisprudenciais, o que explicava a sua necessária acessoriedade perante a lei a que correspondiam, bem como as limitações da sua emanação. Nem se outorgava ao tribunal pleno por fixar doutrina um poder de direcção dos tribunais contrário à sua independência; ele não procedia senão à formulação de uma proposição – não de todas as preposições do juízo jurisprudencial". Ver: MIRANDA, Jorge. *Manual de Direito Constitucional*: actividade constitucional do Estado. t. 5. Coimbra: Coimbra Editora, 2000. p. 42.

[36] Para João José Leal e Pedro Roberto Decomain, as súmulas têm caráter subordinado. Os autores partem da noção de norma de reconhecimento para chegar até tal finalidade: "Naturalmente que a Súmula do Tribunal Superior constituirá regra de reconhecimento subordinada. Se surgir norma emanada do Poder Legislativo com conteúdo diverso daquele inerente à súmula, esta deverá ser considerada tão revogada quanto o seria uma outra lei anterior que tivesse conteúdo destoante daquele da lei nova". Ver: LEAL, João José; DECOMAIN, Pedro Roberto. Súmula Vinculante, regras de reconhecimento e textura aberta do Direito. *Resenha Eleitoral*, v.11, n.1, p. 39, jan./jun. 2004. As normas de reconhecimento, no esquema de Hart, são normas secundárias (ao contrário das primárias, que estabelecem obrigações) que suprem a falta de certeza de modo a torná-las indiscutivelmente regras prevalentes.

tiza o preceito constitucional que serviu de base – entretanto, em relação aos casos futuros,[37] remete a um novo programa normativo, a um novo âmbito normativo e a uma nova decisão.[38]

Com esse esquema, pode-se perceber que as Súmulas Vinculantes são Texto, e que a interpretação a transforma em Norma[39] – sem descurar, como se destacou aqui, que esta interpretação exige uma maior vinculação com a sua genética, para buscar os seus Motivos Determinantes. Na busca do seu sentido, deve-se levar em conta que a solução eleita – trans-

---

[37] Na expressão de Friedrich Müller, "a futuridade (*Zukünftigkeit*)". Ver: MÜLLER, 2005, op. cit., p. 49.

[38] Os casos passados desempenham um papel maior na chamada pré-compreensão. Para um entendimento hermenêutico, ver: MÜLLER, 2005, op. cit. e HESSE, Konrad. *Elementos de Direito Constitucional da República Federal da Alemanha.* Trad. de, Luiz Afonso Heck. Porto Alegre: Sérgio Antônio Fabris Editor, 1999, p. 6 -162: "O intérprete não pode compreender o conteúdo da norma de um ponto situado fora da existência histórica, por se assim dizer, arquimédico, senão somente na situação histórica concreta, na qual ele se encontra, cuja maturidade enformou seus conteúdos de pensamento e determina seu saber e seu (pré-)juízo. Ele entende o conteúdo da norma de uma (pré)-compreensão, que primeiramente lhe torna possível olhar a norma com certas esperanças, projetar-se um sentido do todo e chegar a um anteprojeto que, então, em penetração mais profunda, carece de confirmação, correção e revisão até que, como resultado de aproximação permanente dos projetos revisados, cada vez, ao 'objeto', determine-se univocamente a unidade do sentido. (...) O intérprete deve relacionar a norma, que ele quer entender, a esse problema, se ele quer determinar seu conteúdo decisivo *hic et nunc.* Essa determinação e a 'aplicação' da norma ao caso concreto são um procedimento uniforme, não entendido em si, a um fato. Não existe interpretação constitucional independente de problemas concretos. Também a compreensão do problema pressupõe, nisso, um 'entendimento'; ela é, por causa disso, igualmente, dependente da (pré-compreensão do intérprete que, por sua vez, carece de fundamentação teórico-constitucional. A Teoria da Constituição converte-se, com isso, em condição tanto da compreensão da norma como do problema". Na Filosofia, fundamental é o texto de Gadamer, para quem: "Também aqui se confirma que compreender significa em primeiro lugar ser versado na coisa em questão, e somente secundariamente destacar e compreender a opinião do outro como tal. Assim, a primeira de todas as condições hermenêuticas é a pré-compreensão que surge do ter de se haver com essa mesma coisa. A partir daí determina-se o que pode ser realizado como sentido unitário e, com isso, a aplicação da concepção prévia da perfeição.Ver: GADAMER, Hans-Georg. *Verdade e método I*: traços fundamentais de uma Hermenêutica filosófica. Rio de Janeiro; Petrópolis: Editora Vozes, 2004. p. 390.

[39] Neste sentido, a lição de Arruda Alvim que se refere ao sistema anterior à EC/45; em linguagem diversa da adotada neste texto, expressa: "As *Súmulas* têm conteúdo eminentemente jurídico, consistente na interpretação do Direito, tal como tenha sido objeto de julgamento pelo STF ou outro Tribunal, e, em face da Constituição Federal de 1988, tudo indica a edição de súmulas pelo Superior Tribunal de Justiça, que terão notável influência em nosso Direito. Geralmente, a Súmula é enunciada quando a jurisprudência já se encontra assentada, em um determinado sentido. Súmula, portanto, é representativa de uma expressão lingüística, geralmente com teor sintético de uma corrente jurisprudencial, tida como a correta na interpretação da lei. Confere à situação de dubiedade, existente diante de dualidade, ou mais, de entendimentos jurisprudenciais, o atributo da certeza através da eleição privilegiada do entendimento havido como o correto. Quer pelo Enunciado em si mesmo, quer por esse atributo de privilegiar um dos entendimentos. Confere maior certeza ao Direito. As súmulas, muitas vezes serão um desdobramento de uma norma, com outra linguagem, descritiva de uma implicação constante e particular da norma, em um quadro sistemático em que é assim aplicada. Estas serão representativas de uma explicitação rigorosamente interpretativa da significação da norma, total ou parcialmente considerada; nestes casos, ter-se-á agregado ao Enunciado Sumular um caráter revelador de uma hipótese praticamente relevante, contida nessas normas, o que representará, então, papel esclarecedor na inteligência do Direito voltado à sua aplicação". Ver: ALVIM, Arruda. Tratado *de Direito Processual Civil.* 2. ed. refundida do Código de Processo Civil comentado. v. 1(arts. 1º ao 6º). São Paulo: Editora Revista dos Tribunais, 1990. p. 17.

formada em Súmula – entre as possíveis – está ligada a uma controvérsia anterior, que também demarca o seu espaço de pré-compreensão. A súmula, considerada como norma, pode ser mais aberta ou mais fechada,[40] dependendo do seu Texto, e deve expressar o âmbito em que a norma de decisão jurisdicional foi produzida – sob pena de ferir o Texto Constitucional.

Ao verificar que a súmula vinculante se dirige ao futuro, que tem caráter obrigatório, pode-se afirmar, como já se fazia, que ela tem natureza normativa – equivalente a uma lei –, em função de sua generalidade e abstração.[41] No entanto, ela é uma generalização que decorre de uma norma de decisão (caso decidido), que concretizou outras normas, mas que, expressa em um Texto (o enunciado da Súmula), facilita a comunicação de critérios gerais para a adoção de condutas,[42] que, embora não elimine as dúvidas, tem uma pretensão, em grau mais elevado de fazê-lo[43]. Não há mais caso a ser decidido, portanto, estamos próximos de uma competência legislativa.[44]

---

[40] Ver: ALVIM, loc. cit. Arruda Alvim refere este aspecto da generalidade, dependente da norma anterior trabalhada: "o âmbito da generalidade da Súmula dependerá de ela estar sobreposta a toda a norma, ou não. Por outro lado, a Súmula 152, 'revogada', pela 494, inclusive esta, são ambas, v.g., o resultado de uma interpretação sistemática, compreensiva de mais de um texto, com vistas a identificar qual o prazo prescricional da lesão, tendo em vista a proibição do art. 1.132, do Código Civil. Isso demonstra que a Súmula pode representar o resultado de uma interpretação sistemática, pois a de n. 494 engloba mais de um texto, explicitando uma solução contida no sistema. Ademais, demonstra que se pode corrigir um entendimento, ainda que precedentemente sumulado". Sobre a discussão a respeito da Súmula 494, assim ementada: "A ação para anular venda de ascendente e descendente, sem consentimento dos demais, prescreve em 20 anos, contados da data do ato, revogada a Súmula n. 152". Ver: ROSAS, Roberto. *Direito Sumular*: comentários às Súmulas do Supremo Tribunal Federal e do Superior Tribunal de Justiça. 8. ed., rev. e atual. São Paulo, Malheiros Editores, 1997, p. 210-217.

[41] José Frederico Marques alude também ao sistema sumular anterior, cujo raciocínio pode ser também aqui aplicado: "No caso, porém, de consolidação da jurisprudência uniforme e predominante, através de súmulas, para a formulação de regras gerais extraídas de arestos e julgados, os Tribunais estão exercendo função normativa semelhante à do legislador, visto que não estão aplicando *hic et nunc* o Direito objetivo, mas promulgando preceitos que aí se enquadrarão como normas a vigorar em casos futuros". Ver: MARQUES, José Frederico. *Manual de Direito Processual Civil*. v. 1. Campinas: Bookseller, 1997. p. 65. De acordo com Mônica Sifuentes, "O que diferencia, portanto, um ato jurisdicional do outro é a sua normatividade, ou seja, a sua capacidade de extrapolar as fronteiras do caso julgado, projetando-se no ordenamento jurídico com os atributos de generalidade e abstração. A esse requisito se deve acrescentar a obrigatoriedade, que, em interpretação mais restrita, alcançaria apenas os atos jurisdicionais dotados de oponibilidade *erga omnes*, como é o caso, no Brasil, das decisões de mérito preferidas em controle abstrato de constitucionalidade". Ver: SIFUENTES, Mônica. *Súmula Vinculante*: um estudo sobre o Poder Normativo dos Tribunais. São Paulo: Saraiva, 2005. p. 277.

[42] HART, Herbert L.A., *O conceito de Direito*. 21. ed. Lisboa: Fundação Calouste Gulbenkian. p. 138 ss.

[43] A lei, muitas vezes, também tem esta pretensão, embora, muitas vezes seja propositalmente aberta, por razões técnicas ou mesmo ideológicas, por não conseguir chegar a um consenso.

[44] A respeito disso, ver: CAPPELLETTI, Mauro. *Juízes legisladores*? Trad. de Carlos Alberto Alvaro de Oliveira. Porto Alegre: Sergio Antonio Fabris Editor, 1999. Também, no mesmo sentido, Hans Kelsen assevera: "Um Tribunal, especialmente um Tribunal de última instância, pode receber competência para criar, através da sua decisão, não só uma norma individual, apenas vinculante para o caso *sub judice*, mas também normas gerais. Isto é assim quando a decisão judicial cria o chamado precedente

Ao realizar uma aproximação do caráter normativo da Súmula, e que intrinsecamente este livro terá como referência e cujo caráter performativo o acompanhará, passa-se à questão da inserção das Súmulas Vinculantes no ordenamento brasileiro.

1.3. A edição das Súmulas Vinculantes

Com a inserção das Súmulas Vinculantes no Direito brasileiro, ocorre a superação legislativa – em sentido lato – de um amplo debate, sobre a conveniência de tal introdução. Pode-se apresentar o rol desses argumentos, tomando como fio condutor a apresentação realizada por Sálvio de Figueiredo Teixeira com a ilustração de outros autores que abordam o tema – cujos argumentos serão apresentados em nota de rodapé.[45]

Podemos apresentar, então, os argumentos contrários à adoção das Súmulas Vinculantes: (a) – por atribuir função de natureza legislativa ao Judiciário, contrariando, desta maneira, o princípio da separação dos Poderes;[46] (b) por cuidar-se de instituto autoritário;[47] (c) por violentar o prin-

judicial, quer dizer: quando a decisão judicial do caso concreto é vinculante para a decisão de casos idênticos. Uma decisão judicial pode ter um tal caráter de precedente quando a norma individual por ela estabelecida não é predeterminada, quanto ao seu conteúdo, por uma norma geral criada por via legislativa ou consuetudinária, ou quando essa determinação não é unívoca e, por isso, permite diferentes possibilidades de interpretação. No primeiro caso, o Tribunal cria, com a sua decisão dotada de força de precedente, Direito Material novo; no segundo caso, a interpretação contida na decisão assume o caráter de uma norma geral. Em ambos os casos, o Tribunal que cria o precedente funciona como legislador, tal como o órgão a que a Constituição confere poder para legislar. A decisão judicial de um caso concreto é vinculante para a decisão de casos idênticos pelo fato de a norma individual que ela representa ser generalizada. Esta generalização, quer dizer, a formulação da norma geral, pode ser realizada pelo próprio Tribunal que cria o precedente, mas também pode ser deixada aos outros tribunais que se encontram vinculados pelo dito precedente." Ver: KELSEN, Hans. *Teoria pura do Direito*. 3. ed. São Paulo: Martins Fontes, 1991. p. 267. Especificamente, nas Súmulas Vinculantes, verifica-se que o próprio STF realiza a generalização.

[45] TEIXEIRA, Sálvio de Figueiredo. As tendências brasileiras rumo à Jurisprudência Vinculante. *Revista da Escola da Magistratura do Estado de Rondônia*. Porto Velho, n. 6, 1999. Disponível em: <http://www.tj.ro.gov.br/emeron/revistas/revista6/13.htm>.Acesso em: 30 jul. 2009.

[46] Segundo Lenio Luiz Streck, "ao editar súmula com Efeito Vinculante, oponível *erga omnes*, o Supremo Tribunal Federal (ou os Tribunais Superiores de Justiça e do Trabalho, questão que demandará outra discussão em face da iminente aprovação da súmula impeditiva de recurso, destinada a esses dois tribunais) passa a exercer poder maior que o reservado ao Poder Legislativo, uma vez que assume funções legiferantes, agregando ao produto legislado a prévia interpretação, o que, no mínimo, viola a cláusula da divisão de poderes inscrita na Constituição." Ver: STRECK, Lenio Luiz. O Efeito Vinculante e a busca da efetividade da prestação jurisdicional – da Revisão Constitucional de 1993 à Reforma do Judiciário de (EC 45/04). In: AGRA, Walber de Moura (coord.). *Comentários à Reforma do Poder Judiciário*. Rio de Janeiro: Forense, 2005. p. 155-156.

[47] De acordo com Eros Roberto Grau: "A atribuição de Efeito Vinculante às decisões de que se trata implica a imposição de uma espécie de censura ou limitação ao exercício, pelos 'demais órgãos do Poder Judiciário', da função de intérprete autêntico do Direito. Pois não é outro, senão o seguinte, o conteúdo dessa imposição: fica proibido aos 'demais órgãos do Poder Judiciário' o exercício de sua função (função de interpretar / aplicar o Direito) com relação que o STF, por maioria de dois terços, indicar". Ver:

cípio da independência jurídica do julgador;[48] (d) por restringir a criação do Direito pela jurisprudência, obstaculizando o seu progresso;[49] (e) por concentrar demasiado Poder nos Tribunais Superiores;[50] (f) por restringir o princípio constitucional do Direito de ação.[51] Dentre os argumentos que têm sido lançados pelos defensores do Efeito Vinculante, podem ser destacados: (a) a necessidade de tornar a Justiça mais ágil e eficiente, afastando milhares de ações desnecessárias e recursos meramente protelatórios, que, na maioria, reproduzindo peças lançadas em computador, estão a congestionar os Tribunais, agredindo o princípio da celeridade processual e tornando a prestação jurisdicional ainda mais morosa, com críticas gerais;[52] (b) a não justificação da multiplicidade de demandas e de

---

GRAU, Eros Roberto. Sobre a produção legislativa e sobre a produção normativa do Direito oficial: o chamado "Efeito Vinculante". *Revista da Escola Paulista da Magistratura*, n. 3, p. 220-2[illegible]. Disponível em: <http://www.apmbr.com.br/revista/livropubl3/livro3.htm>. Acesso em: 30 jul. 2009.

[48] "Deve-se entender o princípio da independência judicial como limite absoluto para revisão constitucional. Não pode ser superado pelo exercício do poder constituinte derivado. Em outras palavras: o princípio da independência não pode sofrer relativizações nem agravos via emendas revisionais. Qualquer emenda que reduza, condicione, ou de qualquer forma relativize a realização desse princípio será, portanto, eivada de nulidade *ab ovo*. Assim, por restringir, ainda que apenas em determinados casos, a independência de que deve desfrutar o Juiz para o exercício da atividade jurisdicional, é materialmente inconstitucional a proposta de emenda que atribui força vinculante a súmulas jurisprudenciais". Ver: COSTA, Silvio Nazareno. *Súmula Vinculante e Reforma do Judiciário*. Rio de Janeiro: Forense, 2002. p. 272-273.

[49] "A eficácia prática do princípio da Súmula Vinculante é altamente questionável! Por uma razão muito simples: mesmo prevalecendo o princípio da Súmula Vinculante, não há como inibir a sustentação, em juízo, de teses diametralmente opostas. (...) um perigoso dirigismo estatal, que frustra a função transformadora e criadora da jurisprudência" . Ver: MELLO *apud* STRECK, 2005, op. cit., p. 205.

[50] "A Súmula Vinculante criada pela EC n. 45/2004 vai além dos assentos, e coloca-se acima da lei. Primeiro, porque é próprio da lei ser interpretada, mas é da natureza pervertida da súmula proibir a própria interpretação; segundo, porque a lei pode ser mudada ou revogada por outra lei, mas a súmula não. O Poder Legislativo poderá sem dúvida disciplinar de modo diferente a matéria objeto de uma súmula, mas só o Supremo Tribunal Federal poderá revê-la, ou dizer que ficou prejudicada com a nova disciplina normativa." Ver: CUNHA, Sérgio Sérvulo. A arcaica Súmula Vinculante. In: BOTTINI, Pierpaolo; TAMM RENAULT, Sérgio Rabello(coords.). *Reforma do Judiciário*. São Paulo: Saraiva, 2005. p. 51.

[51] "Aplicada a súmula vinculante, pessoas que não defenderam seu direito em juízo serão atingidas pelas respectivas decisões, e, não as tendo discutido antes, ficarão impedidas de, em seguida, submeter suas razões ao Judiciário. Se insistirem, essas razões não serão conhecidas, como se depreende do referido art. 103 A". CUNHA, loc. cit.

[52] "Alinho-me entre os que acreditam que a maior das questões trazidas ao foro, especialmente ao foro federal, são causas repetitivas, onde, embora diversas as partes e seus patronos, a lide jurídica é sempre a mesma. São causas que se contam aos milhares em todo o país e pacificadas pela jurisprudência. Como, por exemplo, as devoluções de empréstimos compulsórios, as causas em que se busca a correção monetária dos salários de contribuição entre inúmeras outras. É impossível sustentar que processos dessa natureza devam prosseguir congestionando o Judiciário e percorrendo suas diversas instâncias na sucessão, quase interminável, dos recursos colocados à disposição das partes pela legislação processual. Nenhum progresso para a ciência jurídica resultará do julgamento desses feitos. Eles nada mais são do que uma reprodução de peças padronizadas. Da petição inicial ao acórdão derradeiro, nada será acrescentado ao entendimento que já se cristalizou a respeito da matéria. É inútil e custoso manter a máquina judiciária ocupada com questões que já não oferecem relevo ou dificuldade. Mais que isso, tal atitude desvia atenção e recursos do Judiciário, os quais deveriam estar melhor apli-

recursos sobre teses jurídicas absolutamente idênticas, já definidas inclusive na Suprema Corte do País, ainda que saiba que o descumprimento das diretrizes de tais decisões promana, em percentual muito elevado, da própria Administração Pública;[53] (c) a necessidade de prestigiar o princípio isonômico, o Direito fundamental à igualdade perante a lei, eliminando-se assim o perigo das decisões contraditórias, muitas delas contrárias inclusive a declarações de inconstitucionalidade, em incompreensível contrassenso;[54] (d) a imprescindibilidade de se resguardar o princípio da segurança jurídica, assegurando-se, deste modo, a previsibilidade das decisões judiciais em causas idênticas; (e) a inexistência do perigo do "engessamento" da jurisprudência, porquanto são previstos o cancelamento e a alteração dos Enunciados Sumulares;[55] (f) porque o Efeito Vinculante

---

cados nas questões que têm maior atualidade e demandam reflexão e atividade criativa por parte dos magistrados." Ver: NORTHFLEET, Ellen Gracie. Ainda sobre o Efeito Vinculante. *Revista de Informação Legislativa*, n. 132, p. 133, 1996.

[53] "O combate ao Efeito Vinculante se presta especialmente aos interesses do Poder Executivo, porque, como é de conhecimento geral, o grande número de demandas que se acumulam no STF e no STJ têm como maior interessado na sua demora o próprio Poder Executivo. O Governo Federal, somente no ano de 1998, foi responsável por mais de 50% dos recursos extraordinários e agravos do STF." Ver: FERREIRA, William Santos. Súmula Vinculante – solução concentrada: vantagens, riscos e a necessidade de um contraditório de natureza coletiva (*amicus curiae*). In: ALVIM WAMBIER, Teresa Arruda (coord.). *Reforma do Judiciário* – primeiras reflexões sobre a Emenda Constitucional n. 45/2004. São Paulo: RT, 2005. p. 805-806. "O fito do dispositivo constitucional é exatamente que os consumidores da Justiça que ainda não buscaram as vias judiciais não necessitem fazê-lo, mediante processos judiciais de conteúdo idêntico aos que foram propostos, vitoriosos e que ensejaram a edição de súmula, mas, ao contrário, que a Administração Pública decida e aja de acordo com o que restou estabelecido como jurídico pela súmula vinculante." Ver: OLIVEIRA, Pedro Miranda de. A (in)efetividade da Súmula Vinculante: a necessidade de medidas paralelas. In: ALVIM WAMBIER, Teresa Arruda (coord.). *Reforma do Judiciário*: primeiras reflexões sobre a Emenda Constitucional n. 45/2004. São Paulo: RT, 2005. p. 595.

[54] "Nessa potencialização da eficácia da súmula, que permite estendê-la, obrigatoriamente, aos demais casos subsumidos em seu Enunciado, não se vislumbra qualquer desvirtuamento ou superfetação da atividade judiciária, bastando considerar, a uma, que o valor jurídico completa-se com o justo, e este último não pode ser alcançado quando, sem motivo consistente, conflitos iguais recebem soluções diversas, senão contraditórias; a duas, é notório que hoje a função jurisdicional já não mais se deve limitar à singela subsunção do fato à norma, em um caso concreto, senão que em nossa República Federativa, onde opera uma democracia participativa, é lícito esperar que o trinômio "ação-jurisdição-Processo" opere sob uma óptica sociológica, engajando-se no esforço geral para a boa gestão da coisa pública. Para que esse valor do justo venha a ser preservado, impende que a igualdade de todos perante a lei (CF, art. 5º, *caput)* também se estenda à norma *judicata*, ou seja, àquela que tem o seu momento judiciário". Ver: MANCUSO, Rodolfo de Camargo. *Divergência Jurisprudencial e Súmula Vinculante.* 3. ed. São Paulo: RT, 2007. p. 336.

[55] "A lei é uma só necessariamente vocacionada para comportar um só e único entendimento, no mesmo momento histórico, e nunca dois ou mais entendimentos simultaneamente válidos (...) Todavia, no plano dos fatos, decisões podem ser diferentes, porque os tribunais podem decidir diferentemente. É comum haver duas ou mais decisões, completamente diferentes, a respeito do mesmo (mesmíssimo!!) texto, aplicáveis a casos concretos idênticos. Isto gera insegurança nos jurisdicionados e descrédito do Poder Judiciário. É, portanto, inteiramente nefasto do ponto de vista jurídico." Ver: GARCIA MEDINA, José Miguel; WAMBIER, Luiz Rodrigues; ALVIM WAMBIER, Teresa Arruda. Repercussão geral e Súmula Vinculante. In: ALVIM WAMBIER, Teresa Arruda (coord.). *Reforma do Judiciário*: primeiras reflexões sobre a Emenda Constitucional n. 45/2004. São Paulo: RT, 2005. p. 383.

não retira do julgador a sua liberdade de decidir, mas apenas o impede de dar curso à renovação de teses já apreciadas e decididas anteriormente de forma reiterada por órgãos colegiados, presumidamente detentores de maior conhecimento na matéria".[56]

Este rol é importante para ilustrar o amplo debate realizado no Brasil sobre a conveniência e as consequências daí advindas, podendo retomar-se alguns dos argumentos caso isso seja necessário para se compreender a atual sistemática e a prática desenvolvida pelo STF. Para delinearmos o instituto, é necessário examinar a sua normatividade constitucional e infraconstitucional, matéria que nos deteremos a seguir.

1.3.1. O objeto da Súmula Vinculante: matéria constitucional

Segundo a Constituição Federal, no seu art. 103-A, *caput*, as Súmulas Vinculantes devem ser editadas em "matéria constitucional"[57] locução que é complementada pelo § 1º do referido artigo,[58] pelo que terá como objetivo "a validade, a interpretação e a eficácia de normas determinadas".

A expressão *normas determinadas* presente também no Texto Constitucional, que se relaciona com a metódica de aplicação, tem como objetivo especificar o caráter dependente da Súmula Vinculante ao Texto, ou seja, "é preciso considerar que em última análise, a Súmula tem por objeto uma norma judicializada, cujo alcance e compreensão ela vem deslindar",[59] não se reconhecendo um papel autônomo, mas um papel dependente de Texto (um ou mais), cujo sentido tornou-se explícito em função de anterior aplicação. Essas normas determinadas, quando infraconstitucionais, podem ser editadas por qualquer ente da Federação.

---

[56] "Para nós, os autoprecedentes e os precedentes hierarquicamente superiores devem possuir Efeito Vinculante, não por decorrência de dispositivo constitucional ou legal, mas por respeito à igualdade. Esta realidade não ofende a livre convicção e a independência do julgador, pois, se entender que o caso apresenta circunstâncias diferenciadoras, este pode e deve decidir diversamente, exteriorizando as razões diversificadoras. Convém reiterar, desde que exteriorize a diversidade fática ou social e apresente fundamentação suficiente e razoável". Ver: LAMY, Marcelo; ARCARO CONCI, Luiz Guilherme. *Reflexões sobre as Súmulas Vinculantes*. São Paulo: Método, 2005. p. 307.

[57] No *caput* consta: art. 103-A. O Supremo Tribunal Federal poderá, de ofício ou por provocação, mediante decisão de dois terços dos seus membros, após reiteradas decisões *sobre matéria constitucional*, aprovar súmula que, a partir de sua publicação na imprensa oficial, terá Efeito Vinculante em relação aos demais órgãos do Poder Judiciário e à administração pública direta e indireta, nas esferas federal, estadual e municipal, bem como proceder à sua revisão ou cancelamento, na forma estabelecida em lei. (grifo nosso)

[58] § 1º A súmula terá por objetivo a validade, a interpretação e a eficácia de normas determinadas, acerca das quais haja controvérsia atual entre órgãos judiciários ou entre esses e a administração pública que acarrete grave insegurança jurídica e relevante multiplicação de processos sobre questão idêntica.

[59] MANCUSO, Rodolfo de Camargo. Súmula Vinculante e a EC n. 45/2004, p. 680. In: ALVIM WAMBIER, Teresa Arruda (coord.). *Reforma do Judiciário*: primeiros ensaios críticos sobre a EC n. 45/2004. São Paulo: Revista dos Tribunais, 2005. p. 708.

Deve-se formular qual é a extensão do que se entende por "constitucional", ou seja, se vai se levar em conta um critério formal ou material. O problema aqui vai ganhar uma dimensão prática, grande, definindo a extensão da aplicação das Súmulas Vinculantes. Opta-se, conforme argumentação, a ser desenvolvida que se deve levar em conta apenas a matéria formalmente constitucional. Em primeiro lugar, a própria constituição, documento hierarquicamente superior e que se distingue da legislação ordinária, independentemente do seu conteúdo.

O conceito de Constituição Material é controverso e pode ser mais amplo ou restrito conforme a concepção de Estado que o intérprete ou o doutrinador assim o expressar. Paulo Bonavides, por exemplo, ao formular a sua concepção de Constituição Material, expressa-se da seguinte forma: é "o conjunto de normas pertinentes à organização do poder, à distribuição da competência, ao exercício da autoridade, à forma de governo, aos direitos da pessoa humana, tanto individuais como sociais".[60] Contudo, se um autor professar uma concepção mais liberal, certamente não incluirá no conceito de Constituição Material os direitos sociais, porque, em decorrência da sua concepção econômica, entenderá que tais direitos não devam ser inclusos no conceito.

O conteúdo do que se entenda por matéria constitucional, desta forma, apresenta variações geográficas e temporais. No início do Constitucionalismo moderno, era considerada como essência da Constituição a organização do Poder, baseada no princípio da separação dos Poderes e no catálogo de direitos e de garantias individuais. Posteriormente, houve o alargamento com a inserção no Texto Constitucional de direitos econômicos, sociais, culturais, direitos dos trabalhadores, normas destinadas a fazer frente aos abusos do Poder econômico e a amenizar os seus efeitos; ainda, os direitos de participação política popular, com a ampliação da democracia. As Constituições, com o objetivo de atender aos interesses sociais e coletivos, passam a viabilizar a intervenção do Estado em vários campos de atuação, o que contrariava a concepção liberal, como na Economia, nas relações de trabalho, de previdência e de assistência social, verificando-se, como principais consequências de tal intervenção a supressão e a relativização de liberdades.

Com isso, defende-se que se deva privilegiar a ideia de que é o elaborador da Constituição, isto é, no nosso caso, a Assembleia Constituinte, que tem a competência para estabelecer o que considera ou não como matéria digna e necessária para figurar em sua Constituição. Além de levar ao Texto Constitucional aquilo que é essencial para a estruturação e para o funcionamento do Estado, é comum colocar-se naquele princípios rela-

[60] BONAVIDES, Paulo. *Curso de Direito Constitucional*. 15. ed. São Paulo: Malheiros Editores, 2005. p. 92.

tivos a quase todas as áreas do Direito (como Civil, Comercial e Penal), o que se pode reconhecer sem dificuldade na nossa Constituição.

Além disso, há uma questão que não se coloca na sistemática atual do Direito brasileiro que é a distinção no próprio Texto Constitucional da sua matéria, quanto à rigidez, como se estabelecia na Constituição do Império.[61] Por isso, concorda-se com Gomes Canotilho quando afirma que se deve acentuar a supremacia formal, ou seja, o fato de a matéria estar inserta no documento denominado Constituição.[62]

Portanto, o conceito de matéria constitucional que levaremos em conta aqui é aquele inserto no documento formal e solene denominado Constituição Federal, cujo guardião precípuo é o STF. Isso significa que todas as matérias equiparadas a este documento devem ser levadas em conta, como é o caso de Emendas Constitucionais, cujo o texto não tenha sido inserido na constituição ou no caso dos tratados – como o caso do art. 2º da EC 32 – e tratados e convenções internacionais sobre direito humanos (art. 5º, § 3º, da CF). Há aqui evidente equiparação formal entre os textos, inicialmente diversos, mas que passam a integrar o chamado "bloco de constitucionalidade" por expressa determinação constitucional.

Ao costume constitucional, não se pode dar forma constitucional, embora deva ser levado em conta como fonte interpretativa que possa servir como diretriz para colmatar lacunas,[63] desempenhando aquele papel reservado a tradição, à pré-compreensão, especialmente em princípios fundamentais, como é o caso da dinâmica da Separação de Poderes.

O Supremo, entretanto, não julga apenas matéria constitucional, em decorrência de sua vasta competência originária e recursal. Por isso, há possibilidade, em razão de julgamentos desta competência em haver pronunciamento reiterado sobre matéria não constitucional.

Há uma série de Súmulas, Não Vinculantes, que poderão ser transformadas em Vinculantes, pois de acordo com o art. 8º da EC 45, "as atuais Súmulas do Supremo Tribunal Federal somente produzirão Efeito Vinculante após sua confirmação por dois terços de seus integrantes e publicação na imprensa oficial". A EC 45 acolhe a possibilidade de transformação das demais Súmulas em vinculantes. Para Lenio Streck, há Súmulas em

[61] Constituição do Império, art. 178. É só Constitucional o que diz respeito aos limites, e attribuições respectivas dos Poderes Politicos, e aos Direitos Politicos, e individuaes dos Cidadãos. Tudo, o que não é Constitucional, póde ser alterado sem as formalidades referidas, pelas Legislaturas ordinarias.

[62] GOMES CANOTILHO, 1993, op. cit., p. 56-75.

[63] Neste sentido ver BULOS, Uadi Lammêgo, Mutação Constitucional, p. 171-194 e FERRAZ, Anna Cândida da Cunha. Processos Informais de Mudança da Constituição: Mutações Constitucionais e Mutações Inconstitucionais. São Paulo: Max Limonad, 1986.

que "há visível conteúdo infraconstitucional"[64] como as Súmulas 700,[65] 706,[66] 713,[67] 714,[68] 720[69] do STF. No entanto, não é pela redação do Enunciado que saberemos se estamos diante de simples matéria infraconstitucional: deve-se verificar a *ratio decidendi* da Súmula. Podemos tomar estas Súmulas citadas como suspeitas, *prima facie*, para procedermos, posteriormente, à análise de sua gênese, em que se verifica um quadro de maior complexidade se forem consideradas as razões de decidir dos precedentes que lhe deram origem. Na Súmula 706, conforme se pode constatar no HC 69.599-0, que deu origem à matéria, constata-se que foram realizadas discussões a respeito do juízo e do promotor natural.[70] Na Súmula 713, por sua vez, verifica-se que também há fundamentação, concernente às especificidades do Tribunal do Júri, deduzindo também fundamentos constitucionais, especialmente o da soberania dos vereditos.[71] Na Súmula 714,

---

[64] STRECK, 2005, op. cit., p. 187.

[65] É de 5 (cinco) dias o prazo para interposição de agravo contra decisão do Juiz da execução penal.

[66] É relativa a nulidade decorrente da inobservância da competência penal por prevenção.

[67] O efeito devolutivo da apelação contra decisões do Júri é adstrito aos fundamentos da sua interposição.

[68] É concorrente a legitimidade do ofendido, mediante queixa, e do Ministério Público, condicionada à representação do ofendido, para a ação penal por crime contra a honra de servidor público em razão do exercício de suas funções.

[69] O art. 309 do Código de Trânsito Brasileiro, que reclama decorra do fato perigo de dano, derrogou o art. 32 da Lei das Contravenções Penais no tocante à direção sem habilitação em vias terrestres.

[70] HC 69.599 Rel. Sepúlveda Pertence DJ DE 27/8/1993, "I. Ministério Público: Legitimidade *ad processum* para o oferecimento da denúncia de Promotor designado previamente para compor grupo especial de acompanhamento de investigações e promoção de ação penal relativas a determinados crimes. 1 – Sendo a denúncia anterior à Lei n. 8.625/93 – segundo a maioria do STF, firmada no HC 67.759 (vencido, no ponto o Relator) – não se poderia opor-lhe à validade o chamado princípio do Promotor Natural, pois, à falta de legislação que se reputou necessária à sua eficácia, estaria em pleno vigor o art. 7º, V, LC 40/81, que conferia ao Procurador-Geral amplo poder de substituição para, 'mesmo no curso do Processo, designar outro membro do Ministério Público para prosseguir na ação penal, dando-lhe orientação que for cabível no caso concreto'. 2 . De qualquer modo, ainda para os que, como o Relator, opuseram temperamento à recepção integral da legislação anterior, a Constituição vigente não veda a designação do Ministério Público, de grupos especializados por matéria, na medida em que a atribuição aos seus componentes da condução dos processos respectivos implica a prévia subtração deles na esfera de atuação do Promotor genericamente incumbido de atuar perante determinado juízo.II Competência: prevenção: exigência de distribuição: incompetência, porém, que, sendo relativa, ficou sanada pela preclusão. 1.O art. 83 C Pr. Pen há de ser entendido em conjugação com o art. 75, parág. único: só se pode cogitar de prevenção da competência, quando a decisão, que a determinaria, tenha sido precedida de distribuição: não previnem a competência decisões de Juiz de plantão, nem as facultadas, e caso de urgência, a qualquer dos juízes criminais do foro.2. A jurisprudência do STF está consolidada no sentido de que é relativa, no Processo Penal não só a competência territorial do foro mas também a firmada por prevenção (precedentes): donde, à falta de exceção tempestivamente oposta, o desenvolvimento, pela preclusão, da incompetência do Juiz que equivocadamente se entendeu prevento".

[71] No HC 71456-1 – São Paulo, Relator Ministro Ilmar Galvão, DJ DE 12/5/1995, RTJ 160/544, reconhece-se que o fundamento para a questão é constitucional: "como se trata de recurso contra decisão do Júri, não cabe aplicar a regra de que a apelação é plena, salvo se expressamente limitada pela parte (HC 70.497, Rel. Ministro Sepúlveda Pertence), caso este em que a omissão do recorrente equivaleria a

discute-se a interpretação de artigos Constitucionais, especialmente a do art. 145, parágrafo único, da CF.[72] Desta maneira, não é a pura e simples redação do Enunciado que dá o seu caráter de matéria constitucional, mas sim a matéria debatida, ou seja, se houve debate a respeito de matéria constitucional ou não. Para enquadrar o caso como "questão constitucional" há que se analisar os precedentes.

O modelo constitucional brasileiro, formado por uma Constituição extensa, dita analítica e composta por muitas normas abertas, favorece a amplitude exposta acima. Certamente, isso pode ocasionar o efeito Midas,[73] visto que as normas infraconstitucionais podem ser adequadas aos princípios constitucionais, transformando-se deste modo muitas questões em matéria constitucional. Mais do que nunca, o STF, como intérprete e aplicador, tem o poder de conformar o sentido de um Texto Legal a partir do Texto Constitucional, o que pode transformar qualquer matéria em constitucional.

A Constituição prescreve, como já foi dito, que a Súmula expedida em matéria constitucional "terá por objetivo a validade, a interpretação e a eficácia de normas determinadas". Validade em matéria constitucional é controle de constitucionalidade, que, em última instância, afirma o pressuposto da Supremacia Constitucional, ou seja, a concepção de que a

---

uma ampla devolução do exame da causa à segunda instância. Pelo contrário, considerando a própria liturgia que envolve o Júri, regida por normas constitucionais (art. 5º, inc. XXXVIII), destacando-se a da soberania, vige o entendimento de que os re cursos às suas decisões têm caráter limitado, tanto que não se permite à segunda instância examinar o mérito da causa, sendo cabível apenas a anulação e, mesmo assim, por uma única vez, quando fundada na alegação de contrariedade à prova dos autos".

[72] Inq 726 AgR, Ministro Celso de Mello. Relator para o acórdão Sepúlveda Pertence. DJ DE 29/4/1994, RTJ 154/410. "Ementa: ação penal: legitimação alternativa do Ministério Público e do ofendido *propter officium*: Interpretação do art. 145, parágrafo único, CF e do art. 40, I, *b*, da Lei de Imprensa, conforme ao art. 5º, X da Constituição. Se a regra geral para a tutela penal da honra e a ação privada, compreende-se, não obstante, que, para desonerar, dos seus custos e incômodos, o funcionário ofendido em razão da função, o Estado, por ele provocado, assuma a incoativa da repressão da forma delituosa; o que não se compreende, porém, é que só por ser funcionário e ter sido moralmente agredido em função do exercício do cargo público o que não ilide o dano à sua honorabilidade pessoal –, o ofendido não possa defender pessoalmente em juízo – como se propicia a qualquer outro cidadão –, mas tenha de submeter previamente a sua pretensão de demandar a punição do ofensor ao juízo do Ministério Público. Por isso, a admissão da ação penal pública quando se cuida de ofensa *propter officium*, para conformar-se à Constituição (art. 5º, X), há de ser entendida como alternativa à disposição do ofendido, jamais como provação do seu direito de queixa. Conseqüente revisão de jurisprudência mais recente do Tribunal, para o restabelecimento de precedentes (v.g., ApCr 932, 12.4.24 – Caso Epitácio Pessoa – rel. Geminiano da França; RE 57.729, 2.4265, Hahnemann Guimarães, RTJ 32/586), não só por seus fundamentos persistentes, mas também pelo advento do art. 5º, X da vigente Constituição da República. Conclusão para a legitimação concorrente do MP ou do ofendido, independentemente de as ofensas, desde que *propter officium*, ou propositura da conseqüente ação penal serem, ou não, contemporâneas ou posteriores à investidura do ofendido".

[73] Do mito depreende-se que, em matéria de atuação jurisdicional do órgão encarregado de interpretar a Constituição, seja conveniente uma certa autorrestrição (*self restraint*) e, em extremo, até necessária, para não haver concentração de toda a interpretação do Direito naquele órgão e acarretar o seu próprio sufocamento.

Constituição é formalmente e materialmente distinta das leis ordinárias, com um procedimento especial de revisão.

A incompatibilidade ou a compatibilidade com o Texto Constitucional, ou a constitucionalidade ou a inconstitucionalidade, no particular, é uma relação que se estabelece entre objetos que são comparados. Para Jorge Miranda, a relação "se estabelece entre uma coisa – a Constituição – e outra coisa – um comportamento – que lhe está ou não conforme, que cabe ou não cabe no seu sentido, que tem nela ou não a sua base".[74] A inconstitucionalidade, concebida como o confronto com um comportamento normativo ou não, alcança muito mais do que normas em sentido amplo, incluindo também ações e omissões que ferem a Constituição,[75] bem como os aspectos formadores da norma. Tal relação ocupa um caráter normativo e valorativo, embora haja sempre um momento lógico e intelectivo. Trata-se, pois, de se verificar o cumprimento ou não da norma jurídica superior.

Sem sombra de dúvida, a relação entre o comportamento e a norma há de ser uma relação direta de compatibilidade, que acarreta invalidade quanto às normas inconstitucionais de Direito Interno e ineficácia quanto às normas de Direito Internacional recebidas na ordem interna.[76]

Para Guastini,[77] validade é um critério de *pertinência*, ou seja, significa saber se a norma responde a critérios de identificação próprios de cada sistema. Se o sistema reconhece e identifica a norma, ela será considerada válida – no caso, o constitucional; não havendo identificação, teremos invalidade – é inconstitucional.

A jurisprudência do STF acolhe a divisão da inconstitucionalidade por ação em duas grandes espécies: a formal e a material, a qual se passa a expor.

A partir do conceito de validade de Guastini,[78] podemos caracterizar a inconstitucionalidade material pela presença de vícios materiais, ou seja, a inconstitucionalidade material ocorre quando a norma jurídica, extraída de um Texto mediante interpretação, entra em conflito com o conteúdo da Constituição.

---

[74] Conforme MIRANDA, Jorge. *Manual de Direito Constitucional*: Constituição e inconstitucionalidade. 3. ed. v. 2. Coimbra: Coimbra Editora, 1996. p. 311-312.

[75] Neste sentido, ver também NERY FERRARI, Regina Maria Macedo. *Efeitos da declaração de inconstitucionalidade*. 5.ed. rev., atual. e ampl. São Paulo: Revista dos Tribunais, 2004. p. 72-73.

[76] Embora essa ineficácia possa ser declarada também de forma abstrata no Direito brasileiro. Neste sentido: ADI 1480 MC / DF – DISTRITO FEDERAL. Medida Cautela na ADI; Relator(a): Min. Celso de Mello; Julgamento: 04/09/1997, Órgão Julgador: Tribunal Pleno.

[77] Ver GUASTINI, 2005, op. cit., p. 272.

[78] Ibid., p. 280 ss.

A inconstitucionalidade formal é a produção de Textos Normativos em desconformidade com as normas constitucionais que regulam a produção do Direito. Com efeito, a validade formal depende da validade do ato normativo do qual ele foi produzido. Trata-se, pois, de identificar se o comportamento de formulação da norma está de acordo com aquele prescrito no Texto Constitucional. Compara-se, assim, a norma (constitucional) a um comportamento: o processo legislativo de sua formação.

Também se deve referir que se podem dividir os vícios formais em objetivos e subjetivos.[79] Os vícios subjetivos estariam vinculados à competência do órgão do qual emanou o ato, ou seja, da iniciativa para o Processo legislativo, que pode ser do ente estatal ou da pessoa ou do órgão encarregado de apresentar o projeto como no caso da iniciativa privativa do Presidente da República. Os vícios objetivos dizem respeito à obediência às demais questões estabelecidas para o Processo legislativo, como a forma, os prazos e os ritos para a edição de ato normativo ou de lei.

Ainda, para Guastini,[80] os vícios de competência necessitam a verificação, ao menos, minimamente, do conteúdo das normas em julgamento. De acordo com esta concepção, o vício de competência ocorre quando o ato versa sobre uma matéria que a Constituição reserva à competência de uma entidade federada diversa. No Processo de identificação, têm-se as seguintes etapas: a) interpretar uma ou mais disposições de ordem constitucional que expressem normas de competência; b) interpretar uma ou mais disposições de ordem legislativa (por exemplo, uma disposição de lei estadual), por meio do qual se identifica o seu objeto; c) o vício de competência se distingue do vício material, pois naquele não importa averiguar o conteúdo normativo na sua inteireza, mas somente identificar a matéria disciplinada. Como exemplo deste Processo, podemos citar a identificação de um diploma normativo, para saber se este contém normas de Direito Penal. Para chegar a isso, devemos estabelecer o seu conteúdo, para, no Processo de interpretação declarar que tal matéria é de Direito Penal e depois estabelecer se há competência para tanto do órgão de iniciativa ou do ente federado.[81]

---

[79] Neste sentido, entre outros, podemos citar SOUZA, Nelson Oscar de. A inconstitucionalidade. *Revista da Ajuris*, n. 70, p. 128-130, 1997.

[80] GUASTINI, 2005, op. cit., p. 293 ss.

[81] Por conta de tal diferença de conteúdo das regras de competência, Carlos Alberto Lúcio Bittencourt a classifica a competência em um gênero próprio. Ver: LÚCIO BITTENCOURT, Carlos Alberto. *O controle jurisdicional da constitucionalidade das leis*. 2. ed. atual. Brasília: Ministério da Justiça, 1999. p. 71ss.

No Brasil, a jurisprudência do STF classifica o vício de competência como um vício formal.[82]

A declaração de inconstitucionalidade, ainda, pode-se dar com ou sem a redução de Texto. A declaração de inconstitucionalidade com redução de Texto ocorre naqueles casos em que se declara a inconstitucionalidade de um determinado Texto Normativo, em todas as suas interpretações. Poderá ser total[83] – todo um Texto Normativo – ou parcial, quando apenas uma expressão é declarada inconstitucional, sem que se prejudique a extração de norma compatível com o Texto Constitucional e desde que respeitados os limites traçados no Texto.

Assim, o Supremo, para declarar a inconstitucionalidade total de uma lei, verifica se as partes constitucionais podem subsistir com dependência daquelas inconstitucionais, ou seja, analisa a relação de dependência entre as partes constitucionais e as inconstitucionais.[84]

---

[82] A declaração de inconstitucionalidade da Lei distrital n. 3.083/02 é exemplo de reconhecimento de que o vício de competência é um vício formal na jurisprudência do STF. A referida Lei estabelecia o dia 30 de outubro como feriado em homenagem aos comerciários do território do Distrito Federal. Entendeu o Supremo, neste caso, que houve invasão na competência constitucional privativa da União para legislar sobre Direito do Trabalho, já que a instituição de feriado civil, além das hipóteses em que a Lei n. 9.093/95 definiu de competência estadual e municipal, instituiria um dia de descanso remunerado para os trabalhadores, fazendo surgir obrigações para os empregadores. Tratava-se, pois, de matéria de Direito Trabalhista, tema de competência legislativa privativa da União (ver ADI 3.069/DF). Outro exemplo de inconstitucionalidade formal pode ser identificado no julgamento da lei paulista que autorizava veículos particulares e de aluguel a estacionarem em locais indevidos para a aquisição urgente de medicamentos ou atendimento grave (ADI 2.928/SP). A jurisprudência do Supremo Tribunal Federal, com base no Texto Constitucional, é pacífica de que é competência privativa da União legislar sobre transporte e trânsito, motivo por que se declarou a inconstitucionalidade formal da referida Lei e de outras (ADI 2.718/RS; ADI 476/BA; ADI 2.582/RS).

[83] A declaração de inconstitucionalidade com redução total ocorre especialmente nos casos de vícios do Processo Legislativo e de competência, quando, geralmente, não se pode aproveitar nada do Diploma Textual.

[84] São exemplos as Representações de Inconstitucionalidade Rp n. 1.305 e Rp n. 1.379, julgadas ainda sob a égide da Constituição de 1967. Na primeira, declarou-se a inconstitucionalidade de toda a Lei n. 11.086, de 16/09/1985, do Estado do Ceará que estipulava, entre outras coisas, a criação de 90.931 cargos nos quadros do funcionalismo estadual, a serem providos, sem concurso público, mediante enquadramento de servidores temporários (não concursados). Na segunda, na Representação n. 1.379, declarou-se a inconstitucionalidade dos arts. 3°, 4° (e seu parágrafo único), 5° (e seus parágrafos) e 6° da Lei n. 9.262, de 11 de setembro de 1986, do Estado de Minas Gerais em que se pretendia implementar um sistema duplo de vencimentos e de vantagens para a Magistratura da mesma carreira, sendo isso inconstitucional. Conforme salientado no voto do Ministro Relator, "no caso, declara-se a inconstitucionalidade de toda a sistemática, porque a declaração de inconstitucionalidade parcial importaria verdadeira criação de uma lei nova, não-votada pelo Legislativo, que, presumidamente, não a votaria por afastar-se da orientação que presidiu a sua feitura". Admite-se, inclusive, a chamada inconstitucionalidade por arrastamento ou por consequente, quando, independentemente do pedido, as disposições restantes da norma ficam prejudicadas diante da declaração de inconstitucionalidade de alguns de seus dispositivos (ADI 1.144-RS) ou mesmo quando um ato normativo, ao ser declarado inconstitucional, impõe a declaração de outro ato que a este estava vinculado (ADI 2.608-DF). Assim, na ADI 1.144-RS, o STF determinou a inconstitucionalidade da Lei n. 10.238/94 do Estado do Rio Grande do Sul, pois, apesar dos demais dispositivos serem constitucionais, a declaração de inconstitucionalidade dos arts. 2° e 3° da referida Lei implicava o seu esvaziamento.

Cabe frisar agora que, na declaração de inconstitucionalidade sem redução de Texto, o Texto impugnado continua aparentemente em vigência, em sua escrita originária.

É pertinente que se realize agora uma diferenciação entre a declaração de nulidade parcial sem redução de Texto, no qual o Tribunal limita ou restringe a sua aplicação, não permitindo que ela incida em situações determinadas ou para determinadas classes, e a interpretação conforme a Constituição, em que um Texto, com mais de uma norma (ou uma possibilidade interpretativa) nos quais apenas uma seja constitucional.

Para Lenio Streck,[85] a interpretação conforme a Constituição apresenta a função hermenêutica de emprestar às normas o sentido adequado à Constituição. No entanto, o cerne da questão da interpretação conforme a Constituição não é o fato de ser apenas uma técnica hermenêutica de se atribuir o sentido adequado ao Texto (à norma extraída do Texto), pois tal atribuição pode dar-se mesmo quando não existir inconstitucionalidade, porém atentar-se que, nesse caso, estamos diante de uma técnica de controle de constitucionalidade, quando o resultado das interpretações produz inconstitucionalidade, ou seja, elimina hipóteses por serem inconstitucionais.

Na interpretação conforme a Constituição, tem-se que uma única norma extraída do Texto é constitucional e todas as outras normas seriam inconstitucionais.[86] De fato, não se trata de apontar uma interpretação que seja melhor – ou que seja mais adequada –, mas significa dizer que as demais hipóteses interpretativas são inconstitucionais. O Texto permanece, porque tem um sentido adequado na ordem jurídica.

Inocêncio Mártires Coelho[87] alerta que não se pode empregar uma prudência excessiva "a ponto de induzir o intérprete a salvar a lei à custa da Constituição, nem tampouco contrariar o sentido inequívoco da lei, para constitucionalizá-la de qualquer maneira. No primeiro caso porque isso implicaria interpretar a Constituição conforme a lei e, assim, subverter a hierarquia das normas; no segundo, porque toda conformação exagerada implica, no fundo, usurpar tarefas legislativas e transformar o intérprete em legislador, na exata medida em que a lei resultante dessa interpretação conformadora, em sua letra como no seu espírito, seria substancialmente distinta daquela resultante do trabalho legislativo".

---

[85] STRECK, Lenio Luiz. *Jurisdição Constitucional e Hermenêutica*: uma nova crítica do Direito. Porto Alegre: Livraria do Advogado, 2002.

[86] Em linguagem mais tradicional, apenas uma hipótese interpretativa seria constitucional – todas as demais hipóteses interpretativas seriam inconstitucionais.

[87] COELHO, Inocêncio Mártires. *Interpretação constitucional*. 2. ed. rev. e ampl. Porto Alegre: Sergio Antonio Fabris Editor, 2003. p. 138.

Desta forma, procurou-se estabelecer o significado da palavra *validade*, que se refere à declaração de constitucionalidade/inconstitucionalidade, demonstrando-se brevemente as tipologias de tal declaração a fim de se demonstrar a sua abrangência.

Ao examinar as Súmulas Vinculantes já expedidas, pode-se reconhecer que as Súmulas 1, 2, 8 e 9 ocupam-se da questão da validade. A última Súmula referida trata da questão da recepção de uma norma pela Constituição superveniente, pois, como consta do Enunciado, "o disposto no art. 127 da Lei n. 7.210/1984 (Lei de Execução Penal) foi recebido pela ordem constitucional vigente, e não se lhe aplica o limite temporal previsto no caput do art. 58". Quando não há recepção, pode-se dizer que há inconstitucionalidade superveniente ou simples revogação, dependendo da teoria seguida[88] – contudo, em todo caso, sempre é uma questão constitucional.[89]

Após se analisar a possibilidade de expedição de Súmula na matéria de validade constitucional, passa-se ao outro caso que poderá ser objeto de Súmula: a interpretação constitucional. É claro que, para se realizar

[88] O tratamento do conflito da nova Constituição com o Direito anterior sempre despertou controvérsia na doutrina e na jurisprudência e em cada sistema foi eleita uma solução. No fenômeno da recepção, o que é verdadeiramente imperativa é a compatibilidade entre o velho e o novo, mas subsistem as questões que pertencem à consequência deste instituto: trata-se de (a) revogação (Direito Intertemporal) ou (b) inconstitucionalidade (plano da hierarquia)? No Brasil, o Supremo Tribunal Federal admitiu, inicialmente, a possibilidade de examinar, no Processo do controle abstrato de normas, a questão de derrogação do Direito Pré-Constitucional, em virtude de colisão entre a Constituição superveniente e o referido Direito (Rp 946, Relator Ministro Xavier de Albuquerque, RTJ n. 82/44 e Rp 969, Relator Ministro Antonio Neder, RTJ n. 99/544.). O STF abandonou tal posição em favor do entendimento de que o Processo do controle abstrato de normas destina-se, fundamentalmente, à aferição da constitucionalidade de normas pós-constitucionais, devendo ser resolvida simplesmente pelas regras de Direito Intertemporal – *lex posterior derogat priori* – (RTJ 95/990; RTJ 99/544, RTJ 82/44). O STF reafirmou a jurisprudência na ADI 2, por maioria, com o voto do Ministro Brossard: "Constituição. Lei anterior que a contrarie. Revogação. Inconstitucionalidade superveniente. Impossibilidade. A Lei ou é constitucional ou não é Lei. Lei inconstitucional é uma contradição em si. A Lei é constitucional quando fiel à Constituição; inconstitucional, na medida em que a desrespeita, dispondo sobre que lhe era vedado. O vício da inconstitucionalidade é congênito à lei e há de ser apurado em face da Constituição vigente ao tempo de sua elaboração. Lei anterior não pode ser inconstitucional em relação à Constituição superveniente; nem o legislador poderia infringir Constituição futura. A Constituição sobrevinda não torna inconstitucionais leis anteriores com ela conflitantes, revoga-as. Pelo fato de ser superior, a Constituição não deixa de produzir efeitos revogatórios. Seria ilógico que a lei fundamental, por ser suprema, não revogasse, ao ser promulgada, leis ordinárias. A lei maior valeria menos que a lei ordinária. Reafirmação da antiga jurisprudência do STF, mais que cinquentenária. Ação direta de que se não conhece por impossibilidade do pedido". A matéria encontrou grande resistência em parte dos Ministros e na doutrina até que a questão foi reintroduzida através da regulamentação da ADPF 33 em que os Ministros sustentam a possibilidade de declarar em procedimento abstrato a não recepção de uma determinada norma –não importa se é uma questão de hierarquia (nulidade) ou de sucessão temporal (revogação).

[89] Justamente, por isso, o Juiz deve aplicar os princípios de interpretação constitucional, o que já havia anotado por ocasião de meu estudo sobre Ação Civil Pública e controle de constitucionalidade. Ver: SCHÄFER, Gilberto. *Ação Civil Pública e controle de constitucionalidade.* Porto Alegre: Sergio Antonio Fabris Editor, 2002. p. 144.

um juízo a respeito da validade constitucional de um comportamento, é necessário que se faça atividade interpretativa. Por isso, a interpretação constitucional apresenta um campo mais amplo do que o da validade, já delimitado, pois toda a questão de validade pressupõe a interpretação. No entanto, vamos examinar o campo de interpretação que não faz parte da validade.

Uma primeira espécie de interpretação pode ocorrer quando se atribui o sentido e o alcance de uma determinada norma constitucional. Um exemplo característico dessa espécie de interpretação, que já se encontra nas Súmulas Vinculantes, é o Enunciado 07: "A norma do § 3º do art. 192 da Constituição revogada pela Emenda Constitucional n. 40/2003, que limitava a taxa de juros reais a 12% ao ano, tinha sua aplicação condicionada à edição de lei complementar". A referida Súmula enuncia, deste modo, o resultado de uma grande e demorada controvérsia, a saber, a da autoaplicabilidade do Texto Constitucional (art. 192, § 3º, da CF) .

Nas hipóteses de interpretação, indaga-se se existe a possibilidade de o Supremo realizar "interpretação" de um diploma normativo infraconstitucional, sem se apresentar o problema da validade constitucional? Formula-se a questão em outras palavras: em um determinado Texto Normativo Y, desse Texto, extraem-se as possibilidades interpretativas PI 1, PI 2 e PI 3. O Texto Y comporta, assim, diversas hipóteses normativas, todas constitucionais, o que se distingue da validade, ou seja, nenhuma dessas hipóteses infringe o Texto Constitucional.[90] No entanto, pode-se sustentar, por exemplo, que PI 2 realize melhor os valores constitucionais, dando maior efetividade ao Texto Constitucional. Poderia o STF então estabelecer uma discussão a respeito de qual interpretação deva prevalecer? Neste caso, teríamos uma questão de comparação de normas, mas não de invalidade, já que a interpretação conforme e a declaração de nulidade parcial envolvem uma questão de inconstitucionalidade, ou seja, são técnicas de decisão neste modo de controle de constitucionalidade.

Adotada esta hipótese, ter-se-ão Súmulas expedidas com a atribuição de sentido de uma determinada norma (infraconstitucional), sem que envolva um problema de inconstitucionalidade, mas que aponte para o sentido que promova, segundo o STF, melhor os valores constitucionais.

A última hipótese de expedição de Súmulas em matéria constitucional é a que envolve a "eficácia de normas determinadas".

A expressão *eficácia* pode gerar perplexidade[91] já que não se sabe exatamente o que se pode depreender do termo. Se significar hipótese de

---

[90] A hipótese apresentada não prevê a infração à proporcionalidade.

[91] Lenio Luiz Streck assevera que a "acepção da expressão 'eficácia' por certo não diz respeito à análise dos efeitos concretos produzidos pelas normas e tampouco a uma compreensão sociofenomenológica

incidência a um determinado grupo ou situação ou aptidão de ser aplicada, se está diante de uma questão de interpretação – segunda hipótese de edição das Súmulas – ou de uma questão de validade, na declaração de nulidade sem redução de Texto.

Formula-se como hipótese interpretativa do termo *eficácia* se tratar das "perspectivas temporal e espacial da norma, ou seja, sua operacionalidade no tempo e no espaço, matéria do Direito intertemporal, máxime a lei de introdução ao Código Civil, ainda em vigor".[92] Trata-se, pois, de um reforço conceitual, porquanto não se vislumbra, a rigor, questão constitucional que não esteja albergada pela validade ou interpretação.

Após examinar a matéria objeto das Súmulas Vinculantes, passa-se a examinar os requisitos para a sua expedição.

1.3.2. Pressupostos constitucionais de expedição das Súmulas Vinculantes

Conforme o § 1º do art. 103-A, "a Súmula terá por objetivo a validade, a interpretação e a eficácia de normas determinadas, acerca das quais haja controvérsia atual entre órgãos judiciários ou entre esses e a administração pública que acarrete grave insegurança jurídica e relevante multiplicação de processos sobre questão idêntica". Vale dizer que este parágrafo elenca os pressupostos constitucionais para a edição das Súmulas, ou seja, controvérsia atual entre órgãos judiciários ou entre estes e a Administração Pública. Mais do que nunca, tal controvérsia deve acarretar grave insegurança jurídica e relevante multiplicação de processos sobre questão idêntica. Outro pressuposto se encontra no *caput* do referido artigo e concerne à necessidade de que as Súmulas sejam expedidas após "reiteradas decisões sobre matéria constitucional".

Sem sombra de dúvida, a exigência de reiteração das decisões reforça o "caráter elucidativo e subsidiário" das Súmulas em relação às normas constitucionais e infraconstitucionais, em que a Súmula busca "elucidar o sentido de uma norma preexistente",[93] isto é, exige-se que ela tenha se

---

dessas. A preocupação do constituinte derivado, ao estabelecer possibilidade de edição de súmula vinculante para sanar discrepâncias acerca da eficácia de normas, parece restringir-se, de forma até mesmo singela, ao entendimento comumente adotado na doutrina jurídica, pelo qual a eficácia é considerada como decorrente do efetivo comportamento dos destinatários em relação à norma posta, bem como a sua aplicação pelos tribunais em caso de descumprimento. Eficácia teria relação, assim, com a aplicabilidade, restringindo-se a noção ao sentido jurídico, pelo qual a norma deve ter possibilidade de ser aplicada, isto é, deve ter capacidade de produzir efeitos jurídicos, não se cogitando de saber se ela produz efetivamente esses efeitos, o que remeteria a discussão a uma perspectiva sociológica, que trata da eficácia social". Ver: STRECK, 2005, op. cit., p. 176.

[92] MANCUSO, 2005, op. cit., p. 711-712.

[93] Conforme a nossa exposição inicial, melhor seria elucidar o Texto preexistente, pois a norma já seria produto da interpretação.

dado em casos em que foram decididas controvérsias com o fito de se limitar as possibilidades interpretativas.[94]

A expressão *reiteradas decisões* é um conceito indeterminado[95] que pressupõe estabilidade, consolidação, debate amplo, amadurecimento prévio[96] e a consagração daquilo que está sendo decidido, em uma identidade de matéria.[97] Ao se exigir "reiteradas decisões", o Constituinte diferenciou a expedição das Súmulas Vinculantes daquelas que têm caráter uniformizador, expedidas em uniformização de jurisprudência.

Há uma imbricação procedimental, no entanto, que merece a atenção, em função da divisão do STF em Pleno e Turmas, ocorrendo ainda a possibilidade de decisões monocráticas. De qual órgão do STF devem emanar essas decisões reiteradas? Gilmar Mendes defende a ideia de que

[94] Neste sentido, ver: ÁVILA, Ana Paula Oliveira. *Stare Decisis e Efeito Vinculante das Súmulas no Brasil*: um paralelo esclarecedor. Conferência apresentada no VII Congresso Brasileiro de Direito de Estado, realizado em 20/04/2007 na cidade de Salvador, Bahia, *paper* não publicado, p. 11.

[95] "A respeito dos conceitos jurídicos indeterminados costuma-se referir à imagem extremamente plástica de Philipp Heck, segundo o qual eles teriam um núcleo de significação preciso e um halo periférico vago e nebuloso. Ninguém hesitaria, assim, em qualificar como falta grave a violenta agressão física praticada pelo funcionário subalterno contra o seu chefe que, cortesmente, apontara um erro no trabalho do subordinado. Por outro lado, a ninguém ocorreria considerar como falta grave o fato de o funcionário comparecer dois dias ao trabalho sem barbear-se. Na zona cinza, que é o limite entre o 'conceito' e o 'não-conceito', isto é, entre o campo coberto pela norma jurídica e a área que por ela não é atingida, é que surgem todas as dificuldades". Ver: SILVA, Almiro do Couto e. Poder Discricionário no Direito Administrativo brasileiro. *Revista de Direito Administrativo*, Rio de Janeiro, n. 179-180, p. 58, jan/jun. 1990.

[96] Ministra Carmen Lúcia, nos debates da Súmula 10. Disponível em:< http://www.stf.jus.br/arquivo/cms/jurisprudenciaSumulaVinculante/anexo/DJe_172_2008.pdf>. Neste sentido, também se destaca Marco Antonio Botto Muscari, que faz uma crítica por ocasião da PEC da Súmula Vinculante por não estabelecer qualquer requisito de reiteração: "A concessão de efeito vinculatório deve ser precedida de grande meditação dos membros da Crte, com inúmeros pronunciamentos sobre idêntico tema. O debate pode enriquecer-se nas várias sessões de julgamento, inclusive por força de argumentos trazidos por magistrados, advogados e membros do Ministério Público, nos diversos processos. Em se conferindo Efeito Vinculante a uma primeira decisão sobre o tema, ainda que a maioria qualificada dos Senhores Ministros adira à tese, há risco de o pronunciamento não ser fruto de meditação exaustiva, possível apenas quando todos os argumentos (a favor *e contra* uma solução) mereceram detida análise dos julgadores. Com a responsabilidade do cargo que ocupam e a prudência que os tem caracterizado, podemos supor que os integrantes do Supremo Tribunal Federal não irão conferir eficácia vinculante a uma primeira decisão de mérito sobre dado tema, aguardando um debate profundo, com a participação de toda a comunidade jurídica. A partir daí, quando houver jurisprudência *sedimentada* na Corte, terá lugar o efeito vinculatório. De toda sorte, não custa sugerir ao Congresso que insira na Emenda Constitucional a exigência de um certo número de julgamentos uniformes (cinco, por exemplo), antes que o Tribunal possa atribuir eficácia vinculativa ao preceito. O substitutivo elaborado pelo Deputado Jairo Carneiro representa algum avanço, na medida em que prevê a edição da súmula com Efeito Vinculante "após decisões reiteradas da questão". BOTTO MUSCARI, Marco Antonio. *Súmula Vinculante.*São Paulo: Editora Juarez Oliveira, 1999.

[97] Lenio Luiz Streck chama a atenção para a identidade fática do julgado, que deve separar as peculiaridades de uma determinada questão quando for o caso. Exemplifica com a Súmula 405 do STF, que não abarca todas as questões jurídicas da não concessão definitiva do Mandado de Segurança e a revogação da liminar. Ver: STRECK, 2005, op. cit., p. 185-187. A mesma observação pode ser repetida para o caso da SV 11.

a Súmula Vinculante somente pode ser editada após decisão do Plenário do Supremo Tribunal Federal ou decisões das Turmas. Entende vedada a edição de uma Súmula Vinculante com fundamento em uma decisão isolada do STF.[98]

Nesta imbricação deve-se levar em conta que determinadas matérias exigem a manifestação do Plenário – como, por exemplo, a declaração de inconstitucionalidade, em decorrência da Reserva do Plenário (art. 97 da CF). Contudo, após a manifestação do Plenário, poderá haver manifestação das Turmas, que não precisam mais remeter a questão ao Pleno.[99] Aqui, pode-se admitir como raciocínio inverso o de que a reiteração dos julgados pelas Turmas consolidou o julgamento do Pleno, porque não foi suscitado o reexame da decisão (art. 11, II e III do RISTF).

Na verdade, isso remeteria a uma outra indagação. Em face dos valores constitucionais consagrados pela EC 45 que exige reiteração, não deveria a questão, de forma independente das regras processuais ordinárias, ser submetida novamente ao Plenário? A resposta afirmativa encontraria base na máxima efetividade do preceito constitucional das reiteradas decisões. No entanto, de um ponto de vista sistêmico, opta-se por uma resposta negativa devido ao grande filtro exercido pelo *quorum* de 2/3 (dois terços) dos Ministros para a expedição das Súmulas Vinculantes. Este *quorum* só vai ser alcançado quando há um acordo significativo no Tribunal, um dos importantes filtros para a expedição da Súmula Vinculante. Por outro lado, entendemos que não se pode sustentar a posição de Lenio Streck quando defende que essas reiteradas decisões sejam tomadas pelo

---

[98] MENDES, Gilmar Ferreira; COELHO, Inocêncio Mártires; GONET BRANCO, Paulo Gustavo. *Curso de Direito Constitucional*. 3. ed. rev. e atual. São Paulo: Saraiva, 2008. p. 967.

[99] É dispensável a observância do princípio constitucional da reserva de Plenário: a) já que tenha sido pronunciada a inconstitucionalidade da lei ou ato normativo questionado pelo Pleno do Supremo Tribunal Federal; b) já que exista, no âmbito do Tribunal *a quo*, em relação àquele mesmo ato do Poder Público, uma decisão plenária que haja apreciado a controvérsia constitucional, ainda que de tal pronunciamento não tenha resultado o formal reconhecimento de inconstitucionalidade da regra estatal questionada. Tal orientação foi estabelecida pelo Supremo Tribunal Federal no julgamento do Reg Ag. n. 168.149-RS (DJU 1, de 04.08.95, p. 22.520): "art. 97 da Constituição Federal. Acórdão de órgão fracionário que, invocando decisão do Supremo Tribunal Federal, modificativa de precedente do Plenário da Corte de origem sobre a matéria constitucional em causa, julgou de logo a apelação, sem renovar a instância incidental da argüição de inconstitucionalidade. Procedimento que, na esteira da orientação estabelecida no art. 101 do RI/STF, não pode ser tido por ofensivo ao art. 97 da Constituição Federal, posto que, além de prestigiar o princípio da presunção da constitucionalidade das leis, nele consagrado, está em perfeita harmonia não apenas com o princípio da economia processual mas também com o da segurança jurídica, concorrendo, ademais, para a racionalização orgânica da instituição judiciária brasileira. Recurso não-conhecido" (STF, RE n. 190728, Rel. Min. Ilmar Galvão, DJ 30 de maio de 1997). Posteriormente foi acolhida pela Lei n. 9.756, de 17.12.98: "art. 481 – Se a alegação for rejeitada, prosseguirá o julgamento; se for acolhida, será lavrado o acórdão, a fim de ser submetida a questão ao Tribunal pleno. Parágrafo único. Os órgãos fracionários dos Tribunais não submeteram ao Plenário, ou ao órgão especial, a argüição de inconstitucionalidade, quando já houver pronunciamento destes ou do Plenário Supremo Tribunal Federal sobre a questão".

voto de 2/3 (dois terços) dos membros do Tribunal,[100] já que esta exigência se dá apenas ao *quorum* de edição e não para os julgamentos reiterados, não ocorrendo a edição de SV sem passar pelo crivo deste *quorum* qualificado.

O STF, por sua vez, vem atribuindo um significado mais estrito ou, inclusive, tem deixado de aplicar o requisito, como se pode verificar na SV 5: "a falta de defesa técnica por advogado no Processo administrativo disciplinar não ofende a Constituição". A justificativa para a não exigência de reiteradas decisões foi a existência de Súmula do STJ em sentido contrário.[101] Assim, no julgamento do RE 434059, o STF, em sentido oposto ao STJ, resolveu editar uma Súmula Vinculante devido às consequências das decisões do STJ. O Ministro Menezes Direito afirma que a EC faz referência a julgamentos reiterados das Turmas, e não aos do Pleno.[102] Ora, para dirimir a dúvida o argumento importante e fundamental é que o STF se filie à tese estabelecida de modo perene; para isso, fez uma exigência temporal, devido à repercussão da referida Súmula, que houvesse vários julgamentos. Deve-se ressaltar que esta ausência de reiteração, combinada com uma redação genérica, separada da classe de casos decididos, leva à falta de amadurecimento e a uma má aplicação da Súmula. A redação da Súmula deve ajudar a delimitar o seu campo de aplicação à classe de casos dos quais se originou. Redigida de forma ampla o aplicador pode ser levado a aplicá-la, como no exemplo acima, a outra classe de casos, como aos procedimentos administrativos de apuração de falta disciplinar em execução penal, fixados por lei e pela CF. Neste sentido, como ressaltaremos, deve-se tomar muito cuidado com redações excessivamente generalizantes e que levam a uma aplicação ampliativa. Esse foi, por exemplo, o caso noticiado pelo STF e que deu

---

[100] "Por outro lado, parece razoável exigir que a reiteração tenha uma direta conexão com o *quorum* de dois terços. Seria um desvio hermenêutico considerar a reiteração a partir, por exemplo, de acórdãos de uma das Turmas do Supremo Tribunal Federal ou de resultados de escassa maioria, mesmo que tais resultados venham se repetindo. A reiteração que aqui é exigida é a que simplesmente tenha como desiderato a súmula, isto é, reiteradamente o Supremo Tribunal vem decidindo uma matéria com maioria de dois terços e, em determinado momento, por provocação ou de ofício, resolva editar a súmula. Portanto, inaceitáveis os argumentos que, sustentados em uma pretensa vontade do legislador, venham a apontar para a exigência apenas do *quorum* de dois terços e não desse *quorum* nas decisões reiteradas. Aliás, tanto o objetivismo (vontade da lei) como o subjetivismo (vontade do legislador) são resquícios de um positivismo exegético-dedutivista e, por isso, inaplicáveis na contemporânea hermenêutica." Ver: STRECK, 2005, op. cit., p. 187.

[101] Súmula 343 do STJ: É obrigatória a presença de advogado em todas as fases do Processo Administrativo Disciplinar.

[102] O Ministro Menezes Direito, por seu turno, conclui: "Mesmo porque, como observou o Ministro Marco Aurélio, de fato a Emenda n. 45 faz referência a pronunciamentos reiterados. Mas isso na hipótese de as decisões saírem das Turmas. Como é uma decisão do Plenário, disse o Ministro Cezar Peluso muito bem, unânime, diante de circunstância específica de súmula contrária de um Tribunal Superior, tenho a sensação de que poderíamos aprovar, sim, uma súmula com Efeito Vinculante, porque esse é o objetivo da segurança jurídica." (STF, RE n. 434059 , Rel. Min. Gilmar Mendes, DJ 12 de setembro de 2008).

origem a duas reclamações em que se questionou o tema.[103] Nestas reclamações, a Defensoria Pública de São Paulo pede liminar para sustar os efeitos do acórdão do Tribunal de Justiça de São Paulo que validou o resultado da sindicância de apuração de falta disciplinar relativa aos dois presos, sem nomeação de advogado – no mérito, pede a cassação do mencionado acórdão. Trata-se de casos em que se visualiza uma aplicação indevida de uma Súmula Vinculante, se forem examinados os precedentes que deram origem a referida Súmula.

A falta de julgamentos reiterados tem recebido críticas no STF. O Ministro Marco Aurélio, no que concerne à SV 5, no próprio debate do

---

[103] Veja-se a notícia publicada pelo STF, no dia 04 de setembro de 2009, com o título: Defensoria Paulista questiona decisões do TJ-SP com base na Súmula Vinculante 5 .Disponível em: http://www.stf.jus.br/portal/cms/verNoticiaDetalhe.asp?idConteudo=112796&tip=UN): "A Defensoria Pública do Estado de São Paulo (DPE-SP) propôs ao Supremo Tribunal Federal (STF) as Reclamações (RCLs) 8824 e 8825, pedindo a cassação de decisões proferidas pelo Tribunal de Justiça daquele Estado (TJ-SP) que, segundo ela, em Processo Administrativo Disciplinar, aplicou erroneamente a Súmula Vinculante n. 5 do STF para aplicar punição, por falta grave decorrente de posse de telefone celular, a dois detentos recolhidos em estabelecimento penal em Marília (SP). A súmula prevê que "a falta de defesa técnica por advogado no Processo Administrativo Disciplinar não ofende a Constituição". Segundo a Coordenadoria Regional de Marília do MP-SP, os reeducandos M.F.C. e M.R.S. responderam à sindicância na unidade penitenciária que resultou no reconhecimento da prática de falta grave. Entretanto, como nos Processos não foi observado plenamente o direito ao devido processo legal, do contraditório e da defesa técnica, o Juiz das Execuções Criminais em Marília anulou integralmente as penas. Inconformado, o Ministério Público de São Paulo (MP-SP) interpôs agravo em execução penal, alegando ofensa à Súmula Vinculante n. 5. Após oferecimento de parecer da Procuradoria-Geral do Estado, o TJ-SP deu provimento ao agravo, que resultou na perda dos dias remidos, regressão de regime prisional e interrupção dos lapsos para benefícios. Alegações. A DPE-SP alega que a súmula foi inadequada, ilegal e arbitrariamente aplicada pelo TJ-SP. Dispõe a súmula que "a falta de defesa técnica por advogado no Processo Administrativo Disciplinar não ofende a Constituição". Entretanto, segundo a DPE-SP, no âmbito da execução penal, o Procedimento Administrativo Disciplinar deve observar as regras do Código de Processo Penal (CPP), nos termos dos arts. 1°; 2°; 10; 11, inciso III; 16; 41, incisos VII e IX; 59; 66, inciso V, letra *a*, incisos VI e VIII, e 194 da Lei de Execução Penal (LEP), combinados com os arts. 3° e 261 do Código Penal (CP) e com o art. 5°, incisos LIV e LV, da Constituição Federal (CF). Tais dispositivos exigem, para o exercício da plenitude da defesa e do devido processo, a presença de advogado em todos os atos e termos do processo. Portanto, segundo a Defensoria, "o regime jurídico próprio da LEP exige, para imposição de falta grave, a plenitude da defesa e do contraditório, com a presença da defesa técnica, tal como o Processo Penal, evitando-se a realização de sindicâncias produzidas mecanicamente, ou a interferência da emulação dos condutores do Processo Administrativo nos destinos probatórios da sindicância". A Defensoria reporta-se, neste contexto, a precedente firmado pelo Plenário do STF no julgamento do HC 77862. Nele, o STF decidiu que é imprescindível o exercício do direito de defesa em sindicância para a apuração de falta grave, sob pena de nulidade, lembrando que o art. 59 da LEP impõe às unidades da Federação o dever de dotar os estabelecimentos penais de serviços de assistência judiciária, destinados aos presos e internados sem recursos financeiros para constituir advogados. Segundo a Defensoria, o erro na aplicação da Súmula Vinculante 5 se deve ao fato de que esta é uma norma geral, aplicável aos casos em que a lei é omissa ou quando inexistir regime jurídico próprio. Já os procedimentos administrativos de apuração de falta disciplinar em execução penal, fixados por lei e pela CF, possuem regime jurídico próprio, em que a Súmula Vinculante não atua, em que se exige a defesa técnica e a presença de advogado ou defensor público em todos os atos e termos do procedimento", tal como decidido pelo STF no HC 77862. Diante dessas razões, a DP-SP pede liminar para sustar os efeitos do acórdão (decisão colegiada) do TJ-SP que validou o resultado da sindicância de apuração de falta disciplinar relativa aos dois presos. No mérito, pede a cassação do mencionado acórdão. A RCL 8824 tem como Relator o Ministro Carlos Ayres Britto e a RCL 8825, o Ministro Joaquim Barbosa." A Reclamação 8824 foi extinta e a Reclamação 8825 aguarda julgamento.

RE 434059,[104] critica a falta de julgamentos reiterados,[105] chamando a atenção para a necessidade de identidade dos casos. O Relator apresentou dois precedentes (AI 207197 AgR, RE 244027 AgR) sobre a matéria, mas acabou prevalecendo a tese do Ministro Peluso no sentido político da prevenção de inúmeros casos idênticos para o futuro,[106] prestigiando o princípio da segurança jurídica, na sua acepção de previsibilidade.

Pode-se agora afirmar que a reiteração de casos traz ínsita a concepção de uma passagem de um lapso temporal razoável, a fim de evidenciar a consolidação do precedente e, especialmente, a fim de verificar se há necessidade de expedição destas SV para não banalizar o instrumento. Contrária a esta posição, a expedição da Súmula Vinculante n. 6[107] foi aprovada sem qualquer lapso temporal, pois os doze precedentes utilizados para a aprovação foram julgados no dia 30 de abril de 2008, sendo que a data da aprovação da referida Súmula foi 7 de maio de 2008,[108] ou seja, após uma semana. O fato de não podermos estabelecer de forma segura qual é o prazo razoável não nos impede de dizer que aqui não foi observado um lapso razoável. Contudo há um elemento diferenciador relevante que se deva reconhecer nestes julgamentos (é o caso também da SV n. 12):[109] eles foram proferidos em processo em que se reconheceu a repercussão geral.[110] No entanto, embora justificável a tese, ela não pode

[104] STF, RE n. 434059 , Rel. Min. Gilmar Mendes, DJ 12 de setembro de 2008.

[105] "Concordo que devemos avançar de imediato, para editar um verbete ou Enunciado a integrar a súmula da jurisprudência predominante do Tribunal. Só que para chegarmos à eficácia maior, como requerido pela Constituição Federal, é indispensável, segundo o texto da carta, da Emenda n. 45, que tenhamos reiterados pronunciamentos do Supremo". Manifestação do Ministro Marco Aurélio no RE n. 434059 , Rel. Min. Gilmar Mendes, DJ 12 de setembro de 2008.

[106] O Ministro Cezar Peluso acrescenta: " Se não admitíssemos a possibilidade, em casos excepcionais, como este, em que há uma multidão de causas idênticas, baseadas até em uma Súmula de Tribunal Superior, de dar interpretação larga à norma constitucional que exige reiteradas decisões, não poderemos aprovar a Súmula n. 6, porque, na verdade, embora constassem no julgamento doze causas, nós emitimos um único pronunciamento (...)Um único pronunciamento. Isto é um problema de números. Se tivéssemos acrescentados a este caso mais onze números, nós teríamos reiterados pronunciamentos". (STF, RE n. 434059, Rel. Min. Gilmar Mendes, DJ 12 de setembro de 2008).

[107] Não viola a Constituição o estabelecimento de remuneração inferior ao salário mínimo para as praças prestadoras de Serviço Militar inicial.

[108] Ver: <http://www.stf.jus.br/portal/jurisprudencia/listarJurisprudencia.asp?s1=6.NUME.%20E%20S.FLSV.&base=baseSumulasVinculantes>.

[109] "A cobrança de taxa de matrícula nas Universidades Públicas viola o disposto no art. 206, IV, da Constituição Federal".

[110] A repercussão geral foi regulamentada no CPC pela Lei n. 11.418, de 2006: art. 543-A. O Supremo Tribunal Federal, em decisão irrecorrível, não conhecerá do recurso extraordinário, quando a questão constitucional nele versada não oferecer repercussão geral, nos termos deste artigo. § 1º Para efeito da repercussão geral, será considerada a existência, ou não, de questões relevantes do ponto de vista econômico, político, social ou jurídico, que ultrapassem os interesses subjetivos da causa. § 2º O recorrente deverá demonstrar, em preliminar do recurso, para apreciação exclusiva do Supremo Tribunal Federal, a existência da repercussão geral. § 3º Haverá repercussão geral sempre que o recurso impugnar decisão contrária a súmula ou jurisprudência dominante do Tribunal. § 4º Se a Turma decidir

afastar um mandamento constitucional de reiteração de casos, pois isto significa também, observar o comportamento posterior e, inclusive, evitar a inflação sumular. As SVs não devem ser uma opção primeira, mas uma opção de amadurecimento.

Mais do que nunca, a reiteração dos casos é corolário do debate democrático, do exercício do contraditório necessário na edição das Súmulas Vinculantes, com a própria possibilidade e, pode-se dizer, exigência, do *amicus curie* no Processo, como forma de legitimação do procedimento e de ampliação do debate da matéria constitucional em apreço. Um único julgamento limitará, sem dúvida, o debate, necessário diante dos efeitos gerais desta Súmula e das consequências da sua não observância.[111] A discussão ocorre para estabelecer o conteúdo e a redação da Súmula, que requer cuidados a fim de não trair os precedentes que lhe deram origem e especialmente para que haja tempo para a adequada reflexão.[112]

Outro pressuposto para a expedição da Súmula Vinculante é a existência da controvérsia atual entre os órgãos do Judiciário ou entre o Judiciário e a Administração Pública, conforme o art. 103-A: "§ 1º A Súmula terá por objetivo a validade, a interpretação e a eficácia de normas determinadas, acerca das quais haja controvérsia atual entre órgãos judiciários ou entre esses e a Administração Pública que acarrete grave insegurança jurídica e relevante multiplicação de processos sobre questão idêntica".

---

pela existência da repercussão geral por, no mínimo, 4 (quatro) votos, ficará dispensada a remessa do recurso ao Plenário. § 5º Negada a existência da repercussão geral, a decisão valerá para todos os recursos sobre matéria idêntica, que serão indeferidos liminarmente, salvo revisão da tese, tudo nos termos do Regimento Interno do Supremo Tribunal Federal.§ 6º O Relator poderá admitir, na análise da repercussão geral, a manifestação de terceiros, subscrita por procurador habilitado, nos termos do Regimento Interno do Supremo Tribunal Federal. § 7º A Súmula da decisão sobre a repercussão geral constará de ata, que será publicada no Diário Oficial e valerá como acórdão. Sobre a repercussão geral ver: MARINONI, Luiz Guilherme; MITIDIERO, Daniel. Repercussão geral no recurso extraordinário. 2.ed. São Paulo: Revista dos Tribunais, 2008.

[111] "A súmula vinculante por um lado concentra o debate e, de certa maneira, a solução dos conflitos (de massa) com aptidão para afastar uma avalanche de processos individuais e o risco de decisões divergentes; mas por outro, justamente em atenção à sua natureza coletiva, deve assegurar a participação efetiva do *amicus curiae* não só porque este pode contribuir muito para o debate mas também por ser forma de legitimação da decisão que será proferida". Neste sentido, ver: FERREIRA, William Santos. Súmula Vinculante – solução concentrada: vantagens, riscos e necessidade de um contraditório de natureza coletiva (*amicus curiae*). In: WAMBIER, Teresa Arruda Alvim e outros. Reforma do Judiciário: primeiras reflexões sobre a Emenda Constitucional n. 45/2004. São Paulo: Revista dos Tribunais, 2005.

[112] Aqui, parece que a opinião do Ministro Marco Aurélio, em entrevista concedida ao *site Consultor Jurídico*, expressa a preocupação que demonstramos ao longo deste texto: "Estamos editando súmulas vinculantes no calor das discussões. Mas só se progride quando se marcha com segurança. O verbete é algo que tem contornos definitivos. Quando o Supremo bate o martelo, não se tem a quem recorrer. Pode ser revisto, mas a história já mostrou que é difícil rever verbetes". Disponível em:< http://www.conjur.com.br/2008-out-16/aprovacao_agil_sumula_vinculante_gera_divergencias>. Acesso em: 16 jul. 2009.

Em proposta interpretativa literal do que seja a palavra *controvérsia*, pode-se chegar à conclusão de que não pode ocorrer controvérsia direta entre órgãos do Judiciário e da Administração, levando-se em conta um determinado caso, a não ser em uma grave situação de ruptura institucional. Devido a uma questão de hierarquia, ou de prerrogativa dos Poderes, a decisão judicial deve ser cumprida pelo órgão Judiciário de menor hierarquia (aplicação da norma individual ao caso) ou pela Administração que não pode deixar de cumprir decisão judicial.

Se fosse esta a questão, jamais seria expedida Súmula Vinculante, pela falta de ocorrência de um dos seus pressupostos, contrariando a pauta hermenêutica de que um texto deve ser interpretado de maneira que não resulte sem uso ou significado.[113] Resultaria como consequência a inserção de um instituto na Constituição que não poderia ser aplicado e estar-se-ia valorizando demasiadamente o sentido literal. Para dar o devido significado ao Texto Constitucional a palavra *controvérsia* deve ser compreendida como *aplicação controvertida* do Direito pelos órgãos judiciários ou à aplicação de uma tese em desconformidade com a jurisprudência, ferindo-se, assim, o princípio da isonomia.

O objetivo é, deste modo, o de uniformizar a interpretação do ponto controverso entre os órgãos estatais, seja no Judiciário, seja na própria Administração. Esta diretriz justifica, por exemplo, a edição de algumas Súmulas Vinculantes como a de n. 12 ou a SV n. 13,[114] que envolvem a administração pública, como foi o caso da súmula vinculante do nepotismo, de grande repercussão na mídia.

Vale frisar que a aplicação controvertida do Direito deve acarretar grave insegurança jurídica e relevante multiplicação de Processos.[115] Para analisar a insegurança e a sua gravidade, faz-se necessária uma breve alusão ao que seja segurança jurídica, conceito contrário ao de insegurança jurídica.

---

[113] "Un texto legal no debe ser interpretado de manera tal que parte del mismo quede sin uso o sin significado. Así, la interpretación gramatical parte de algo que equivale a la economía de la regulación: ningún elemento en el texto legal carece de significado". Neste sentido, ver: AARNIO, Aulis. *Lo racional como razonable*: un tratado sobre la justificación jurídica. Madrid: Centro de Estudios Constitucionales, 1991. p. 147.

[114] A nomeação de cônjuge, companheiro ou parente em linha reta, colateral ou por afinidade, até o terceiro grau, inclusive, da autoridade nomeante ou de servidor da mesma pessoa jurídica investido em cargo de direção, chefia ou assessoramento, para o exercício de cargo em comissão ou de confiança ou, ainda, de função gratificada na Administração Pública Direta e Indireta em quaisquer dos Poderes da União, dos Estados, do Distrito Federal e dos Municípios, compreendido o ajuste mediante designações recíprocas, viola a Constituição Federal.

[115] "Art. 103-A – § 1º A súmula terá por objetivo a validade, a interpretação e a eficácia de normas determinadas, acerca das quais haja controvérsia atual entre órgãos judiciários ou entre esses e a administração pública que acarrete grave insegurança jurídica e relevante multiplicação de processos sobre questão idêntica".

A expressão *segurança jurídica* carrega o significado de sua vagueza[116] e de sua indeterminação. Ela ocupa aqui o papel de sobreprincípio,[117] devido à sua intensa carga axiológica, expandindo-se sobre outros setores do ordenamento. Esse valor albergado, conforme Paulo de Barros Carvalho,[118] é próprio "da linguagem prescritiva do Direito, presidindo a seleção de aspectos factuais e orientando a regulação das condutas intersubjetivas"; além disso, "se a norma consubstancia ou não determinado princípio, é uma decisão eminentemente subjetiva, de cunho ideológico". Ainda, o referido autor refuta: "igualmente, a tentativa de aprisionar tais núcleos de significação, que chamamos de valores, por meio de esquemas

---

[116] Judith H. Martins-Costa apresenta as múltiplas significações no STF:" O Ementário eletrônico do Supremo Tribunal Federal registrava, em agosto de 2003, trinta e sete (37) decisões indexadas pela expressão 'segurança jurídica'. Tais decisões estão no âmbito dos Direitos Penal, Civil, Administrativo, Tributário e Trabalhista. Consideradas pelo viés positivo do princípio, denotam os seguintes focos de significação: a) a segurança jurídica está no fundamento do instituto da decadência; b) a segurança jurídica fundamenta o instituto da prescrição; c) a segurança jurídica fundamenta o instituto da preclusão; d) a segurança jurídica fundamenta a intangibilidade da coisa julgada; e) a segurança jurídica é o valor que sustenta a figura dos direitos adquiridos; f) a segurança é o valor que sustenta o princípio do respeito ao ato jurídico perfeito; g) a segurança jurídica está na base da inalterabilidade, por ato unilateral da Administração, de certas situações jurídicas subjetivas previamente definidas em ato administrativo; h) a segurança jurídica está na *ratio* da adstrição às formas processuais; a segurança jurídica está na *ratio* do princípio da irretroatividade da lei, quando gravosa ao *status libertatis* das pessoas ou afrontosa às situações mais favoráveis, consolidadas pelo tempo ou resguardadas pela lei. Já pelo viés negativo, decidiu o Supremo Tribunal Federal: j) a segurança jurídica não é afrontada, senão reforçada, com o rigor probatório, nas matérias concernentes à concessão de benefícios especiais a certas categorias ou pessoas, conforme a situação em que se encontrem; k) a segurança jurídica não impede que lei nova ou ato administrativo dê conformação a situações jurídicas, desde que resguardado o princípio da legalidade, pois não limita de modo absoluto o poder de conformação do legislador. Se examinarmos com atenção esses onze focos de significações, veremos que uma linha os une, indissoluvelmente: para o Supremo Tribunal Federal, o princípio da segurança é como se fosse uma tradução jurídica do fenômeno físico da imobilidade, marcando o que, nas relações jurídicas entre a Administração e os administrados, deve permanecer estático, imóvel como estátua, permanente no tempo." Ver: MARTINS-COSTA Judith H. A re-significação do princípio da segurança jurídica na relação entre o Estado e os cidadãos: a segurança como crédito de confiança. *Revista CEJ*, Brasília, n. 27, p. 113, out./dez. 2004.

[117] Para Humberto Ávila, "o estado ideal de coisas cuja busca ou preservação é imposta pelos princípios pode ser mais ou menos amplo e, em razão disso, abranger uma extensão maior de bens jurídicos que compõe seu âmbito. Há princípios que se caracterizam justamente por impor a realização de um ideal mais amplo, que engloba outros ideais mais restritos. Esses princípios podem ser denominados de sobreprincípios. Por exemplo, o princípio do Estado de Direito impõe a busca de um ideal de juridicidade, de responsabilidade e de previsibilidade da atuação estatal, ao mesmo tempo que exige segurança, protetividade e estabilidade para os direitos individuais. Esse fim maior engloba outros fins mais restritos, já estabelecidos por outros princípios, como pelos princípios da segurança jurídica, da separação dos poderes, da legalidade, da irretroatividade e da boa-fé. Exatamente por isso, o princípio mais amplo exerce influência na interpretação e aplicação do princípio mais restrito. Daí denominar-se o princípio, cujo ideal é mais amplo, de sobreprincípio e o princípio, cujo ideal unidirecional é mais restrito, de subprincípio". Ver: ÁVILA, Humberto. *Sistema Constitucional Tributário*. São Paulo: Saraiva, 2004. p. 40.

[118] CARVALHO, Paulo de Barros. O princípio da segurança jurídica em matéria tributária. *Revista Diálogo Jurídico*, Salvador, n. 16, mai./jun./jul./ago. 2007. Disponível em:<http://www.direitopublico.com.br>. Acesso em: 10 mai. 2009.

objetivos, adredemente preparados. Peleja contra eles o subjetivismo ínsito ao domínio do axiológico, que não admite esquemas dessa ordem".[119]

De qualquer forma, não existe sistema jurídico sem ordem e, portanto, sem algum grau de segurança jurídica, que, sobretudo, nos Estados Democráticos de Direito, apresenta grau bem elevado. Desta maneira, tem-se concebido uma série de ideias de que a segurança busca assegurar como "estabilidade, confiabilidade,[120] previsibilidade[121] e mensurabilidade na atuação do Poder Público".[122]

A Súmula foi criada pelo Constituinte Derivado, sensível às críticas da doutrina a respeito da assim chamada *Loteria Judiciária* (quando, para uma determinada classe de casos, é apresentada solução divergente, às vezes antagônica) – sob o argumento de ferir a previsibilidade. Esta falta de previsibilidade também resultaria em afronta à igualdade, visto que resulta em tratamento diverso para casos que mereceriam tratamento semelhante.

Infelizmente, muitas vezes, a chamada *Loteria Judiciária* somente será reconhecida posteriormente a uma passagem temporal, quando as causas judiciais forem aportando ao Judiciário e recebendo decisões díspares, apesar da existência de mecanismos unificadores prévios (art. 555, § 1º, ou de Embargos de Divergência). Na prática judiciária, os Tribunais de Segundo Grau têm dificuldade em realizar a unificação de sua jurispru-

---

[119] "Tudo se dá, repetimos, pela combinação dos valores do sistema. Não é de estranhar-se, por conseguinte, que ninguém tenha inventado uma fórmula adequada para indicar a presença e orientar a aplicação de princípios como o da capacidade contributiva, o da proibição de confisco, o da estrita legalidade, o da anterioridade, o da igualdade tributária, para nos cingirmos tão só a alguns exemplos". Ver: CARVALHO, loc. cit.

[120] Sobre o tema da proteção da confiança, por todos, ver: COUTO E SILVA, Almiro do. O princípio da segurança jurídica (proteção à confiança) no Direito Público brasileiro e o Direito da Administração Pública de anular seus próprios atos administrativos: o prazo decadencial do art. 54 da Lei do Processo Administrativo da União (Lei n. 9.8784/99). *Revista Eletrônica de Direito do Estado*, Salvador, Instituto de Direito Público da Bahia, n. 2, abr./mai./jun. 2005. Disponível em:<http//direitodoestado.com.br>. Acesso em: 20 fev. 2009. Para Almiro do Couto e Silva, a proteção à confiança é um dos aspectos subjetivos do princípio da segurança jurídica atualmente desenvolvido como um princípio próprio.

[121] Neste sentido, ver: CHIARLONI, Sergio. I compiti fondamentali della Corte Suprema di cassazione, l'eterogenesi dei fini nascente dalla garanzia costituzionale del diritto al ricorso e le recenti riforme. Disponível em:< http://www.ordineavvocatitorino.it/UserFiles/File/convegni/atti/prof.chiarloni.pdf>. Acesso em: 20 jul.2008: "la prevedibilità delle decisioni. Una prassi di precedenti uniformi della Corte Suprema riduce la conflittualità e permette sicurezza e programmabilità del traffico giuridico. Le parti di un rapporto possono meglio valutare le future conseguenze delle loro azioni, proprio in base agli indirizzi impartiti da consolidati orientamenti giurisprudenziali5. È forse inutile sottolineare che la scorrevolezza di questo traffico, fondamentale soprattutto, ma non solo, per il buon funzionamento del mercato, soffre assai quando i soggetti che vi operano non sono in grado di prevedere le conseguenze delle loro azioni sul piano della relativa valutazione giuridica, perché queste azioni sono oggetto di orientamenti contrastanti da parte degli organi giurisdizionali".

[122] Conforme ÁVILA, 2004, op. cit., p. 295.

dência, aguardando a atuação dos Tribunais Superiores, às vezes atuando como meros Tribunais de Passagem.[123]

A EC/45, ao introduzir as Súmulas Vinculantes, prestigiou os elementos da segurança jurídica, como a estabilidade, a confiabilidade, a previsibilidade e a mensurabilidade, porém exigiu que para se editar súmula ocorra uma insegurança grave. De acordo com o art. 103 A, § 1º "A Súmula terá por objetivo a validade, a interpretação e a eficácia de normas determinadas, acerca das quais haja controvérsia atual entre órgãos judiciários ou entre esses e a administração pública que acarrete *grave insegurança jurídica* e relevante multiplicação de processos sobre questão idêntica". (grifo nosso)

Este qualificativo seria mais uma daquelas palavras que, na prática, apesar de ter conteúdo normativo, permanecem vazias, como foi o caso de "relevante e urgente" nas medidas provisórias. Crítica semelhante feita pela doutrina, na avaliação daqueles conceitos fluidos, aplica-se aqui: a avaliação se dá diante do fato e dos casos aplicados.[124] Neste sentido, indaga-se: quais teriam sido as graves consequências para a segurança jurídica da Súmula Vinculante n. 11,[125] que trata das algemas? Embora a

---

[123] "O caso da Justiça Estadual de São Paulo é sintomático, Constituinte atualmente o paroxismo da complexidade, após a fusão dos três tribunais cíveis existentes antes da emenda da Reforma do Poder Judiciário. São 360 Desembargadores no Tribunal de Justiça, divididos, na parte civil, em uma seção de Direito Privado e outra de Direito Público. A possibilidade de uniformização jurisprudencial é remota, mas a existência, quase sempre, de orientação contrária à do julgamento tomado em um caso concreto incentiva a recorribilidade interna a outros órgãos do Tribunal ,como os grupos de Câmaras nas ações rescisórias, e impulsiona recorribilidade interna mesmo oblíqua, por intermédio dos embargos de declaração de caráter infringente, repetindo e desenvolvendo argumentos em prol de orientação afastada, na esperança de mudança de orientação individual de integrantes do Tribunal, ou de alteração de composição, ou, mesmo, de puro e simples erro de enfoque, sempre possível diante da dificuldade de tratamento de grandes números processuais, em casos muitas vezes semelhantes, mas que se dissociam em pormenores". Ver: BENETI, Sidnei Agostinho. Doutrina de precedentes e organização judiciária. In: FUX, Luiz; NERY JR., Nelson; ALVIM WAMBIER, Tereza Arruda (coords). *Processo e Constituição*: estudos em homenagem ao Professor José Carlos Barbosa Moreira. São Paulo: Editora Revista dos Tribunais, 2006. p. 485.

[124] "Relevância e urgência são expressões vagas, fluidas, mas que, uma vez confrontados com os valores do sistema no qual estão inseridas, perdem, senão a totalidade – que apenas o caso concreto permite acabar – pelo menos grande parte de sua indeterminação. A edição de medidas provisórias não envolve apreciação discricionária, no sentido de que o Poder Executivo pode editá-las, em qualquer situação, ou pode escolher se a utiliza, ou não. A relevância e urgência, diante do sistema e dos fatos, perdem parte de sua indeterminação, vinculando o Poder Executivo a editá-las, presente a situação de fato que lhe serve de pressuposto. Haverá situações, é certo, que a análise da relevância e da urgência, em função da fluidez dessas expressões, não permitirá verificar, objetivamente, uma só solução para a situação que se visa regular. Nesse caso, e somente nele, haverá discricionariedade". Ver: ÁVILA, Humberto. *Medida Provisória na Constituição de 1988*. Porto Alegre: Sergio Antonio Fabris Editor, 1997. p.85.

[125] "Só é lícito o uso de algemas em casos de resistência e de fundado receio de fuga ou de perigo à integridade física própria ou alheia, por parte do preso ou de terceiros, justificada a excepcionalidade por escrito, sob pena de responsabilidade disciplinar, civil e penal do agente ou da autoridade e de nulidade da prisão ou do ato processual a que se refere, sem prejuízo da responsabilidade civil do Estado".

SV 11 tenha por escopo a proteção de direitos fundamentais, o seu enunciado é repleto de expressões vagas, com alta discricionariedade interpretativa, sem uma vinculação a códigos de conduta mais precisos – isso desvirtua o papel da Súmula Vinculante. No debate prévio para a edição da referida Súmula não vai se encontrar a justificativa para a gravidade em momento algum.[126] O fato de anular eventualmente um Processo em virtude da utilização de algemas também parece não ser algo suficiente, pois a anulação pode ocorrer devido ao fato de a aplicação da Súmula estar em desconformidade com a avaliação dos órgãos recursais ordinários e extraordinários. A palavra *grave* deve ser entendida a uma especial relevância pública da segurança jurídica, como mecanismo de aferir a sua utilização a fim de que não se empregue o instituto para qualquer questão que possa ser unificada, mas para as questões em que há uma especial exigência de decisões unificadas, pela grande quantidade de litígios e pela gravidade das consequências.

Deve-se destacar agora que o vetor da segurança jurídica constitui-se em primeiro lugar em um fator limitador, contudo é também um vetor positivo, que induz a efetividade e a um processo equânime.[127] Em outras palavras, não se podem expedir Súmulas Vinculantes que gerem insegurança jurídica, ou seja, o Enunciado e a redação não devem acarretar problemas de previsibilidade em função de sua forma ou de seu conteúdo. Arruda Alvim, ao se referir a este aspecto, nas Súmulas do sistema anterior à EC 45, salienta de que o objetivo da Súmula seja produzir segurança: "Ainda que a Súmula haja normalmente e quase sempre de ter a 'estabilidade' da lei ou do princípio desta, como se disse e se distinguiu, à luz do que a suporta e lhe dá razão de ser, constitui-se ela na expressão lingüística, em que sinteticamente se descrevem as hipóteses da jurisprudência dominante no STF ou de outro Tribunal, agregando e trazendo ao Direito um grau de certeza de que, antes da edição da súmula o sistema carecia".[128]

---

[126] Ver: <http://www.stf.jus.br/arquivo/cms/jurisprudenciaSumulaVinculante/anexo/DJE_11.11.2008.pdf>.

[127] Oliveira, Carlos Alberto Alvaro, Os direitos fundamentais à efetividade e à segurança em perspectiva dinâmica, disponível em http://www.oab.org.br/oabeditora/users/revista/1222961767174218181901.pdf, p. 17: "De tal forma, hoje a segurança jurídica de uma norma deve ser medida pela estabilidade de sua finalidade, abrangida em caso de necessidade por seu próprio movimento. Não mais se busca o absoluto da segurança jurídica, mas a segurança jurídica afetada de um coeficiente, de uma garantia de realidade. Nessa nova perspectiva, a própria segurança jurídica induz a mudança, a movimento, visto que deve estar a serviço de um objetivo mediato de permitir a efetividade do direito fundamental a um processo equânime. Em suma, a segurança já não é vista com os olhos do Estado liberal, em que tendia a prevalecer como valor, porque não serve mais aos fins sociais a que o Estado se destina. Dentro dessas coordenadas, o aplicador deve estar atento às peculiaridades do caso, pois às vezes mesmo atendido o formalismo estabelecido pelo sistema, em face das circunstâncias da espécie, o processo pode se apresentar injusto ou conduzir a um resultado injusto".

[128] ALVIM, 1990, op. cit., p. 15.

A generalização excessiva do Enunciado de uma Súmula, no entanto, pode levar ao efeito contrário: produzir insegurança jurídica porque não se atém aos casos que foram julgados.[129] Na redação da Súmula – e tendo em vista a sua aplicação –, importa que haja uma precisão de situações para as quais se aplica. Mais do que nunca, o princípio da segurança jurídica exige a busca de clareza dos atos normativos.[130] No caso do uso das algemas, o STF deveria julgar uma série de casos, em que deixasse clara a situação em que foi lícito o emprego das algemas, daquelas que não o foram, no sentido de produzir verdadeira orientação aos órgãos administrativos e judiciais. Ao realizar um Enunciado genérico sobre o emprego de algemas, evitará provavelmente constrangimento às autoridades e às pessoas influentes, porém não evitará a utilização de algemas em grande parte dos presos, já que a noção disso é extremamente subjetiva. Na verificação dos casos que deram origem a Súmula, destacar–se-ia que seria mais adequado produzir um Enunciado mais preciso, que produzisse maior previsibilidade de conduta de parte dos agentes públicos, ressaltando-se as situações para as quais se aplica, como, por exemplo: "é nulo o julgamento realizado pelo Tribunal do Júri com réu algemado quando não for caso de resistência e de fundado receio de fuga ou de perigo à integridade física própria ou alheia, por parte do preso ou de terceiros" ou de que a autoridade pública comete abuso quando expõe publicamente preso algemado. Um Enunciado desta natureza não escapa de ainda utilizar preceitos vagos ("fundado receio de fuga" ou "perigo à integridade física"). Entretanto, de qualquer forma, a redação estaria em consonância com os precedentes[131] que tratavam justamente destas

[129] Sobre uma crítica a este processo de interpretação extensiva dos precedentes, veja-se o estudo de MOORE, Michael S. Interpretando a interpretação. In: MARMOR, Andrei (org.). *Direito e interpretação.* São Paulo: Martins Fontes, 2000.

[130] A ideia está em GOMES CANOTILHO, 1993, op. cit., p. 372. Ele se refere à lei, mas a ideia pode ser aplicada às Súmulas Vinculantes: "A idéia de segurança jurídica reconduz-se a dois princípios materiais concretizadores do princípio geral de segurança: princípio da determinabilidade de leis expresso na exigência de leis claras e densas e o princípio da protecção da confiança, traduzido na exigência de leis, tendencialmente estáveis, ou, pelo menos, não lesivas da previsibilidade e calculabilidade dos cidadãos relativamente aos seus efeitos jurídicos". A questão da determinabilidade das súmulas ganha maior relevo quando se utilizam na súmula termos vagos e genéricos que não determinam o comportamento esperado dos particulares e do agente público, corroendo também a autoridade do STF que a editou. Em outro momento, embora não justifique, Gomes Canotilho assim se expressa: "o princípio da densidade e clareza das leis ínsito no princípio da protecção da confiança". Ibid., p. 208.

[131] A matéria recebeu um grande influxo editorial na Internet. Cita-se, por exemplo, o artigo de Rodrigo de Abreu Fudoli em que este, de forma resumida, faz a reconstrução histórica dos precedentes: "No HC 89.429 (1ª Turma - Rel. Min. Cármen Lúcia, j. 28.08.06), um Conselheiro do Tribunal de Contas de Rondônia que estava preso buscava não ser algemado por ocasião de sua condução da carceragem da Polícia Federal em Brasília ao Gabinete de uma Ministra do STJ, onde seria ouvido, bem como em outros atos judiciais, e também não ser exposto à exibição para as câmeras de imprensa. Isso porque, por ocasião da prisão, o paciente teria sido algemado em sua residência e submetido a achincalhe mediante exposição à imprensa de todo o País. A liminar requerida foi concedida, para garantir ao paciente o direito de não ser algemado por ocasião de sua oitiva no STJ. No mérito, reconheceu-se seu direito

hipóteses. O STF realizou uma generalização excessiva ao redigir o enunciado, além dos limites dos casos decididos, resultando em verdadeira norma geral, recheada de conceitos fluidos e vagos que induzem a uma maior indeterminação, especialmente em função da intricada questão fática para se resolver se o uso das algemas foi lícito, o que pode tornar difícil o controle através da cognição realizada em Reclamação Constitucional. A Súmula Vinculante, embora tenha textura aberta, não pode inovar a ordem jurídica, matéria restrita ao legislador e ao constituinte. Os requisitos estabelecidos para a formulação das Súmulas têm como escopo evitar a apreciação em tese, própria dos antigos prejulgados – o dizer diferente induz autorização para se inovar a ordem jurídica.[132]

Outro caso de prática sumular que produziu insegurança jurídica é a redação da SV n. 4,[133] estabelecida com base em um precedente que pe

de não ser algemado por ocasião de outros transportes que viessem a ser feitos, a não ser em caso de reação violenta. Dois 'Habeas Corpus' com fundamentos idênticos foram impetrados pelos co-réus, um Procurador de Justiça (HC 89.419) e um Desembargador (HC 89.416), encontrando desfecho semelhante. No HC 91.952 (Plenário – Rel. Min. Marco Aurélio – j. 07.08.08 – votação unânime), anulou-se um julgamento efetuado pelo Júri popular da cidade de Laranjal Paulista em 2005, porque o réu, um pedreiro acusado de homicídio, ficou algemado durante a sessão de julgamento. O principal fundamento para a decisão foi a potencial influência da visão do réu algemado sobre os jurados, que, leigos que são, poderiam fazer um pré-julgamento e entender que o réu era culpado. Afirmou-se ainda, na ocasião, não existirem dados concretos que pudessem indicar que, pelo perfil do acusado, houvesse risco aos presentes, caso ele permanecesse em Plenário sem algemas, razão pela qual se considerou aviltada sua dignidade humana. (...) há ainda duas decisões mais antigas sobre o uso de algemas, quando a composição do Tribunal era completamente diversa: no HC 71.195 – 2ª Turma – Rel. Min. Francisco Rezek, j. 25.10.94, decidiu-se que o emprego de algemas em Plenário do Júri não constituiu constrangimento ilegal porque, no caso concreto, a medida se revelou imprescindível à ordem dos trabalhos e à segurança dos presentes, porque havia informações de que o réu pretendia agredir o Juiz-Presidente e o Promotor de Justiça; e no RHC 56.465 (2ª Turma – Rel. Min. Cordeiro Guerra, j. 05.09.78), entendeu-se que o uso de algemas em audiência para inquirição e testemunhas é justificado para se evitar a fuga do preso e para preservar a segurança das testemunhas, inserindo-se a decisão no âmbito da condução pelo Juiz dos trabalhos desenvolvidos na audiência". Ver: FUDOLI, Rodrigo de Abreu. Uso de algemas: a Súmula Vinculante n. 11, do STF . *Jus Navigandi*, Teresina, ano 12, n. 1875, 19 ago. 2008. Disponível em: <http://jus2.uol.com.br/doutrina/texto.asp?id=11625>. Acesso em: 27 jul. 2009.

[132] A CLT previu o prejulgado em seu art. 902: "É facultado ao Tribunal Superior do Trabalho estabelecer prejulgados, na forma que prescrever o seu Regimento Interno. § 1° Uma vez estabelecido o prejulgado, os Tribunais Regionais do Trabalho, as Juntas de Conciliação e Julgamento e os Juízes de Direito investidos de jurisdição da Justiça do Trabalho ficarão obrigados a respeitá-lo. § 2° Considera-se revogado ou reformado o prejulgado sempre que o Tribunal Superior do Trabalho, funcionando completo, pronunciar-se, em tese ou em concreto, sobre a hipótese do prejulgado firmando nova interpretação. Em tais casos, o acórdão fará remissão expressa à alteração ou revogação do prejulgado". O prejulgado foi declarado inconstitucional pelo STF, na Representação 946, julgado em 12 de maio de 1977; em 1982, revogado pela Lei 7.033/82, passando os prejulgados à situação de simples Enunciados. Ele sofreu críticas por usurpação do Poder Legislativo como se pode ler em DIAS DE SOUZA, Marcelo Alves. *Do precedente judicial à Súmula Vinculante*. Curitiba: Juruá Editora, 2006. p. 233-235. Criticava-se a autonomia deste julgado, em tese, desvinculado de dúvidas concretas, o que se sustenta que isso pode ocorrer com uma excessiva generalização e desvinculação dos casos concretos e reiterados julgados pelo STF no caso das Súmulas Vinculantes.

[133] "Salvo nos casos previstos na Constituição, o salário mínimo não pode ser usado como indexador de base de cálculo de vantagem de servidor público ou de empregado, nem ser substituído por decisão judicial".

las peculiaridades do caso, não esclareceu a matéria (RE 565.714).[134] Em decorrência da adoção desta Súmula, o Plenário do Tribunal Superior do Trabalho (TST) editou a Resolução n. 148/2008 e deu nova redação ao verbete n. 228 da Súmula daquele Tribunal (Súmula n. 228/TST), nos seguintes termos: "Adicional de Insalubridade. Base de cálculo. A partir de 9 de maio de 2008, data da publicação da Súmula Vinculante n. 4 do Supremo Tribunal Federal, o adicional de insalubridade será calculado sobre o salário básico, salvo critério mais vantajoso fixado em instrumento coletivo". Por essa razão, foram ajuizadas reclamações que sustentavam que a Súmula n. 228/TST entra em conflito com a Súmula Vinculante n. 4, ao fixar o salário básico como base de cálculo do adicional de insalubridade. E a única forma de se saber a extensão da Súmula Vinculante, cujo Enunciado realmente não é claro, é ir aos precedentes que deram origem à referida Súmula, em que se reconhece – embora, com mitigações no caso do precedente (RE 565.714/SP, Rel. Min. Cármen Lúcia, Sessão de 30.4.2008 – se deixou assentada a "impossibilidade de que haja alteração da base de cálculo em razão dessa inconstitucionalidade". Em várias Reclamações ao STF em que se questionou a Súmula do TST que não teria observado corretamente a Súmula Vinculante do STF. E, em caráter liminar, o STF reconhece justamente a necessidade de se recorrer aos precedentes (e a *ratio decidendi* ali expressa) para se chegar ao conteúdo da Súmula Vinculante. Neste sentido, a decisão proferida pelo Ministro Gilmar Mendes, na decisão monocrática da liminar proferida na Reclamação 6266 (15.07.2008):

> Dessa forma, com base no que ficou decidido no RE 565.714/SP e fixado na Súmula Vinculante n. 4, este Tribunal entendeu que não é possível a substituição do salário mínimo, seja como base de cálculo, seja como indexador, antes da edição de lei ou celebração de convenção coletiva que regule o adicional de insalubridade.
>
> Logo, à primeira vista, a nova redação estabelecida para a Súmula n. 228/TST revela aplicação indevida da Súmula Vinculante n. 4, porquanto permite a substituição do salário mínimo pelo salário básico no cálculo do adicional de insalubridade sem base normativa.

---

[134] O caso que deu origem ao Recurso Extraordinário foi uma ação ordinária proposta por policiais militares do Estado de São Paulo contra a Fazenda Pública, na qual pedem os Autores, ora Recorrentes, "julgue totalmente procedente a presente ação, condenando a Ré na obrigação de fazer consistente em utilizar com base de cálculo o adicional de insalubridade o valor total da remuneração recebida (por eles), entendido como o valor total do somatório do padrão, RETP e todas as vantagens pagas...pede-se alternativamente a condenação da Ré na obrigação de fazer consistente em utilizar com base de cálculo do adicional de insalubridade o valor do padrão somado ao RETP dos vencimentos dos autores". A ação foi julgada improcedente para que se tomasse como base de cálculo o salário mínimo, tendo a sentença sido mantida pelo Tribunal de Justiça de São Paulo. O problema que o STF discutia era de que se os autores teriam razão no seu recurso, qual seria a integração do seu direito, o que envolvia uma série de questões, que o Tribunal, com a devida vênia não conseguiu esclarecer a contento.

> Ante o exposto, defiro a medida liminar para suspender a aplicação da Súmula n. 228/TST na parte em que permite a utilização do salário básico para calcular o adicional de insalubridade.

De fato, aqui há uma contradição. A Súmula – editada para proporcionar clareza e segurança jurídica – faz com que o Tribunal responsável pela uniformização do Direito do Trabalho (TST) modifique a sua jurisprudência e seja alvo de Reclamação sustentada na não leitura dos precedentes. A primeira hipótese é que o equívoco se tenha dado por uma questão cultural: interpreta-se a Súmula tal qual Texto de Lei, descurado dos precedentes que lhe deram origem e que devem esclarecer o significado do enunciado. Entretanto, não podemos descartar a hipótese de que a redação do STF estava apontando em sentido diverso, ou seja, o equívoco que não pode ser imputado (unicamente) ao TST. Os debates no STF sinalizavam a necessidade de que o TST modificasse o seu posicionamento:

> (...) O Sr. Ministro Gilmar Mendes (Presidente) – Senhores Ministros, registro que esta decisão repercute sobre quinhentos e oitenta processos no Supremo Tribunal Federal e, no âmbito do TST, pelas informações provisórias, algo em torno de dois mil, quatrocentos e cinco processos. Vejam, portanto, o alcance dessa decisão e desse novo procedimento que estamos a declarar.
>
> O Sr. Ministro Marco Aurélio – E levará o Tribunal Superior do Trabalho, meu ex-Tribunal, à revisão de um verbete de Súmula que admite o cálculo a partir do salário mínimo.
>
> O Sr. Ministro Gilmar Mendes (Presidente) – Creio que tivemos, realmente, hoje, um dia histórico e, na próxima sessão, poderemos nos debruçar, então, sobre o verbete. O Ministro Ricardo Lewandowski já fica incumbido de propor uma redação.
>
> A Sra. Ministra Cármen Lúcia – Senhor Presidente, como é número de ordem, a proclamação teria de ser: a Súmula Vinculante n. 4 passa a ser essa decorrente. (grifo nosso)

Vale recordar que existia uma prática consolidada, com base na CLT, de se utilizar o salário mínimo como indexador da insalubridade. O STF, ao editar a Súmula, deixou expresso que o salário mínimo não pode mais ser utilizado como indexador. Nos debates para a edição da Súmula, o STF indica que o TST deva modificar o seu posicionamento. Quando ocorre a mudança pelo TST, o STF, através de reclamação, suspende a aplicação da Súmula do TST. Nesta atitude se reconhece que o STF não foi fiel aos seus próprios precedentes ao sumular a questão, que se traduziu em insegurança jurídica expressa em forma de perplexidade por parte dos operadores: "a perplexidade maior é gerada pelo próprio STF, que vem proferindo decisões contraditórias entre si, todas invocando a mesma Súmula *pacificadora*. E não poderia ser diferente, pois a Súmula, tal como redigida, não pacificou a matéria".[135] Em outras palavras, no mí-

[135] PINTO, Alexandre Roque. Súmula Vinculante: instrumento de pacificação? Ou o curioso caso da Súmula Vinculante n. 4. *Jus Navigandi*, Teresina, ano 13, n. 2065, 25 fev. 2009. Disponível em:

nimo, como demonstram as reclamações, está-se diante de uma redação que causou insegurança jurídica, ocasionando uma profusão de Reclamações dirigidas ao STF.

Os pressupostos para a expedição das Súmulas Vinculantes revelam que se quis atrelar a expedição de SV a critérios rígidos, para não banalizar o instrumento, evitando uma "inflação sumular".[136] A pressa em expedir Súmulas Vinculantes não atende aos seus requisitos constitucionais, especialmente ao da segurança jurídica, que são mais importantes do que simplesmente reduzir controvérsias.[137]

1.4. Procedimentos para a edição, para a modificação ou para o cancelamento das Súmulas

Do Texto Constitucional se depreende a previsão de um procedimento para a edição, para a revisão e para o cancelamento das Súmulas, a ser regulamentado em Lei.[138] A Lei n.11.417, a chamada Lei das Súmulas Vinculantes (LSV), estabelece algumas regras gerais que serão examinadas aqui. Permite, todavia, no seu art. 10, que esse procedimento tenha um tratamento subsidiário no regimento interno do STF.[139]

<http://jus2.uol.com.br/doutrina/texto.asp?id=12382>. Acesso em: 04 ago. 2009. O referido autor mostra a disparidade de entendimentos na aplicação de tal Súmula, o que tem gerado insegurança jurídica: "à guisa de resumo, podemos fazer um quadro explicativo das diversas possibilidades de decisão sobre a matéria, todas discrepantes, todas tomadas com base na mesma súmula vinculante, todas emanadas do mesmo Tribunal que editou a súmula: Possibilidade de uso do adicional do salário mínimo como base de cálculo, por ausência de vedação constitucional (RE-AgR 366507/PR). Vedação constitucional de uso do salário mínimo como base de cálculo e proibição de substituição da base por outra (RE 561869 AgR, RE 488240 AgR, RE 557226 AgR). Vedação constitucional de uso do salário mínimo como base de cálculo e possibilidade de substituição da base pelas instâncias ordinárias (RE-AgR-ED 585483 / RS, RE 477587 AgR).

[136] A expressão é *inflação legislativa*, referência que Carnellutti fazia a uma aceleração normativa produzida a partir do Executivo. Ver: CARNELLUTTI, Francesco. "La Morte del Diritto", em PALLIERI, g. Baladore et alli, Pádua CEDAM, 1963.

[137] A opinião da rápida expedição da Súmula em favor da resolução da crise do Judiciário encontra respaldo em MENDES; COELHO; GONET BRANCO, 2008, op. cit., p. 970: "A súmula vinculante somente será eficaz para reduzir a crise do Supremo Tribunal Federal e das instâncias ordinárias se puder ser adotada em tempo social e politicamente adequado. Em outras palavras, não pode haver um espaço muito largo entre o surgimento da controvérsias, com ampla repercussão e a tomada de decisão com Efeito Vinculante. Do contrário, a súmula vinculante perderá o seu conteúdo pedagógico-institucional, não cumprindo a função de orientação das instâncias ordinárias e da Administração Pública em geral. Neste caso, sua eficácia ficará restrita aos processos ainda em tramitação."

[138] Art. 103-A. O Supremo Tribunal Federal poderá, de ofício ou por provocação (...) aprovar súmula (...), bem como proceder à sua revisão ou cancelamento, na forma estabelecida em lei. (...) § 2º Sem prejuízo do que vier a ser estabelecido em lei, a aprovação, revisão ou cancelamento de súmula poderá ser provocada por aqueles que podem propor a ação direta de inconstitucionalidade.

[139] "O procedimento de edição, revisão ou cancelamento de Enunciado de Súmula com Efeito Vinculante obedecerá, subsidiariamente, ao disposto no Regimento Interno do Supremo Tribunal Federal".

A Constituição atual, no seu art. 96, I, *a*, permite aos Tribunais "elaborar seus regimentos internos, com observância das normas de Processo e das garantias processuais das partes, dispondo sobre a competência e o funcionamento dos respectivos órgãos jurisdicionais e administrativos".[140] A extensão das normas regimentais dos Tribunais precisa ainda ser melhor investigada, porém o Regimento está abaixo das demais espécies normativas. Ele atua como uma espécie de Poder Regulamentar dos Tribunais,[141] contudo apresenta campo próprio para "disciplinar as questões de Processo projetadas no campo dos assuntos internos do Tribunal (*interna corporis*). E, nessa área, sua posição na hierarquia das fontes é idêntica à da lei e da 'resolução', por promanar sua força normativa diretamente da Constituição".[142]

Uma nova classe processual, denominada de Proposta de Súmula Vinculante (PSV), foi criada por norma de caráter regimental, a saber, Resolução n. 388, de 5 de dezembro de 2008:

> Art. 1° Recebendo proposta de edição, revisão ou cancelamento de súmula, vinculante ou não, a Secretaria Judiciária a registrará e autuará, publicando edital no sítio do Tribunal e no Diário da Justiça Eletrônico, para ciência e manifestação de interessados no prazo de 5 (cinco) dias, encaminhando a seguir os autos à Comissão de Jurisprudência, para apreciação dos integrantes, no prazo sucessivo de 5 (cinco) dias, quanto à adequação formal da proposta.
>
> Art. 2° Devolvidos os autos com a manifestação da Comissão de Jurisprudência, a Secretaria Judiciária encaminhará cópias desta manifestação e da proposta de edição, revisão ou cancelamento de súmula aos demais Ministros e ao Procurador-Geral da República, e fará os autos conclusos ao Ministro Presidente, que submeterá a proposta à deliberação do Tribunal Pleno, mediante inclusão em pauta.
>
> Art. 3° A manifestação de eventuais interessados e do Procurador-Geral da República dar-se-á em sessão plenária, quando for o caso.
>
> Art. 4° A proposta de edição, revisão ou cancelamento de súmula tramitará sob a forma eletrônica e as informações correspondentes ficarão disponíveis aos interessados no sítio do STF.
>
> Art. 5° Esta Resolução entra em vigor na data de sua publicação.

---

[140] A Constituição anterior permitia que o STF dispusesse a respeito de normas processuais: "Constituição de 1967, art. 115 – O Supremo Tribunal Federar funcionará em Plenário ou dividido em Turmas. Parágrafo único – O Regimento Interno estabelecerá: a) a competência do Plenário além dos casos previstos no art. 114, n. I, letras *a, b , e, d, i, j* e *l* , que lhe são privativos; b) a composição e a competência das Turmas; c) o Processo e o julgamento dos feitos de sua competência originária ou de recurso; d) a competência de seu Presidente para conceder *exequatur* a cartas rogatórias de Tribunais estrangeiros."

[141] "No Regimento, há também regulamentação das leis e resoluções, para cobrir-lhes as lacunas, completar os preceitos vagos ou genéricos, sobretudo quando consta remissão expressa, neste sentido, da norma hierarquicamente superior, como se dá, por exemplo, no caso do art. 479 do novo Código de Processo Civil". Ver: MARQUES, José Frederico. *Manual de Direito Processual Civil.* v. 1. Campinas: Bookseller, 1997. p. 62.

[142] Neste sentido, ver: MARQUES, loc. cit.

Conforme se pode constatar no *site* do STF, estão sendo expedidos editais para a proposta de Súmula Vinculante,[143] possibilitando a manifestação de todos os interessados. O PSV é extremamente importante, porque ele cria uma metodologia de debate a respeito das Súmulas a serem expedidas, revisadas ou canceladas. André Ramos Tavares sustenta que este procedimento é um Processo objetivo típico,[144] considerando-se ainda o fato de haver uma legitimidade ativa constitucional, "de ser necessária uma discussão séria sobre o conteúdo e redação da Súmula Vinculante" e dos seus efeitos; ainda, "a necessidade de uma fundamentação sólida quanto ao conteúdo de Súmula que seja de cancelamento ou modificação de Súmula anterior".[145] Para o referido autor, a atuação de ofício não descaracteriza essa natureza, pois não seria amplamente livre.

No entanto, o fato de haver legitimados para o procedimento não o caracteriza como procedimento judicial, na medida em que o Processo Objetivo é um Processo Jurisdicional Especial. O argumento de que se possa iniciar o procedimento *ex officio*, ao contrário do sustentado, é relevante. Esta é, pois, mais uma razão para se sustentar que não deva ser aplicada a exigência de pertinência temática no Processo de Expedição das Súmulas Vinculantes. O procedimento tem como escopo dar legitimidade constitucional ao referido Processo, sendo que, por isso, ele exige que seja cumprido o dever de motivação, que se faz para se demonstrar a

---

[143] Para exemplificar: PROPOSTA DE SÚMULA VINCULANTE N. 46. EDITAL, com o prazo de 20 (vinte) dias, para ciência e eventual manifestação de interessados, nos termos da Resolução n. 388-STF, de 5 de dezembro de 2008, na forma abaixo: A SECRETÁRIA JUDICIÁRIA DO SUPREMO TRIBUNAL FEDERAL FAZ SABER aos que este edital virem ou dele tiverem conhecimento que neste Tribunal se processam os autos da Proposta de Súmula Vinculante n. 46, em que é proponente David Antonio de Castro Júnior, que visa à edição de súmula vinculante com a seguinte sugestão de verbete: "ATÉ A VIGÊNCIA DA EMENDA CONSTITUCIONAL N. 41, DE 19.12.2003, AS VANTAGENS PESSOAIS NÃO INTEGRAM O CÔMPUTO PARA APURAR O TETO SALARIAL NO SERVIÇO PÚBLICO, NA FORMA DO ART. 37 DA CONSTITUIÇÃO FEDERAL.". Conforme a Resolução n. 388-STF, publicada em 10 de dezembro de 2008, no Diário da Justiça Eletrônico, e nos termos do § 2° do art. 3° da Lei n. 11.417/2006, ficam cientes os interessados para, querendo, manifestarem-se no prazo de 5 (cinco) dias depois de findo o prazo de 20 (vinte) dias acima fixado, que passa a fluir a partir da publicação deste edital no Diário da Justiça Eletrônico. Secretaria do Supremo Tribunal Federal, em 16 de junho de 2009. Eu, (Kátia Cronemberger Mendes Pereira), Chefe da Seção de Comunicações, extraí o presente. Eu, (Edméa Paiva de Moraes Piazzi), Coordenadora de Processamento de Originários, conferi. Publique-se no sítio do Tribunal e no Diário da Justiça Eletrônico. Rosemary de Almeida, Secretária Judiciária.

[144] "Doravante, contudo, parece mais adequado compreender a súmula vinculante como um processo objetivo típico, embora com certas particularidades, que promove a aproximação entre o controle difuso-concreto de constitucionalidade (reiteradas decisões) e o controle abstrato-concentrado (Efeito Vinculante). Esta conclusão acaba por reforçar a necessidade da lei regulamentadora para fins de disciplinar o processo de tomada de decisão quanto à adoção e ao conteúdo da súmula". Ver: TAVARES, André Ramos. Perplexidades do novo instituto da Súmula Vinculante no Direito brasileiro. *Revista Eletrônica de Direito do Estado*, REDE, Salvador, Instituto Brasileiro de Direito Público, n. 11, p.6, jul./ago./set. 2007. Disponível em: <http://www.direitodoestado.com/revista/REDE-11-JULHO-2007-ANDRE%20RAMOS.pdf>. Acesso em 15 jun. 2009.

[145] Ibid., p. 6-7.

legitimidade social do ato[146] que deve aumentar à medida que há aumento de Poderes ou da utilização de conceitos mais abertos,[147] para não se cair na arbitrariedade judicial. O procedimento deve demonstrar que se cumpre com todos os requisitos normativos para a expedição da Súmula e, também, uma preocupação especial, com a redação do seu Enunciado. Trata-se de um procedimento que é altamente regrado, mas que de alguma forma se assemelha ao método do procedimento de elaboração legislativa, no qual o objeto é exteriorizar um Enunciado de uma Súmula Vinculante, que obedece à fase de iniciativa, de recolhimento de elementos, de discussão e de votação de um Enunciado. André Ramos Tavares,[148] nesse ponto, justifica a assunção desse Poder por parte do STF em razão de que a sua função no caso é normativa, ou seja, quase legislativa, reproduzindo em seu apoio a lição de Cappelletti.[149]

> Os tribunais, especialmente os superiores, bem podem ter, por exemplo, poderes de regulação processual, como de fato ocorre freqüentemente nos países do "*Common Law*". Não vejo por que razão se deveria excluir, a priori, que os próprios tribunais sejam, ou tenham a potencialidade de ser, os melhores legisladores possíveis na determinação e constante adaptação das regras técnicas do Processo, regras com as quais, dia após dia, devem trabalhar. Resta, todavia, o fato de que os Juízes, quando exercem tais poderes de regulação, agem como legisladores, não como Juízes.

---

[146] É preciso dizer que no nosso Direito a motivação se estende aos processos judiciais e administrativos, conforme a redação atual da nossa Constituição, a saber, CF, art. 93, IX: "todos os julgamentos dos órgãos do Poder Judiciário serão públicos, e fundamentadas todas as decisões, sob pena de nulidade, podendo a lei limitar a presença, em determinados atos, às próprias partes e a seus advogados, ou somente a estes, em casos nos quais a preservação do direito à intimidade do interessado no sigilo não prejudique o interesse público à informação X – as decisões administrativas dos Tribunais serão motivadas e em sessão pública, sendo as disciplinares tomadas pelo voto da maioria absoluta de seus membros". Um dos aspectos da motivação diz respeito à motivação como garantia, ou seja, está diretamente ligada ao controle externo, democrático, por parte da população. É, de fato, a forma encontrada de se garantir aos cidadãos a fiscalização do Poder exercido pelos Juízes. Aqui, vislumbra-se um controle democrático sobre os fundamentos e a juridicidade das decisões. O dever de motivação é, portanto, elemento essencial de uma ideologia democrática de Justiça. A respeito disso, Michele Taruffo observa: "Non a caso, i punti più interessanti di imersione di questa concezione dell'obbligo di motivazione sono nella legge francese di organizzazione giudiziaria del 1790, nelle costituzione francesi dell'epoca rivoluzionaria, e, in Italia, nelle costituzione delle c.d. 'repubbliche giacobine', derivate dalla costituzione francese del 1975"). Ver: TARUFFO, Michele. Il significato costituzionale dell'obbligo di motivazion. In: GRINOVER, Ada Pellegrini; DINAMARCO, Cândido Rangel; WATANABE, Kazuo (coords.). *Participação e Processo.* São Paulo: Editora Revista dos Tribunais, 1988. P. 38. Para Barbosa Moreira, a motivação das decisões judiciais como garantia inerente ao Estado de Direito, além do aspecto técnico, o seu tratamento mais moderno devia ser sob o plano dos princípios fundamentais, de ordem política Ver: BARBOSA MOREIRA, José Carlos. A motivação das decisões judiciais como garantia inerente ao Estado de Direito. *Revista Brasileira de Direito Processual*, Rio de Janeiro, v. 16, p . 116, 4º trim. 1978.

[147] BARBOSA MOREIRA, loc. cit.

[148] TAVARES, André Ramos. *Nova Lei da Súmula Vinculante*: estudos e comentários à Lei n. 11.417 de 19.12.2006. 2.ed. rev. atual. e ampl São Paulo: Método, 2007. p. 61.

[149] CAPPELLETTI, 1999, op. cit., p. 80-81.

Aqui, esse papel quase legislativo é quanto ao procedimento, mas não quanto a inovação da ordem jurídica, em que há limites, dado o caráter acessório da Súmula Vinculante, que resolveu uma dúvida aplicativa.

Caso estejam presentes os requisitos de expedição das Súmulas Vinculantes, será o STF obrigado a editar a Súmula Vinculante? A Constituição utiliza, no seu *caput*, a expressão *poderá*. Tal palavra é um poder/dever como nas atividades do Juiz, exercidas jurisdicionalmente?[150] Quando o STF está emitindo as "normas de decisão", ou seja, proferindo decisões, sem dúvida, a natureza é eminentemente jurisdicional, sem descurar que aquele participa da (re)formulação da regra ao realizar a interpretação e aplicação. De fato, a edição de Súmulas não é uma atividade jurisdicional típica ou ao menos processual. Trata-se, sem dúvida, de um procedimento vinculado quanto aos requisitos e objeto, e não há a "livre, conformação do conteúdo e a livre modificabilidade".[151] No entanto, satisfeita a primeira fase (vinculada), não decorre que a segunda fase não tenha um espaço de maior liberdade, muito próxima da atividade administrativa, especialmente, porque há uma ampla possibilidade de agir *ex officio*. Não se pode negar que esta maneira de atuação faz com que o STF opere como uma espécie de competência legislativa, exatamente, porque não existe mais um caso a ser resolvido, a pedido da parte.[152]

Se estas premissas puderem ser estabelecidas – como se tenta – há um juízo discricionário, sobre a conveniência e sobre a oportunidade da expedição das Súmulas, mas não quanto ao conteúdo e aos requisitos e sequer quanto ao procedimento. O conteúdo depende das decisões ante-

---

[150] Há várias classificações no Direito Processual quanto aos Poderes do Juiz, mas sempre se levando em conta a atividade judicial típica. Antônio Carlos de Araújo Cintra, Ada Pellegrini Grinover e Cândido Rangel Dinamarco classificam os Poderes atribuídos ao Juiz no exercício de suas funções em: a) *poderes administrativos ou de polícia*, que são exercidos por ocasião do Processo, visando a evitar sua perturbação e assegurar a ordem e o decoro necessários; b) *poderes jurisidicionais*, que são exercidos no próprio Processo e que se dividem em *poderes-meio* e *poderes-fim*. Os primeiros abrangem os atos ordinatórios e os instrutórios; os segundos estão relacionados aos atos decisórios e de execução. Ver: ARAÚJO CINTRA, Antônio Carlos de; GRINOVER, Ada Pellegrini; DINAMARCO, Cândido Rangel. *Teoria geral do Processo*. Prefácio de Luis Eulálio Bueno Vidigal. 8. ed. São Paulo: Editora Revista dos Tribunais, 1991. p. 263.

[151] Neste sentido, ver: MIRANDA, 2000, op. cit., p. 27.

[152] Importante no ponto a lição de CAPPELLETTI, 1999, op. cit., p. 81: "De resto, não hesitarei em atribuir caráter legislativo, muito mais do que Judiciário, também aos *obter dicta* prolatados por certas Cortes Superiores dos países de 'Common Law', no caso em que tais *dicta* – que por definição ultrapassam o pedido da parte e não são necessários para a decisão do caso concreto – terminem por assumir, pelo menos de fato, eficácia vinculante *erga omnes*. Em todas as situações antes descritas, os Tribunais agem não na qualidade de Juízes mas como legisladores ou administradores, na medida em que inexiste estreita conexão entre o pronunciamento – a "regra processual", o 'parecer', a diretiva, o *dictum* – e o caso concreto ('*case and controversy* a ser resolvido a pedido da parte')".

riores e a forma é legislativa *lato sensu*, ou seja, a transformação da Súmula em um Texto Normativo.

Entretanto, se pode sustentar argumento em sentido contrário, de que se trate de um poder/dever, ou seja, que, após preenchidos os pressupostos, entenda-se obrigatório a expedição de súmulas vinculantes. Em outras palavras, presentes os requisitos, deve o STF expedir as Súmulas, com suporte na própria função desenvolvida pelas Súmulas de dar previsibilidade (segurança jurídica) e efetividade processual. A opção nesta pesquisa é em sentido contrário a esta assertiva, ou seja, há uma liberdade de conformação por parte do STF, não havendo obrigatoriedade de expedição das súmulas, mas o mesmo não se dá com a revisão e o cancelamento, em que se deve corrigir uma situação.

Também se deve ressaltar que a Súmula Vinculante pode ser editada *ex officio* pelo STF há, como consequência, a ampla possibilidade, em decorrência do Direito de petição, de se permitir que qualquer interessado possa provocar o referido Tribunal. No entanto, o fato de poder editar *ex officio* não deve servir como desculpa ao atalho do procedimento. Editar a SV durante um julgamento não produz o amadurecimento do debate, podendo levar a SV mal redigidas ou cuja redação acabe ocasionando controvérsias aplicativas.

A Constituição Federal estabeleceu a legitimidade ativa mínima para esse procedimento que são os legitimados para propor a ADI. A Lei, no seu art. 3º, assim organizou os legitimados:

> Art. 3º São legitimados a propor a edição, a revisão ou o cancelamento de Enunciado de súmula vinculante:
>
> I – o Presidente da República;
>
> II – a Mesa do Senado Federal;
>
> III – a Mesa da Câmara dos Deputados;
>
> IV – o Procurador-Geral da República;
>
> V – o Conselho Federal da Ordem dos Advogados do Brasil;
>
> VI – o Defensor Público-Geral da União;
>
> VII – partido político com representação no Congresso Nacional;
>
> VIII – confederação sindical ou entidade de classe de âmbito nacional;
>
> IX – a Mesa de Assembléia Legislativa ou da Câmara Legislativa do Distrito Federal;
>
> X – o Governador de Estado ou do Distrito Federal;
>
> XI – os Tribunais Superiores, os Tribunais de Justiça de Estados ou do Distrito Federal e Territórios, os Tribunais Regionais Federais, os Tribunais Regionais do Trabalho, os Tribunais Regionais Eleitorais e os Tribunais Militares.

Verifica-se que foram agregados – além daqueles expressos no Texto Constitucional – outros legitimados para a Proposta de Súmula Vinculante que são o Defensor Público-Geral da União e os Tribunais Superiores, os Tribunais de Justiça de Estados ou do Distrito Federal e Territórios, os Tribunais Regionais Federais, os Tribunais Regionais do Trabalho, os Tribunais Regionais Eleitorais e os Tribunais Militares. A Defensoria Pública vem sendo prestigiada pelo ordenamento que estabeleceu a sua autonomia e agora tem a possibilidade de postular no procedimento das Súmulas Vinculantes.

No que concerne aos Tribunais, o órgão legitimado internamente para decidir sobre a provocação ao STF deve ser, na nossa opinião, o Tribunal Pleno, de acordo com o art. 93, inc. X e XI da Constituição Federal,[153] podendo receber provocação de qualquer membro do Tribunal. É claro que, se o órgão pleno do Tribunal não assumir esta tarefa, restará a possibilidade de os seus componentes e órgãos fracionários se utilizarem do expediente do Direito de petição para se dirigirem ao STF ou inclusive ao Procurador-Geral da República.

É necessário frisar agora que a inserção da legitimidade dos Tribunais antecipa uma ideia própria do sistema concreto de controle de constitucionalidade – como está presente na Alemanha –, em que tais órgãos possuem legitimidade para suscitar a questão constitucional diante da Corte Constitucional, estabelecendo um elo entre os controles incidental e concentrado. O objetivo é ampliar a racionalidade do sistema, garantido maior obediência à tese, evitando-se deste modo, decisões em sentidos diversos entre os órgãos do Poder Judiciário.

A Lei das Súmulas Vinculantes permite que, de forma incidental, o Município possa, em razão de Processo Judicial do qual é parte, propor a edição, a revisão ou o cancelamento de enunciados de Súmula Vinculante, sem a suspensão do Processo.[154] Esse é, pois, um requisito adicional para a legitimidade do Município que poderá postular em PSV apenas se for parte em questão idêntica a que busca sumular.

A aplicação da pertinência temática, na legitimidade ativa, não deve ter lugar no PSV. A reiteração de julgamentos pressupõe que a questão da pertinência temática já foi vencida por ocasião dos julgamentos singulares, pois nos processos subjetivos se fala em interesse processual e, nos processos de cunho objetivo (que também podem constituir precedentes

---

[153] "Art. 93, (...) X – as decisões administrativas dos tribunais serão motivadas e em sessão pública, sendo as disciplinares tomadas pelo voto da maioria absoluta de seus membros; XI – nos tribunais com número superior a vinte e cinco julgadores, poderá ser constituído órgão especial, com o mínimo de onze e o máximo de vinte e cinco membros, para o exercício das atribuições administrativas e jurisdicionais delegadas da competência do Tribunal Pleno, provendo-se metade das vagas por antigüidade e a outra metade por eleição pelo Tribunal Pleno".

[154] Art. 3º, § 1º "O Município poderá propor, incidentalmente ao curso de processo em que seja parte, a edição, a revisão ou o cancelamento de Enunciado de súmula vinculante, o que não autoriza a suspensão do processo".

para a edição de SV), quando necessário, a pertinência temática já foi aferida. De qualquer forma, se o procedimento pode ser efetuado de ofício, o STF poderá, a qualquer momento, tomar como sua a Súmula, ou seja, não há porque negar que o direito de petição de qualquer pessoa possa iniciar o procedimento. A restrição em função da pertinência temática foi criada com o objetivo de evitar o aumento desenfreado de ações diretas no STF[155] – aqui, não se está livre de que o STF seja tentado a incluir aquela exigência neste procedimento à proporção que aumentar o número de propostas de Súmulas Vinculantes, mas há que se lembrar que a pertinência temática já foi criticada nos procedimentos objetivos para os quais ele foi estabelecido e de qualquer forma, não se fazer presentes as mesmas razões no PSV.

Da mesma forma, a legitimidade da Mesa da Câmara Legislativa e do Governador do Distrito Federal não deve ser adstrita apenas a matéria simétrica ao dos Estados-Membros e não à simétrica aos municípios face a esta abertura procedimental nas súmulas vinculantes.

No PSV não devem participar do debate apenas os legitimados ativos. O art. 3º, § 2º, da LSV, prescreve que "no procedimento de edição, revisão ou cancelamento de Enunciado da súmula vinculante, o Relator poderá admitir, por decisão irrecorrível, a manifestação de terceiros na questão, nos termos do Regimento Interno do Supremo Tribunal Federal". Trata-se da inclusão do *amicus curiae*,[156] que cumpre o papel de

---

[155] De acordo com Clèmerson Merlin Clève, em função do excesso de ações diretas, o STF procurou restringir o seu manejo, ao estabelecer restrições – por isso, recebeu a crítica, como se pode constatar no referido autor: "Com a exigência da demonstração da 'adequação temática entre as finalidades estatutárias e o conteúdo da norma impugnada' – lembrando-se que a pertinência temática é um sucedâneo do interesse de agir do processo subjetivo –, o Supremo não pode chegar ao ponto de transformar a ação direta em processo subjetivo de tutela de interesse concreto (ainda que coletivo). Sendo processo objetivo, cumpre exigir, e apenas para efeito de aferição da legitimidade, porquanto esses órgãos não dispõem de interesse genérico na preservação da supremacia constitucional, a demonstração do interesse de seus filiados e associados na questão constitucional para o fim de evitar a multiplicação de ações propostas nem sempre com os melhores propósitos". Ver: CLÈVE, Clèmerson Merlin. *A fiscalização abstrata da constitucionalidade no Direito brasileiro*. 2. ed. rev., atual. e ampl. São Paulo: Editora Revista dos Tribunais, 2000. p. 163.

[156] O *amicus curiae* em definição literal é o "amigo da Corte". É a pessoa, entidade ou órgão com profundo interesse em uma questão jurídica levada à discussão junto ao Poder Judiciário que adentra no processo já instaurado, em virtude de interesse ou motivação maior do que o apresentado pelas partes originais do processo. A figura se desenvolveu no Direito norte-americano em que "há a intervenção por consenso entre as partes ou por permissão da Corte". Ver: NERY JR., Nelson; ANDRADE NERY, Rosa Maria de. *Código de Processo Civil comentado e legislação extravagante*. 7. ed. rev. e ampl. São Paulo: RT, 2003. p. 1384. No Brasil, a presença deste terceiro no feito encontra previsão no § 3º do art. 482 do CPC e do art. 7º, § 2º da Lei n. 9.868/19994, cujas redações semelhantes preveem que o Relator pode, através de despacho irrecorrível, admitir manifestação de outros órgãos ou entidades no feito, sempre observada "a relevância da matéria e a representatividade dos postulantes", consoante a redação deste último parágrafo. A função do *amicus curiae* – segundo o Alexandre de Moraes, "é juntar aos autos parecer ou informações com o intuito de trazer à colação considerações importantes sobre a matéria de direito a ser discutida pelo Tribunal, bem como acerca dos reflexos de eventual decisão sobre a

ampliação democrática do debate constitucional;[157] é, portanto, uma extensão do contraditório, compreendido não mais apenas como bilateralidade, mas também como totalidade,[158] no qual se sobressai a ideia de cooperação.[159] É uma figura que difere da intervenção de terceiros por não se agregar à relação processual, com interesse reflexo ou mediato na decisão do Processo.

A LSV que, neste passo, acompanha outras leis que disciplinam o *amicus curiae*, determina que a sua admissão seja irrecorrível. Como se pode constatar nos editais do STF, o Tribunal almeja, a partir desse momento, um debate extremamente amplo. Como os casos, pressupõe-se, já tenham sido decididos de forma reiterada, a influência desses terceiros se dará sobretudo na redação da Súmula Vinculante e atuarão como fiscais do Processo, do Devido Processo de edição da Súmula e sobre a satisfação dos requisitos constitucionais para a sua expedição.

A Súmula Vinculante n. 11, que trata do uso das algemas, foi criticada pela rapidez da sua edição e da ausência de interessados no debate prévio, ou seja, da ausência de *amicus curie*[160] para se discutir a sua redação, cautelas que se fossem tomadas poderiam ter diminuído o grau de imprecisão na sua redação.

O *quorum* – constitucionalmente estabelecido no *caput* do art. 103 A – para a aprovação das Súmulas é qualificado de 2/3 (dois terços) dos

---

inconstitucionalidade da espécie normativa impugnada". Ver: MORAES, Alexandre de. *Direito Constitucional*. 11 ed. São Paulo: Atlas, 2002. p. 622.

[157] No julgamento de medida cautelar na Adin n. 2.130-3/SC, de relatoria do Min. Celso de Mello, foi observado que "a regra inscrita no art. 7º, § 2º, Lei n. 9.868/99 – que contém a base normativa legitimadora da intervenção processual do *amicus curiae* – tem por precípua finalidade pluralizar o debate constitucional".

[158] A ideia foi desenvolvida por Clóvis do Couto e Silva: "Parece, pois, importante examinar a relação processual como totalidade, como um sistema dinâmico de relações em que avultam os deveres de boa-fé, formadores de um 'Direito Material Processual', através de uma vinculação, mais intensa entre as partes. Resulta disto a instituição de uma 'ordem de cooperação' vinculadora de autores e réus. A assunção da qualidade de parte supõe a cessão para o assumente da relação processual como um todo, com os poderes, deveres e ônus dela resultantes". Ver: SILVA, Clóvis do Couto e. *Comentários ao Código de Processo Civil*. v. 11. t. 2, arts. 1046 a 1102. São Paulo: Editora Revista dos Tribunais, 1981. p. 485-486.

[159] A Itália desenvolve toda uma pesquisa sobre a questão do contraditório, especialmente diante dos poderes do Juiz. Podemos dizer que o contraditório é um antídoto para o aumento dos poderes do Juiz, como não se pode deixar de verificar na questão das Súmulas Vinculantes. Exemplificativamente, na Itália, ver: GRASSO, Eduardo. La collaborazione nel Processo Civile. *Rivista di Diritto Processuale*, v. 21, p. 591, 608,1966 e Id. *La Pronuncia d'ufficio*: Milano: Giuffrè, 1967. p. 121: "È questa un'espressione di quella collaborazione fra le parti e l'ufficio, che si risolve in un concorso di attività e (di comuni attribuzioni) per il migliore svolgimento del Processo (e quindi per la formazione della giusta decisione) ponendosi tutti i soggetti, pubblici e privati, sullo stesso piano". Por todos no direito brasileiro ver OLIVEIRA, Carlos Alberto Alvaro de. Garantia do contraditório. Revista Forense, Rio de Janeiro RJ, v. 346, p. 9-19, 1999.

[160] Ver: FUDOLI, 2008, op. cit.

membros do Supremo Tribunal Federal, em sessão plenária, o que significa, 08 (oito) ministros, pois 2/3 (dois terços) equivalem a 7,33 (sete inteiros e trinta e três centésimos), ocorrendo sempre o arredondamento para a primeira fração inteira superior.[161] É, pois, um *quorum* estabelecido no Texto Constitucional, que não se refere expressamente ao *quorum* para o procedimento de revisão e de cancelamento que será analisado mais adiante.

A Súmula, por expressa determinação constitucional, pode ser revista ou cancelada.[162] Ela é estável, mas não é imutável; possui um caráter derivado, pois, como atividade judicial, é obra e produto de uma interpretação.[163] Neste sentido, a Constituição determina que haverá um procedimento para a revisão e para o cancelamento da Súmula, fazendo uma dosagem entre a estabilidade desejada e a mobilidade jurisprudencial.[164]

A Lei da Súmula Vinculante prevê tal procedimento em outras ocasiões (arts. 3º, 5º[165] e 6º[166]), sendo que neste último artigo determina que o pedido direto não autoriza a suspensão dos Processos em que se discuta a mesma questão.

---

[161] A questão matemática do motivo do arrendondamento para o número superior foi explicada pelo Ministro Luiz Galloti, no RE 68.419/MA: "Maioria absoluta. Sua definição, como significando metade mais um, serve perfeitamente quando o total é número par. Fora daí, temos que recorrer à verdadeira definição, a qual, como advertem Scialoja e outros, deve ser esta, que serve, seja par ou ímpar o total: maioria absoluta é o número imediatamente superior à metade. Assim, maioria absoluta de quinze são oito, do mesmo modo que, de onze (número de Juízes do Supremo Tribunal), são seis, e sobre isso não se questiona nem se duvida aqui". Dito de outro modo, sempre deve haver o arredondamento para o número imediatamente superior.

[162] Art. 103-A. O Supremo Tribunal Federal poderá, de ofício ou por provocação (...) aprovar súmula que, (...) bem como proceder à sua revisão ou cancelamento, na forma estabelecida em lei. (...) § 2º Sem prejuízo do que vier a ser estabelecido em lei, a aprovação, revisão ou cancelamento de súmula poderá ser provocada por aqueles que podem propor a ação direta de inconstitucionalidade.

[163] Hesse lembra um postulado básico de tal processo: os órgãos estatais dependem do conteúdo da interpretação, pelo Tribunal, mas "ainda que o Tribunal esteja autorizado para determinar com obrigatoriedade esse conteúdo ele, contudo, não é superior à Constituição, à qual deve sua existência". Ver: HESSE, Konrad. *Elementos de Direito Constitucional da República Federal da Alemanha.* Trad. de Luiz Afonso Heck. Porto Alegre: Sergio Antonio Fabris Editor, 1998. p. 5. Para Zagrebelsky, "Hoy, ciertamente, los jueces tienen una gran responsabilidad en la vida del derecho desconocida en los ordenamientos del Estado de derecho legislativo. Pero los jueces no son los señores del derecho en el mismo sentido en que lo era el legislador en el pasado siglo. Son más exactamente los garantes de la necesaria y dúctil coexistencial entre ley, derechos y justicia. Es más, podríamos afirmar como conclusión que entre Estado constitucional y cualquier 'señor del derecho' hay una radical incompatibilidad. El derecho no es un objeto propiedad de uno, sino que debe ser objeto del cuidado de todos". Ver: ZAGREBELSKY, Gustavo. *El Derecho dúctil*: Ley, Derechos, Justicia. Madrid: Editorial Trotta, 1999. p. 153.

[164] Neste sentido, ver também MANCUSO, 2005, op. cit., p. 709 e DINAMARCO, Cândido Rangel. Decisões vinculantes. *Revista de Processo*, São Paulo, v.25, n.100, p. 166-185, out./dez. 2000, p. 74.

[165] Art. 5º. Revogada ou modificada a lei em que se fundou a edição de Enunciado de súmula vinculante, o Supremo Tribunal Federal, de ofício ou por provocação, procederá à sua revisão ou cancelamento, conforme o caso.

[166] Art. 6º. A proposta de edição, revisão ou cancelamento de Enunciado de súmula vinculante não autoriza a suspensão dos processos em que se discuta a mesma questão.

As Súmulas Vinculantes poderão ser questionadas em dois procedimentos: (a) *um procedimento direto*: a revisão e cancelamento das Súmulas, que poderá ser suscitado inclusive por meio de ofício; um segundo procedimento que é (b) *um procedimento incidental/difuso*, que faz parte do poder/dever de todo o Juiz examinar, no caso em julgamento, a aplicação da Súmula. Para controlar o procedimento (c) será usada a via recursal e a Reclamação, que é muito mais ampla, pois permitirá analisar casos para verificar se a Súmula foi aplicada de forma devida.

Uma Súmula pode ser modificada, superada ou cancelada em decorrência da mudança do padrão normativo constitucional ou infraconstitucional. Esta possibilidade faz parte de um sistema democrático que tem a capacidade de intervir e de modificar situações mediante controles recíprocos, em que o papel legiferante ocupa um papel fundamental.[167] De fato, a lei das súmulas permite utilizar o procedimento direto para operar a mudança. O STF vai decidir quando ocorrer mudança do parâmetro legal ou constitucional, se é caso de cancelar, de modificar ou de mudar a Súmula Vinculante, ou seja, vai decidir se trocou de forma relevante o parâmetro normativo que deu origem à edição da Súmula – em outras palavras, o referido Tribunal vai decidir como a Súmula será aplicada. Permite-se essa revisão direta em decorrência dos efeitos normativos da Súmula (próximo dos efeitos legislativos), evitando-se assim o desgaste das instâncias ordinárias e em consonância da previsibilidade que se espera das Súmulas Vinculantes.

A adoção de um procedimento direto não quer dizer que se desprezem os questionamentos que ocorram incidentalmente nos casos concretos. O sistema permite a interação entre as causas em julgamento, de forma incidental, e a proposta direta de revisão e cancelamento. Dito de outro modo, qualquer legitimado – isso inclui os Tribunais em função de causas que aportarem – poderá suscitar a mudança, já em função das novas questões que estão sendo julgadas. E o próprio STF, na discussão dos casos, pode entender que é conveniente fazê-lo, iniciando de ofício a

[167] Neste sentido, ver: CAPPPELLETTI, 1999, op. cit., p. 100-101,103: "Certamente, também os Juízes podem se transformar em burocratas distantes, isolados do seu tempo e da sociedade, mas, quando isto ocorre, um sadio sistema democrático tem a capacidade de intervir e corrigir a situação patológica, mediante instrumentos de 'controles recíprocos'. Em particular, a norma inaceitável, judicialmente criada, pode ser corrigida ou ab-rogada mediante um ato legislativo, e, no limite, até por meio de uma revisão constitucional. (...) os Juízes não podem fazer menos do que participar na atividade de produção do Direito, ainda que, no limite, tal não exclua inteiramente a possibilidade de o legislador ab-rogar ou modificar o Direito Jurisdicional. E essa possibilidade (...) é real não apenas em face do Direito Jurisprudencial Ordinário mas também em relação ao Direito Jurisprudencial Constitucional, em que o instrumento para tal ab-rogação ou modificação é dado pela revisão constitucional, embora esta seja rara. Deste modo, a última palavra no processo de produção do Direito pertence sempre à 'vontade majoritária', tal como se expressa, em forma de maioria simples ou qualificada, na legislação ordinária ou constitucional". A única observação é a de que a realidade brasileira da profusão das Emendas Constitucionais abriria uma exceção na constatação de Mauro Cappelletti.

formulação do processamento da revisão ou do cancelamento da Súmula Vinculante.

Outro ponto que merece ser enfrentado é do *quorum* para a revisão e para o cancelamento da Súmula. De acordo com a LSV, no art. 2º, "§ 3º: A edição, a revisão e o cancelamento de Enunciado de Súmula com Efeito Vinculante dependerão de decisão tomada por 2/3 (dois terços) dos membros do Supremo Tribunal Federal, em sessão plenária".

Em uma leitura apressada, poder-se-ia entender que também seja aplicado o mesmo *quorum* e procedimento para a mudança do parâmetro legal ou constitucional que está na base de uma determinada Súmula.

De acordo com Lenio Streck,[168] para revisar a Súmula, o *quorum* deve ser o mesmo para instituir, "porque equivale à instituição de 'nova Súmula', isto é, a redefinição do sentido da súmula objeto da revisão". Caso não se edite nova Súmula ou se modifique a redação – o que Lenio Streck denominada de revogação –, sem edição de nova Súmula, não seria exigido o *quorum* qualificado, isso porque a lei, como fonte primária do Direito, deve atuar no seu campo, sendo a Súmula, segundo o referido autor, um instituto de exceção no Direito brasileiro, pois a matéria foi devolvida à lei.[169]

Se houver mudança relevante no padrão normativo, os Juízes e os Tribunais estão autorizados a aplicar, desde logo, no que couber, a lei e a Constituição, por serem fontes primárias. Neste caso, não é necessário o *quorum* qualificado, já que se trata de simples superação, em função do novo parâmetro normativo.

A proposta é de que haja uma declaração de inconstitucionalidade com nulidade parcial sem redução de texto para o § 3º do art. 2º da LSV: o quórum, e quiçá o próprio procedimento, não se aplica quando ocorre mudança no padrão legal ou constitucional que esteja na base da Súmula. Ocorre aí uma superação da Súmula em decorrência de um novo padrão normativo. Caso diferente de quando o cancelamento ou a revisão ocorrer em função de novos argumentos, de uma evolução de questão fática ou de uma possível modulação devido a uma mudança substancial das relações fáticas ou da concepção jurídica geral.[170] Tais mudanças, que podem

---

[168] Ver: STRECK, 2005, op. cit., p. 162.

[169] As Súmulas não são objeto de revogação propriamente dita; por isso, a expressão *revogação* deve ser usada com ressalvas, para que não se dê uma ideia de que as mesmas estão em um patamar de independência e de originalidade, olvidando que ela é derivada e dependente da norma constitucional à qual o STF está vinculado, embora seja o seu intérprete maior. Portanto, propõe-se utilizar a expressão *superada* (*superatio*) por padrões legais e constitucionais.

[170] O tema será tratado mais adiante; contudo, de qualquer forma, ver MENDES, Gilmar Ferreira. Direitos Fundamentais e controle de constitucionalidade: estudos de Direito Constitucional. 2. ed. out. 1999, IBDC, p. 429.

ser designadas de *viradas jurisprudenciais*, embora admissíveis no sistema, serão bem menos frequentes.[171] Em outras palavras, Súmulas expedidas, com referibilidade em lei que foi modificada não necessitam de *quorum* especial para ser declarada superada ou prejudicada – semelhante situação vale para as Emendas Constitucionais contrastantes com a Súmula.

Mais do que nunca, todo aplicador deve analisar as hipóteses de distinção e de superação das Súmulas em decorrência de mudanças normativas. Não se pode exigir a aplicação da Súmula Vinculante em detrimento de outras fontes que lhe são superiores, questão que será discutida por ocasião do Efeito Vinculante da Súmula.

Ao estabelecer o objeto, os requisitos e os procedimento da edição, da revisão e do cancelamento das Súmulas Vinculantes, passa-se ao próximo ponto, que é o seu Efeito Vinculante.

[171] É por isso que se exige de antemão estabilidade para a emissão das Súmulas, a fim de se evitar os problemas de viradas jurisprudenciais, conforme o que se tem no caso da Súmula do STJ a respeito do *leasing*, como adiante será referido.

2. *Dos efeitos e da interpretação da Súmula*

2.1. Efeito Vinculante: notas introdutórias e colocação da questão

A concepção de Efeito Vinculante[172] que se expressa neste trabalho é o que poderíamos denominar de efeito vinculante em sentido forte.[173] A

[172] Não é uma tarefa fácil arriscar-se a realizar uma diferença entre o que seja efeito e eficácia, que abranja inclusive a terminologia como esta aqui se encontra na seara do Direito Constitucional. Para Carlos Alberto Alvaro de Oliveira, "Eficácia e efeito encontram-se em íntima conexidade. A eficácia diz respeito ao conteúdo do ato jurídico, aos elementos que o compõem; os efeitos, à produção de alterações no mundo sensível, como conseqüência da eficácia. A condenação, por exemplo, constitui eficácia da sentença condenatória, elemento do seu conteúdo, a possibilidade de execução ou a própria execução do efeito executivo dela decorrente. Verifica-se, portanto, íntima relação condicionante entre essas duas categorias, pois não pode haver por hipótese efeito sem eficácia, determinando o conteúdo desta a conseqüência verificação com aquele". Ver: ALVARO DE OLIVEIRA, Carlos Alberto. *Comentários ao Código de Processo Civil* – Lei n. 5869, de 11 de janeiro de 1973 (arts. 813 a 889). v. 8. t. 2. Rio de Janeiro: Forense, 2005. p.12. Parece que concorda com esta distinção a terminologia constitucional quando utiliza a eficácia *erga omnes* do julgado, pois é algo atinente ao seu conteúdo, cujos efeitos se farão sentir no mundo sensível, em decorrência do resultado do que se julgou. O Efeito Vinculante não é apenas uma alteração do mundo sensível, porém tem íntima conexão com a eficácia *erga omnes*, que se estende de forma obrigatória à Jurisdição Constitucional.

[173] Exprime-se neste texto uma concepção "tradicional" de Efeito Vinculante. No entanto, pensamos que o conceito poderia ser ampliado para comportar graus diversos, levando-se em conta sempre que o efeito – é garantido por *instrumentos* adequados, que assegurem a vinculatividade. A conformação desses instrumentos – e do modo como se relacionam e se implicam com outros instrumentos – e da sua força permitiria falar em *Efeito Vinculante forte ou fraco*. No futuro, talvez seja possível repensar o conceito – ampliando a sua abrangência e a terminologia –, levando-se em conta "os graus" do Efeito Vinculante, reforçados por diversos instrumentos que reforçam a aplicação dos precedentes e da Jurisprudência. Assim há possibilidade de nominar a força vinculante fraca (a antiga força meramente persuasiva) até a força forte (Efeito Vinculante propriamente dito). Foram sendo criados novos instrumentos e a Jurisprudência foi ganhando reforços, que ficaram claros em superlativos (a expressão está em MANCUSO, 2005, op. cit.) como dominante ou sumulada em que se agregou algo, além da velha força persuasiva, em que o precedente era destinado a convencer os órgãos judiciários. Portanto, esse reforço é que pode ser visto como uma das espécies de Efeito Vinculante, mas em seu sentido fraco. Para Mancuso, não é estranho que tenha o legislador reforçado o papel da Jurisprudência, mas isso não deixou de disponibilizar recursos e incidentes para se unificar esta última. São recursos, na sua forma endógena, como os embargos infringentes e de divergência e, na sua forma exógena, como os recursos especial e extraordinário. Nas palavras de Mancuso, "o sistema reconhece a virtualidade do dissenso pretoriano, mas, por assim dizer, não se conforma com ele, e assim labora, seja para preveni-lo (caso do incidente de uniformização de jurisprudência – art. 476 do CPC), ou superá-lo, se já instaurado (caso dos embargos de divergência, no STF e STJ – CPC, art. 546)". Ver: MANCUSO, 2005, op. cit., p. 689. Para ver tal concepção de gradação no Direito italiano e em perspectiva comparativa ver: MARINELLI, Vicenzo. *Ermeneutica Giudiziaria*: modelli e fondamenti. Milano: Giuffrè Editore,

concepção tomará como base a ligação entre o efeito[174] e o instrumento de sua vinculatividade: a Reclamação. Em outras palavras, a não aplicação da Súmula, além da impugnabilidade tradicional, permite a utilização da reclamação, instrumento que remete à análise da inconformidade diretamente ao STF.

A aplicação da Súmula Vinculante também se fará mediante a conjugação de outros instrumentos que potencializam os efeitos da jurisprudência dominante, dos precedentes e das demais Súmulas – como os poderes do Relator,[175] o não recebimento da apelação,[176] o julgamento antecipadíssimo da lide,[177] a não ocorrência de reexame necessário.[178]

1996. A respeito disso, Destacam-se, pois, algumas concepções gerais: "La loro efficacia si gradua – e va apprezzata caso per caso – in funzione del supporto argomentativo che avalla la decisione, del grado autorevolezza e della posizione ordinamentale del giudice che ha adottato la decisione stessa – a seconda cioè che si tratti di um giudice monocrático o collegiale, di primo grado o di grado ulteriore, di merito o di legitimità (Nei sistemi in cui c'è questa distinzione) – e poi ancora del carattere costante, o non, dell'indirizzo giurisprudeniziale di cui si tratta".

[174] Efeitos e eficácia estariam em um plano jurídico e efetividade em um plano sociológico. Sobre o assunto, José Eduardo Faria esclarece que o estudo da efetividade deve ser posto em termos sociológicos em que as prescrições são efetivas quando encontram na realidade socioeconômica as condições políticas, culturais e ideológicas para a sua aceitação e para o cumprimento por parte de seus destinatários. Ver: FARIA, José Eduardo. *Justiça e conflito*: os Juízes em face dos novos movimentos sociais. São Paulo: Editora Revista dos Tribunais, 1992. p. 106-107.

[175] O Direito brasileiro vem mitigando a atividade do julgamento dos recursos pelo Colegiado. Os Relatores já possuíam poderes monocráticos no âmbito dos Tribunais; entretanto, recentemente, devido a razões especialmente de Economia Processual, em virtude da proliferação das demandas de massa, tais poderes para proferir decisões monocráticas foram aumentados. Lenio Luiz Streck sustenta que estes dispositivos que aumentam o poder do Relator apresentam uma espécie de Efeito Vinculante. Ver: STRECK, Lenio Luiz. *Súmulas no Direito brasileiro*: eficácia, poder e função: a ilegitimidade constitucional do Efeito Vinculante. 2. ed. rev. e ampl. Porto Alegre: Livraria do Advogado, 1998, p. 145-149. Ainda vale referir os arts. 544, 545 e 557 do CPC que demonstra esse aumento dos poderes do Relator. Há, de fato, uma busca pela valorização das Súmulas e dos precedentes, superando unicamente a questão do requisito de admissibilidade dos recursos, sempre realizados pelos Magistrados competentes para receber o recurso. Ver: DINAMARCO, Cândido Rangel. O Relator, a Jurisprudência e os Recursos. In: ALVIM WAMBIER, Teresa Arruda; NERY JR., Nelson (cords.). *Aspectos polêmicos e atuais dos Recursos Cíveis de acordo com a Lei n. 9.756/98*. São Paulo: Editora Revista dos Tribunais, 1999. p. 131 e CARNEIRO, Athos Gusmão. Poderes do Relator e Agravo Interno: arts. 557, 544 e 545 do CPC, *Revista da Ajuris*, Porto Alegre, v.26, n.79, p. 19-43, set. 2000).

[176] O que era algo restrito aos Tribunais foi transferido para o primeiro grau. O § 1° do art. 518 do CPC prescreve que "o Juiz não receberá o recurso de apelação quando a sentença estiver em conformidade com súmula do Superior Tribunal de Justiça ou do Supremo Tribunal Federal". Trata-se de uma inserção infraconstitucional da chamada Súmula Impeditiva de Recurso, quando o próprio Juiz deixa de receber a apelação por entender que a decisão se encontra em conformidade com Súmula do STJ ou do STF. Esse mecanismo exige consonância da posição do Juiz com os precedentes das Cortes Superiores, especialmente os sumulados, sob pena de apenas prolongar a via recursal, transferindo a questão para o Agravo.

[177] "Art. 285-A. Quando a matéria controvertida for unicamente de direito e no juízo já houver sido proferida sentença de total improcedência em outros casos idênticos, poderá ser dispensada a citação e proferida sentença, reproduzindo-se o teor da anteriormente prolatada. § 1°- Se o autor apelar, é facultado ao Juiz decidir, no prazo de 5 (cinco) dias, não manter a sentença e determinar o prosseguimento da ação.§ 2° Caso seja mantida a sentença, será ordenada a citação do réu para responder ao recurso". O legislador visou, primordialmente, consagrar a Economia Processual, evitando que ações

As decisões no controle de constitucionalidade abstrato têm eficácia geral (*erga omnes*), como decorrência do papel exercido pelas Cortes Constitucionais[179] de "prover, dentro dos limites que o ordenamento jurí-

---

repetitivas sobre uma só questão de Direito –em que o julgador possua, de plano, juízo de improcedência – sigam o "(...) iter procedimental, para desaguar, longo tempo mais tarde, em um resultado já previsto, com total segurança, pelo Juiz da causa, desde a propositura da demanda (...)." THEODORO JÚNIOR, Humberto. *As novas Reformas do Código de Processo Civil*. Rio de Janeiro: Forense, 2006. p. 14-15. Humberto Theodoro Júnior e Luiz Fux observam que devem ser cumpridos três requisitos a fim de ser prolatada tal decisão: a) a matéria debatida deve ser exclusivamente de Direito; b) a existência de causas análogas; c) a possibilidade de reprodução total das decisões anteriormente prolatadas. Ver: THEODORO JÚNIOR, 2006, op. cit. e FUX, Luiz. *A Reforma do Processo Civil*: comentários e análise crítica da Reforma Infraconstitucional do Poder Judiciário e da Reforma do CPC. Rio de Janeiro: Impetus, 2006.

[178] Também o art. 475 do CPC, § 3º, com redação dada pela Lei n. 10.352 de 26.12.2001, DOU de 27.12.2001, dispensa o reexame necessário, quando a sentença estiver fundada em Jurisprudência do Plenário do Supremo Tribunal Federal ou em Súmula do Tribunal ou do Tribunal Superior competente.

[179] "Un Tribunal constitucional es uma jurisdicción creada para conocer especial y exclusivamente en materia de lo contecioso constitucional, situada fuera del aparato jurisdiccional ordinário e independiente tanto de ésto como de los Poderes Públicos. Un Tribunal supremo o, incluso, la cámara constitucional de um Tribunal supremo pueden ser jurisdicciones constitucionales, pero no son Tribunales constitucionales". Ver: FAVOREU, Louis. *Los Tribunales Constitucionales*. Barcelona: Editorial Ariel, S.A, 1994, p. 13. Vale referir que o STF não se encaixaria neste conceito de Tribunal Constitucional, pois pertence ao Poder Judiciário ordinário; além disso, exerce uma série de funções originárias, especialmente em matéria criminal, e, ainda, através do CNJ, preside administrativamente toda a Justiça brasileira. No entanto, muitos dos predicados das Cortes Constitucionais, em razão de suas funções, podem ser aplicados ao STF, motivo pelo qual este modelo, com algumas ressalvas, quando haja elemento diferenciador, pode ser aplicado para tanto. No sentido expansivo, Peter Häberle assevera: "We have to describe the term 'constitutional court', which is the topic I have been entrusted with, not only for this event today. I opt for a broad approach to the scope of this term which includes 'high courts' such as the Supreme Court in Mexico and Brazil. This is because, and only so far as, they perform functions of a constitutional court (without rivalry from a separate constitutional court), and because they are focused on a constitution and work by interpreting it – they thus have the 'quality of a constitutional body' ('Verfassungsorganqualität'). Their distinctive feature is that they are subject to and bound by the constitution (Verfassungsbindung), or more specifically: They have to use rational working methods which should also be as transparent as possible, their competencies are defined by positive law for each type of proceedings, and exercised in accordance with the self-perception of the court. Furthermore, I would also propose using the term 'constitutional court' to cover courts which are limited to 'partial constitutions' (Teilverfassungen), both on the national and on the supranational level, such as 'regional constitutional courts' like the European Court of Human Rights in Strasbourg, the European Court of Justice in Luxembourg or the Panamerican Court of Human Rights in Costa Rica. Convenants of human rights are "partial constitutions" par exellence. The European constitutional law of the European Union is in my view a further-reaching, intensively expanding 'partial constitution'. At the same time, the 25 national constitutions of the EU Member States are themselves now no more than 'Teilverfassungen'. National constitutional judges won't like to hear this. This broad approach to the term 'constitutional court' also has to be flexible in time. For instance, the French 'Conseil Constitutionnel' grew step by step into the role of a real constitutional court, a role which it bestowed upon itself. To put it differently: The term 'constitutional court' cannot be fully defined in terms of its structural elements, instead it is open (e. g. the International Criminal Court under the provisions of the Rome Statute). So what is the position of the ICJ in The Hague when considering the 'constitutionalisation' of international law? The sixty-four thousand dollar question is: What is the difference between a constitutional court and an "international court" (for instance the EFTA court)?" Ver: HÄBERLE, Peter. Role and impact of constitutional courts in comparative perspective. Disponível em:< http://www.ecln.net/elements/conferences/book_berlin/haeberle.pdf>. Em sentido crítico, afirmando a ilegitimidade do STF como Corte Constitucional, em face de sua composição, ver

dico lhe confere, pautas gerais de condutas para os membros da sociedade, a fim de distribuir Justiça em termos coletivos e permitir uma maior previsibilidade das conseqüências jurídicas do atuar humano".[180]

No modelo brasileiro, questões que envolvam o controle de constitucionalidade – e a força obrigatória – vinculante e *erga omnes* devem ser analisadas em função da convivência de dois modelos jurisdicionais distintos de controle de constitucionalidade: o incidental/difuso e o concentrado/abstrato.[181] No primeiro caso, o poder de rejeição é difuso na jurisdição, permitindo-se a declaração por qualquer juízo ou Tribunal, embora funcionalmente haja diferenças de procedimento, pois nos Tribunais há necessidade de, em alguns casos, cindir o julgamento, formando o incidente de inconstitucionalidade[182] para que seja respeitado a reserva do Plenário[183] para a declaração de inconstitucionalidade.

NERY JUNIOR, Nelson. *Princípios do Processo Civil na Constituição Federal*. 2. ed. rev. e aum. São Paulo: Editora Revista dos Tribunais, 1995. p. 21-26. A questão da composição do Supremo deve ser melhor discutida, face aos seus poderes. No entanto, não concordamos com a posição expressa pelo referido autor de que o STF seja ilegítimo.

[180] Neste sentido, ver: SILVA, Celso Albuquerque. *Do Efeito Vinculante*: sua legitimação e aplicação. Rio de Janeiro: Lumen Juris, 2005. p. 223.

[181] Conforme esclarece Luís Afonso Heck, "... o par conceitual controle principal e incidental refere-se ao objeto do litígio. No controle normativo principal somente a questão da constitucionalidade/inconstitucionalidade da lei é objeto do procedimento. O controle incidental, ao contrário, ocorre no quadro de um litígio jurídico que tem outro objeto, por exemplo, a conformidade ao direito de um ato. A decisão, porém, depende da constitucionalidade da lei que está na base desse ato. O par conceitual controle normativo abstrato e concreto dirige-se a o motivo do controle normativo. Naquele não existe conexão com um caso litigioso concreto, neste sim, porque se apresenta a questão de saber se a lei que importa para a decisão é ou não compatível com a Constituição. O par conceitual controle concentrado e difuso aponta para o Tribunal competente para a decisão. No controle concentrado, tanto a competência para o exame como a competência para a rejeição estão concentradas em um mesmo Tribunal, enquanto, no controle difuso, essas competências encontram-se nas mãos de juízes, monocráticos ou não. Além disso, o par conceitual controle normativo especial e integrado expressa o fato da Jurisdição Constitucional, e com isso o controle normativo, ser atribuído a um Tribunal constitucional especial ou a um Tribunal supremo competente para todos os âmbitos jurídicos. Esses pares conceituais se cruzam na prática". Ver: HECK, Luís Afonso. O controle normativo no Direito Constitucional brasileiro. *Revista do Tribunais*, n. 800, p. 58, nota de rodapé n. 1, jun. 2002.

[182] Conforme Airton José Sott, "convém observar que dois são os momentos no controle de constitucionalidade: o 1º) que é a *competência* ou o *poder* de *verificação* ou *exame*; e, o 2º) que é a *competência* ou *poder* de *rejeição* ou, ao contrário, de *apresentação* á um órgão diverso – caso considerada a norma anticonstitucional (=inconstitucional). No Brasil, desde a implantação da República o juízo monocrático sempre teve os dois (competência para a *verificação e rejeição)*, já os órgãos colegiados, que em um primeiro momento tinham os dois, como atribuições dos órgãos fracionários – Câmaras ou Turmas – passaram com a Constituição de 1934, de fazê-lo, por quorum qualificado. Melhor dizendo, primeiro verifica-se ou examina-se se a norma é compatível ou não com a Constituição, em não sendo passa-se ao segundo momento, apresentar a questão a um órgão superior ou especial – ou ao mesmo Tribunal mas com *quorum* qualificado – ou fazer a rejeição da norma tida como inconstitucional. No Brasil o Juízo de primeira instância ou o Tribunal sempre teve os dois poderes: o de *exame* ou *verificação* e o de *rejeição* (dos tribunais exigiu-se, a partir de 1934, *quorum* qualificado: art. 179 da Constituição)". Ver: SOTT, Airton José. A possibilidade do controle judicial de constitucionalidade – incidental, concreto e difuso – Direito brasileiro anterior à Constituição Federal de 1988:– Em conexão com os Direitos Fundamentais. *Revista da Ajuris*, n. 93, p.111, mar. 2004.

A proposta de criação de Cortes Constitucionais na Europa tinha como principal objetivo escapar dos inconvenientes apresentados na *Civil Law,* ante a inexistência do sistema do *stare decisis,*[184] que atribuía efeito *erga omnes* e vinculantes à decisão.[185] Na Europa Continental, não havia a obrigatoriedade de seguir o mesmo julgamento, e os Juízes podiam divergir a respeito da constitucionalidade de um ato normativo.[186] Por isto, a instituição das Cortes Constitucionais, com atribuição *erga omnes* às

---

[183] No STF, quando se tratar de questão constitucional, não há a cisão de julgamento, consoante o art. 11 e 22 do RISTF: "Art. 11. A Turma remeterá o feito ao julgamento do Plenário independente de acórdão e de nova pauta: I – quando considerar relevante a argüição de inconstitucionalidade ainda não decidida pelo Plenário e o Relator não lhe houver afetado o julgamento; II – quando, não obstante decidida pelo Plenário a questão de inconstitucionalidade, algum Ministro propuser o seu reexame; III – quando algum Ministro propuser revisão da jurisprudência compendiada na Súmula. Parágrafo único. Poderá a Turma proceder da mesma forma, nos casos do art. 22, parágrafo único, quando não o houver feito o Relator. (...) art. 22. O Relator submeterá o feito ao julgamento do Plenário, quando houver relevante argüição de inconstitucionalidade ainda não-decidida. Parágrafo único. Poderá o Relator proceder na forma deste artigo: a) quando houver matéria em que divirjam as Turmas entre si ou alguma delas em relação ao Plenário; b) quando, em razão da relevância da questão jurídica ou da necessidade de prevenir divergência entre as Turmas, convier pronunciamento do Plenário".

[184] Para Hans Kelsen,: "(...)As decisões da Suprema Corte têm caráter obrigatório para todas as outras cortes. Na medida em que as cortes americanas consideram-se sujeitas às decisões da Suprema Corte, uma decisão desta rejeitando a aplicação de uma lei por inconstitucionalidade, em um caso concreto, tem na prática quase o mesmo efeito de uma anulação geral da lei. Porém a norma de *stare decisis* não é de modo algum absoluta. Não está bem claro até que ponto sua validade é reconhecida. Acima de tudo, admite-se que ela não é válida no caso de interpretação da Constituição. 'Questões constitucionais estão sempre abertas a exame'. Portanto é possível que a Suprema Corte declare uma mesma lei constitucional em um caso e inconstitucional noutro, ou vice-versa. O mesmo é verdade no que concerne às outras cortes. Tais casos têm, com efeito, ocorrido. Não está excluída também a possibilidade de que uma Corte inferior, em particular uma Corte estadual, decida a questão da constitucionalidade de uma lei sem que o caso seja trazido perante a Suprema Corte, e que esta, ao examinar a lei dentro de outro caso, decida a questão de forma contrária. Nesse caso o princípio da *res judicata* impossibilita a outra Corte de adaptar sua decisão prévia àquela da Suprema Corte." Ver: O controle judicial da constitucionalidade: um estudo comparado das Constituições austríaca e americana, p. 207/308, In: KELSEN, Hans. *Jurisdição Constitucional* Jurisdição Constitucional, São Paulo: Martins Fontes, 2003.

[185] A Constituição brasileira, a partir da Constituição brasileira de 1934, permitia ao Senado Federal suspender a execução, no todo ou em parte, de qualquer lei ou ato, deliberação ou regulamento, quando hajam sido declarados inconstitucionais pelo Poder Judiciário. Este dispositivo, na época, foi entendido como uma solução de equilíbrio entre a função parlamentar e a jurisdicional, com o objetivo de assegurar a harmonia e equilíbrio entre os Poderes. Remetia-se a um órgão do Legislativo a suspensão da lei, pois atenuava o problema da quebra da separação dos Poderes, eis que a lei declarada inconstitucional continuava em vigor, não obrigando os demais Juízes, como no caso dos Estados Unidos, onde existe a regra do *stare decisis*. Desta forma se deu eficácia *erga omnes* à declaração de inconstitucionalidade proferida pelo STF nos casos concretos.

[186] Exemplo do que aconteceu na Itália em 1848 e no Japão em que os Juízes mais jovens – e em princípio desapegados ao passado – tendiam a repelir leis que os velhos Juízes não rejeitariam sob esse argumento, o que, em última análise, conduziria a uma absoluta insegurança jurídica. Para Kelsen, "l'inconveniente di questa soluzione sta in ciò che i vari organi possono essere di avviso diverso riguardo alla constituzionalità di una legge e che pertanto un organo può applicarla perchè la ritiene constituzionale e un altro può disapplicarla perchè è d'aviso contrario. La mancanza di una decisione uniforme sulla questione di costituzionalità di una legge, sulla questione, cioè, se è violata la constituzione, rappresenta un grave pericolo per l'autorità della costituzione medesima".Ver: KELSEN, Hans. *La Giustizia Constituzionale*. Milano: Giuffrè Editore, 1981. p. 173.

decisões,[187] ou seja, como se tivessem o efeito de uma lei de ab-rogação.[188] O controle poderia ser feito por via principal à Corte Constitucional *(VerfassungsGerichthof)*, através de um pedido especial – embora possam fazer este controle de forma concreta e incidental por meio da paralisação do Processo (*Konkrete NormenKontrolle).*

O efeito obrigatório (e *erga omnes*) é, portanto, uma decorrência inerente ao próprio processo de controle concentrado de constitucionalidade, que estabelece eficácia geral ao controle de constitucionalidade. É interessante, antes de esmiuçar algumas questões, fazer brevemente uma aproximação dos conceitos de coisa julgada, eficácia *erga omnes* e Efeito Vinculante.

Para poder enunciar, mesmo que de forma breve, é necessário introduzir a distinção entre efeitos da sentença (e da decisão) e a coisa julgada.

A coisa julgada tem como objetivo a estabilidade da sentença, que se torna a lei do caso. "Não apenas adquire a 'força de lei' de que falam os Códigos, mas toma o lugar da lei, substituindo-a no que diz com a particular relação considerada".[189] Essa força de lei está prevista no art. 468 do CPC: "a sentença, que julgar total ou parcialmente a lide, tem força de lei nos limites da lide e das questões decididas". Trata-se da coisa julgada material (ou da *lex specialis*), concreta como o próprio caso, que a jurisdição produziu, sendo um fenômeno peculiar e exclusivo da própria jurisdição.

A eficácia da sentença, por sua vez, diz respeito aos efeitos que a ordem jurídica pode determinar que se produzam desde o momento em que foi prolatada ou de um momento anterior ou posterior, independentemente de caber recurso.[190] A autoridade da coisa julgada refere-se ao conteúdo da sentença – poderia também ser de outras decisões – e consiste na sua imutabilidade,[191] que é posta para determinadas sentenças.[192]

---

[187] De acordo com Hans Kelsen, a Corte Constitucional não decide casos, mas atua como legislador negativo, porque decide a questão constitucional com abstração de considerações casuísticas. Hoje, já não se diverge a respeito de que as Cortes Constitucionais devem ter papel positivo e não apenas negativo.Ver: KELSEN, loc. cit.

[188] Ibid., p. 300.

[189] FABRÍCIO, Adroaldo Furtado. A coisa julgada nas ações de alimentos. *Revista da Ajuris,* n. 52, ano 18, p. 7, 1991.

[190] BARBOSA MOREIRA, José Carlos. Eficácia da sentença e coisa julgada. *Revista da Ajuris*, n. 28, ano 10, p. 15-31, jul. 1983.

[191] "Nisso consiste, pois, a autoridade da coisa julgada, que se pode definir, com precisão, com a imutabilidade do comando emergente de uma sentença. Não se identifica ela simplesmente com a definitividade e intangibilidade do ato que se pronuncia o comando; e, pelo contrário, uma qualidade, mais intensa e mais profunda, que reveste o ato também em seu conteúdo e torna assim imutáveis, além do ato em sua existência formal, os efeitos, quaisquer que sejam, do próprio ato". Ver: LIEBMAN, Enrico

Em outras palavras, a eficácia da sentença e a sua imutabilidade suscitam duas ordens de questões inconfundíveis e autônomas: é perfeitamente normal a produção de efeitos por atos jurídicos, suscetível de modificação ao desfazimento: "Mostra também que podem deixar de manifestar-se, ou ver-se tolhidos ou alterados, os efeitos de um ato jurídico, não obstante permaneça este, em si, intacto, assim como podem subsistir, no todo ou em parte, os efeitos de um ato jurídico que se modifica ou desfaz; em outras palavras: mostra que a subsistência do ato e a subsistência dos efeitos são coisas distintas, sem a obrigatória implicação recíproca".[193]

Os efeitos da sentença, transitada em julgado – note-se o efeito não é decorrente da coisa julgada –, não se destinam a perdurar indefinidamente. O efeito executivo, por exemplo, da sentença condenatória exaure-se na execução. Toda sentença, meramente declaratória ou não, contém a norma jurídica concreta que deve disciplinar a situação submetida à cognição judicial. Se a sentença, por exemplo, é constitutiva, não se poderá contestar que a modificação se operou, muito embora possa cessar ou alterar-se a situação constituída pela sentença.

Como esclarece Antonio Carlos Oliveira Gidi "também para Liebman a coisa julgada não é uma qualidade *essencial* e *necessária* nem da sentença nem da atividade jurisdicional. Sem a autoridade da coisa julgada, a sentença teria comando (formulação autoritativa duma vontade de conteúdo imperativo) sem, porém, a qualidade da imutabilidade. Não é impossível – diz – imaginar o efeito da sentença (*rectius*: o comando) independente da sua imutabilidade".[194]

Barbosa Moreira, em sentido crítico, caracteriza a coisa julgada como situação jurídica: "precisamente a situação que se forma no momento em que a sentença se converte de instável em estável. E a essa estabilidade característica da nova situação jurídica que a linguagem jurídica se refere segundo pensamos quando fala da 'autoridade da coisa julgada".[195]

A coisa julgada é uma qualidade – não necessária – da decisão judicial, embora só aí exista. A autoridade da coisa julgada atinge somente as

Tullio. *Eficácia e autoridade da sentença*. Trad. de Alfredo Buzaid e Benvindo Aires. Trad. dos textos posteriores à edição de 1945 e notas relativas ao Direito brasileiro vigente, de Ada Pellegrini Grinover. 3. ed. Rio de Janeiro: Forense, 1954. p. 54.

[192] Como lembra a doutrina, por todos – embora, apontando divergências –, não produzem coisa julgada material: a sentença meramente processual; a sentença de carência de ação; a sentença proferida em ação cautelar; a sentença proferida em processo de jurisdição voluntária. ver: ROSA TESHEINER, José Maria. *Elementos para uma Teoria Geral do Processo*. São Paulo: Saraiva, 1993. p. 177 .

[193] BARBOSA MOREIRA, 1983, op. cit., p. 20.

[194] OLIVEIRA GIDI, Antonio Carlos. *O instituto da coisa julgada e a litispendência nas ações coletivas do Direito brasileiro*. Dissertação de Mestrado, PUC-SP, 1993. p. 17.

[195] BARBOSA MOREIRA, 1983, op. cit., p. 31.

se destina a proteger os indivíduos do Poder Público.[208] Os argumentos que prevaleceram foram os de que a liminar seria utilizada para "evitar o agravamento do estado de insegurança ou de incerteza jurídica que se pretende eliminar; 2) assegurar a plena aplicação da lei controvertida até a pronúncia da decisão definitiva do Supremo Tribunal Federal; 3) determinar a suspensão de julgamento de todos os processos que envolvessem a aplicação da lei objeto da ação declaratória de constitucionalidade".[209]

Por ocasião do Julgamento da Medida Cautelar na ADC 4, Rel. Min. Sydney Sanches, julgamento em 11-2-98, DJ de 21-5-99,[210] o STF acolheu o cabimento da medida liminar para assegurar temporariamente a força e a eficácia à futura decisão de mérito.

A aludida medida liminar foi prevista em sede legislativa pelo art. 21 da Lei n. 9.868/99, que conferiu ao STF, por decisão da maioria absoluta de seus membros, a possibilidade de deferir a medida cautelar na ADC, consistente na determinação de que os Juízes (*rectius* = juízos) e os Tribunais suspendam o julgamento dos Processos que envolvam a aplicação de lei ou de ato normativo objeto da ação até o seu julgamento definitivo. Mais do que nunca, a liminar garante o Efeito Vinculante da decisão final. Consolidou-se, desta forma, a possibilidade de Efeito Vinculante, inclusive, no que concerne às liminares concedidas na ADC, como, por exemplo, pode-se citar a concessão da medida cautelar na ADC 11 pelo STF que determinou a suspensão todos os Processos em que se discuta a constitucionalidade do art. 1°-B da Lei n. 9.494/97, acrescentado pela Medida Provisória n. 2.180-35/2001. As decisões em que não se acatou o

---

[208] BASTOS, Celso Ribeiro. *Emendas à Constituição de 1988*, p. 34.

[209] MENDES, Gilmar Ferreira. *Ação declaratória de constitucionalidade*. São Paulo: Saraiva, 1994. p. 33.

[210] "As decisões definitivas de mérito, proferidas pelo Supremo Tribunal Federal, nas Ações Declaratórias de Constitucionalidade de lei ou ato normativo federal, produzem eficácia contra todos e até Efeito Vinculante, relativamente aos demais órgãos do Poder Judiciário e ao Poder Executivo, nos termos do art. 102, § 2°, da CF. Em ação dessa natureza, pode a Corte conceder medida cautelar que assegure, temporariamente, tal força e eficácia à futura decisão de mérito. E assim é, mesmo sem expressa previsão constitucional de medida cautelar na ADC, pois o poder de acautelar é imanente ao de julgar. Precedente do STF: RTJ-76/342. Há plausibilidade jurídica na argüição de constitucionalidade, constante da inicial (fumus boni iuris). Precedente: ADIMC – 1.576. Está igualmente atendido o requisito do *periculum in mora*, em face da alta conveniência da Administração Pública, pressionada por liminares que, apesar do disposto na norma impugnada, determinam a incorporação imediata de acréscimos de vencimentos, na folha de pagamento de grande número de servidores e até o pagamento imediato de diferenças atrasadas. E tudo sem o precatório exigido pelo art. 100 da Constituição Federal, e, ainda, sob as ameaças noticiadas na inicial e demonstradas com os documentos que a instruíram. Medida cautelar deferida, em parte, por maioria de votos, para se suspender, ex nunc, e com Efeito Vinculante, até o julgamento final da ação, a concessão de tutela antecipada contra a Fazenda Pública, que tenha por pressuposto a constitucionalidade ou inconstitucionalidade do art. 1° da Lei n. 9.494, de 10-9-97, sustando-se, igualmente ex nunc, os efeitos futuros das decisões já proferidas, nesse sentido". (ADC 4-MC, Rel. Min. Sydney Sanches, julgamento em 11-2-98, DJ de 21-5-99).

julgamento liminar do STF foram paralisadas em virtude de decisão na Reclamação 7.274-MC, Rel. Min. Carlos Britto, decisão monocrática, julgamento em 4-12-08, DJE de 19-12-08.[211]

Até o momento, nesta reconstrução, referiu-se a ADI e ADC, mas pode-se ser incluído neste mesmo modelo a Arguição de Descumprimento de Preceito Fundamental (ADPF), regulamentada pela Lei n. 9882, que ainda está em incipiente conformação no STF. Alguns pontos, já assentados merecem referência: a) trata-se de um Processo de controle objetivo; b) a subsidiariedade – necessária para ajuizar a ação – deve ser interpretada de tal modo que possa antecipar as decisões do STF (uma espécie de incidente de inconstitucionalidade); c) o STF compreende preceitos fundamentais de forma ampliativa, de tal modo que possa colocar como parâmetro do controle grande parte da Constituição (ver, neste sentido, a ADPF 33); d) caberá ADPF sempre que não couber outro Processo de controle abstrato. Pode-se dizer que a ADPF foi transformada em uma espécie de ADI/ADC, sendo aplicada naqueles casos em que não cabiam, segundo a sua própria jurisprudência, ações diretas[212] para a qual foi previsto o Efeito Vinculante, com o objetivo de resolver de forma geral as grandes questões que são postas ao Judiciário.

Finalmente, discutem-se se os Efeitos Vinculantes se restringem apenas à parte dispositiva ou aos chamados fundamentos ou Motivos Determinantes (*tragende Gründe*).[213] Gilmar Mendes, além da defesa doutrinária, como Ministro do STF, exarou decisões em que expressa esse entendimento, como no caso da Recl. 2986 MC/SE, que tem como supe-

[211] "O Juízo reclamado, no entanto, declarou a inconstitucionalidade desse mesmo dispositivo e não conheceu, por intempestividade, de embargos à execução opostos pelo reclamante, o que me parece configurar, neste juízo provisório, afronta à decisão deste STF. (...). O tempo decorrido da expedição da liminar por este Tribunal, porém, aliado à necessidade dos jurisdicionados, que se dirigem à Justiça do Trabalho, em regra, em busca de verbas de natureza alimentar e destinadas à subsistência, recomenda a abertura de via alternativa que não a simples suspensão da execução trabalhista. Suspensão operante como verdadeira sanção a quem não deu causa à reclamação constitucional. Ante o exposto, defiro a liminar para suspender a execução da Reclamação Trabalhista (...), facultando ao reclamado o conhecimento e processamento dos embargos à execução opostos pelo Distrito Federal." No mesmo sentido: Rcl 8.281-MC, Rel. Min. Cezar Peluso, decisão monocrática, julgamento em 26-5-09, DJE de 12-6-09; Rcl 8.008-MC, Rel. Min. Celso de Mello, decisão monocrática, julgamento em 15-4-09, DJE de 23-4-09; Rcl 7.916-MC, Rel. Min. Joaquim Barbosa, decisão monocrática, julgamento em 23-3-09, DJE de 13-4-09; Rcl 7.858-MC, Rel. Min. Ricardo Lewandowski, decisão monocrática, julgamento em 11-3-09, DJE de 19-3-09; Rcl 7.524, Rel. Min. Menezes Direito, decisão monocrática, julgamento em 2-3-09, DJE de 9-3-09.

[212] O tema aqui tratado já foi desenvolvido em escrito de minha autoria. Ver: SCHÄFER, Gilberto. Os contornos da argüição de descumprimento de preceito fundamental na jurisprudência do Supremo Tribunal Federal. *Revista da AJURIS*, Porto Alegre, v.33, n.102, p. 143-157, jun. 2006.

[213] MENDES, Gilmar Ferreira. *Direito Fundamentais e controle de constitucionalidade*: estudos de Direito Constitucional. 2. ed. rev. e ampl. São Paulo: Celso Bastos Editor; Instituto Brasileiro de Direito Constitucional, 1999. p. 436.

relação à ação direta de inconstitucionalidade, graças ao qual se dá ao novo instrumento de controle de constitucionalidade a eficácia necessária para enfrentar o problema – como salientado anteriormente – que deu margem à sua criação. De fato, se a eficácia *erga omnes* que também possuem suas decisões de mérito das ações diretas de inconstitucionalidade (e – note-se – é em virtude dessa eficácia *erga omnes* que esta Corte, por ser alcançada igualmente por ela, não pode voltar atrás na declaração que nela fez anteriormente), do Efeito Vinculante que lhe é próprio resulta:

a) se os demais órgãos do Poder Judiciário, nos casos concretos sob seu julgamento, não respeitarem a decisão prolatada nessa ação, a parte prejudicada poderá valer-se do instituto da reclamação para o Supremo Tribunal Federal, a fim de que este garanta a autoridade dessa decisão; e

b) essa decisão (e isso se restringe ao dispositivo dela, não abrangendo – como sucede na Alemanha – os seus fundamentos determinantes, até porque a Emenda Constitucional n. 3 só atribui Efeito Vinculante à própria decisão definitiva de mérito), essa decisão, repito, alcança os atos normativos de igual conteúdo daquele que deu origem a ela, mas que não foi seu objeto, para o fim de, independentemente de uma nova ação, serem tidos como constitucionais ou inconstitucionais, adstrita essa eficácia aos atos normativos emanados dos demais órgãos do Poder Judiciário e do Poder Executivo, uma vez que ela não alcança os atos editados pelo Poder Legislativo.

A passagem acima ilustra que o STF compreendia, inegavelmente, que o Efeito Vinculante era circunscrito ao dispositivo e não aos fundamentos determinantes da decisão ou da *ratio decidendi*. Era (e continua) concebido como um *plus* em relação aos efeitos gerais, garantido pela reclamação. Quando da introdução da ADC no nosso ordenamento jurídico, não se sustentou, com exceção de Gilmar Mendes, a abrangência do Efeito Vinculante em relação aos Motivos Determinantes.[202]

Consolidada a inserção da ADC, outra discussão ganhou espaço, qual seja, passou-se a sustentar que as ações declaratórias de constitucionalidade e diretas de inconstitucionalidade (ADC e ADI) tinham natureza ambivalente (dúplice), ou seja, as decisões proferidas pelo STF nessas ações gerariam efeito jurídico em dois sentidos. Assim, como o pedido na ADI é pela inconstitucionalidade da norma, se a ação for julgada procedente, está-se reconhecendo o pedido e, por conseguinte, declarando a inconstitucionalidade da norma. Em sentido contrário, se a ADI fosse julgada improcedente, o STF estaria recusando o pedido e, portanto, reconhecendo a constitucionalidade da norma. Igual procedimento ocorre com a ADC: nesta ação, o que está sendo postulado é a constitucionalidade da norma. Então, se a ação for julgada procedente, o pedido for acatado, deste modo, a norma foi declarada constitucional; em contrapartida, caso seja declarada improcedente, a inconstitucionalidade da norma está sendo reconhecida. Este caráter dúplice, antes mesmo de ser inserido

---

[202] É exemplificativo deste debate a obra coordenada por Ives Gandra da Silva e Gilmar Ferreira Mendes. Ver: SILVA MARTINS; MENDES, 1996. op. cit.

posteriormente na Lei n. 9868/99 (Lei que regulamentou o controle de constitucionalidade), vinha sendo adotado pelo STF, mesmo em questão liminar.[203]

Cabe frisar agora que a Lei n. 9.868/99, no seu art. 28, parágrafo único[204] e a Lei n. 9.882/99 (Lei que regulamentou a ADPF), no seu art. 10, § 3°,[205] previram esse Efeito Vinculante ambivalente em seu Textos. A questão, embora recebesse aplausos na doutrina,[206] também recebia críticas pela falta de amparo textual na Constituição,[207] o que acabou sendo superado com a Emenda Constitucional 45, que consagrou os efeitos ambivalentes no art. 102, § 2°: "As decisões definitivas de mérito, proferidas pelo Supremo Tribunal Federal, nas ações diretas de inconstitucionalidade e nas ações declaratórias de constitucionalidade, produzirão eficácia contra todos e Efeito Vinculante, relativamente aos demais órgãos do Poder Judiciário e à Administração Pública Direta e Indireta, nas esferas federal, estadual e municipal".

Outra questão debatida foi o cabimento e efeito da liminar da ADC, não prevista no Texto Constitucional. Para Celso Bastos, por esta falta de amparo, a analogia com a ADI não deveria ser aceita, pois a Constituição

---

[203] O *leading case* é a Reclamação 399, Pernambuco, Relator Min. Sepúlveda Pertence, Julgamento: 07/10/1993, Órgão Julgador: Tribunal Pleno. Há outros precedentes indicados em doutrina, que infelizmente não puderam ser conferidos. Gilmar Mendes (em artigo denominado *Ação declaratória de constitucionalidade no âmbito estadual.* Disponível em:< http://br.geocities.com/profpito/acaodeclaratoriagilmar.html#_ftn14>. Acesso em: 16 jul. 2009, cita a Reclamação n. 167, despacho, RDA 206, p. 246 (247). Por sua vez, Ingo Wolfgang Sarlet declara: "Neste sentido, cumpre registrar a posição do eminente Ministro Sepúlveda Pertence (Reclamação n. 621-RS, publicada no DJU de 04.07.1996), no sentido de que haveria como outorgar Efeito Vinculante também às decisões proferidas em ações diretas de inconstitucionalidade (ADIN), nas hipóteses nas quais for cabível a propositura de ação declaratória de constitucionalidade, propugnando uma interpretação sistemática da Constituição em virtude das inovações (especificamente a introdução da ação declaratória de constitucionalidade e do Efeito Vinculante atribuído às decisões) trazidas pela Emenda Constitucional n. 3 de 1993". Ver: SARLET, Ingo Wolfgang. Argüição de descumprimento de preceito fundamental: alguns aspectos controversos. *Revista Diálogo Jurídico*, Salvador, CAJ – Centro de Atualização Jurídica, v. 1, n. 3, nota 13, jun. 2001. Disponível em: <http://www.direitopublico.com.br>. Acesso em: 17 jul. 2009.

[204] Parágrafo único. A declaração de constitucionalidade ou de inconstitucionalidade, inclusive a interpretação conforme a Constituição e a declaração parcial de inconstitucionalidade sem redução de texto, têm eficácia contra todos e Efeito Vinculante em relação aos órgãos do Poder Judiciário e à Administração Pública Federal, Estadual e Municipal.

[205] § 3° A decisão terá eficácia contra todos e Efeito Vinculante relativamente aos demais órgãos do Poder Público.

[206] Por todos, ver: MENDES, Gilmar Ferreira. O Efeito Vinculante das decisões do Supremo Tribunal Federal nos processos de controle abstrato de normas. *Revista Jurídica Virtual*, Brasília, v. 1, n. 4, ago. 1999. Disponível em: <http://www.planalto.gov.br/ccivil_03/revista/Rev_04/efeito_vinculante.htm>. Acesso em: 17 jul. 2009.

[207] Para exemplificar essa crítica, ver: SARLET, Ingo Wolfgang. Argüição de descumprimento de preceito fundamental – alguns aspectos controversos. *Revista da Ajuris*, Porto Alegre, v. 27, n. 84, p. 117-137, dez. 2001. Em críticas mais contundentes, ver: LEITE SAMPAIO, José Adércio. *A Constituição reinventada pela Jurisdição Constitucional.* Belo Horizonte: Del Rey, 2002. p. 241 que refere uma invasão da matéria reservada à Constituição e o desprestígio do princípio constitucional.

partes, – porém a eficácia natural da sentença atinge a todos. Nas sentenças da Jurisdição Constitucional, a imutabilidade da sentença atingirá de forma geral a todos; em função deste comando, estende-se a qualidade de imutabilidade em relação a todos.[196] Assim, a eficácia *erga omnes* dá essa extensão a todos. E o efeito vinculante é um reforço que se dirige ao cumprimento, porque, via transversa, obriga a aplicação do comando pelos Poderes Públicos. Nas palavras de Zavascki, "o Efeito Vinculante confere ao julgado um força obrigatória qualificada, com a conseqüência processual de assegurar, em caso de recalcitrância dos destinários, a utilização de um mecanismo executivo – a reclamação – para impor o seu cumprimento".[197]

Após estas referências, passamos a uma traçar os elementos da História do Efeito Vinculante no Direito brasileiro.

2.2. Histórico do Efeito Vinculante no Brasil e o STF

A expressão Efeito Vinculante, no âmbito do STF, foi introduzida no RISTF, ao disciplinar a chamada *representação interpretativa*, introduzida pela Emenda n. 7 de 1977: a partir da publicação do acórdão, por suas conclusões e ementa, no Diário da Justiça da União, a interpretação nele fixada teria força vinculante para todos os efeitos.[198]

No plano constitucional, a expressão *Efeito Vinculante* aparece por ocasião da Emenda Constitucional n. 03/93, que introduziu a Ação Declaratória de Constitucionalidade no ordenamento jurídico brasileiro. Na redação original, conforme a Emenda Constitucional n. 03, de 17 de março de 1993, possibilitou-se o ajuizamento quando se almejava uma declaração de constitucionalidade de lei ou de ato normativo federal.[199]

Parte da doutrina reagiu contra a inserção da ADC, por entender que ela suprimia a função criadora judicial e as garantias fundamentais

---

[196] Ver: OLIVEIRA GIDI, 1993, op. cit., p. 28.

[197] ZAVASCKI, Teori Albino. *Eficácia das sentenças na Jurisdição Constitucional*. São Paulo: Revista dos Tribunais, 2001. p. 53.

[198] Emenda regimental n. 07, 28 de agosto de 1978, "art. 9º. A partir da data da publicação da ementa do acórdão no Diário Oficial da União, a interpretação nele fixada terá força vinculante, implicando sua não-observância negativa de vigência do texto interpretado".

[199] Art. 102 (...). I – ...a ação direta de inconstitucionalidade de lei ou ato normativo federal ou estadual e a ação direta de constitucionalidade de lei ou ato normativo federal; (...) § 2º As decisões definitivas de mérito, proferidas pelo Supremo Tribunal Federal, nas ações declaratórias de constitucionalidade de lei ou ato normativo federal, produzirão eficácia contra todos e Efeito Vinculante, relativamente aos demais órgãos do Poder Judiciário e ao Poder Executivo. Art. 103 (...) § 4º A ação declaratória de constitucionalidade poderá ser proposta pelo Presidente da República, pela Mesa do Senado Federal, pela Mesa da Câmara dos Deputados ou pelo Procurador-Geral da República.

intangíveis ao Poder de Reforma Constitucional, por força do art. 60, § 4º, IV, da Lei Maior, como a de acesso ao Judiciário, a do devido Processo legal, a da ampla defesa e do contraditório, inscritas no art. 5º, incisos XXXV, LIV e LV, da CF.[200] Essa contrariedade foi afastada pelo STF no julgamento de questão incidente na Ação Declaratória de Constitucionalidade n. 1 – DF –, em razão do chamado caráter objetivo do Processo.[201] Para a ADC, pela primeira vez, além da eficácia *erga omnes,* foi previsto o chamado Efeito Vinculante da decisão definitiva de mérito proferida pelo STF ao Poder Executivo e aos demais órgãos do Judiciário. O Ministro Moreira Alves dá as razões ao entendimento do STF:

> Essas decisões, sejam de procedência (constitucionalidade) ou de improcedência (inconstitucionalidade), não apenas terão eficácia *erga omnes* mas também força vinculante relativamente aos demais órgãos do Poder Judiciário e ao Poder Executivo. É um *plus* com

[200] Neste sentido, entre outros, SILVA MARTINS, Ives Gandra da; SOUZA GARCIA, Fátima Fernandes de. Ação declaratória de constitucionalidade. In: SILVA MARTINS, Ives Gandra da; MENDES, Gilmar Ferreira(coords.). *Ação declaratória de constitucionalidade.* São Paulo: Saraiva, 1994. p. 121-137 e ATALIBA, Geraldo. Ação declaratória de constitucionalidade. *Revista de Informação Legislativa,* n. 121, ano 31, p. 33-34, jan./mar. 1994.

[201] Neste sentido, ver o voto do Ministro Moreira Alves proferido na ADC – n. 1-1 : "Esta Corte já afirmou o entendimento, em vários julgados, de que a ação direta de inconstitucionalidade se apresenta como processo objetivo, por ser processo de controle de normas em abstrato, em que não há prestação de jurisdição em conflitos de interesses que pressupõe necessariamente partes antagônicas, mas em que há, sim, a prática, por fundamentos jurídicos, do ato político de fiscalização dos Poderes constituídos decorrente da aferição da observância, ou não, da Constituição pelos atos normativos dele emanados (...) Num processo objetivo, que se caracteriza por ser um processo sem partes contrapostas, não tem sentido pretender-se que devam ser asseguradas as garantias individuais do princípio do contraditório e da ampla defesa, que pressupõe a contraposição concreta de partes cujo conflito de interesses se visa a dirimir com a prestação jurisdicional do Estado. Nos processos objetivos de controle concentrado em abstrato de atos normativos não há prestação jurisdicional ínsita do Poder Judiciário e que pressupõe, direta ou indiretamente, conflito de interesses a ser dirimido, mas meios do exercício de forma específica de jurisdição – a Jurisdição Constitucional – que se traduz em ato político de fiscalização dos Poderes (inclusive do Judiciário) quanto à conformidade, ou não, à Constituição dos atos normativos por eles editados. Por outro lado, qualquer que seja o sentido que se dê ao princípio do *due process of law,* não é ele violado pela ação declaratória de constitucionalidade. (...). Trata-se, pois, de garantia individual que não é afastada por instrumento de controle concentrado em abstrato que visa a aferir se a presunção de constitucionalidade de um ato normativo procede em decorrência do confronto dele com a Constituição Federal. E o controle feito pelo Supremo Tribunal Federal, que, expressamente, é o guardião dessa Constituição. Por fim, é também inteiramente improcedente a alegação de que essa ação converteria o Poder Judiciário em legislador, tornando-o como que órgão consultivo dos Poderes Executivo e Legislativo. Essa alegação não atenta para a circunstância de que, visando a ação declaratória de constitucionalidade à preservação da presunção de constitucionalidade do ato normativo, é ínsito a essa ação, para caracterizar o interesse objetivo de agir por parte dos legitimados para propô-la, que preexista controvérsia que ponha em risco essa presunção, e, portanto, controvérsia judicial no exercício do controle difuso de constitucionalidade, por ser esta que caracteriza inequivocamente esse risco. Dessa controvérsia, que deverá ser demonstrada na inicial, afluem, inclusive os argumentos pró e contra a constitucionalidade, ou não, do ato normativo em causa, possibilitando a esta Corte, o conhecimento deles e de como têm sido eles apreciados judicialmente. Portanto, por meio dessa ação, o Supremo Tribunal Federal uniformizará o entendimento judicial sobre a constitucionalidade, ou não, de um ato normativo federal em face da Carta Magna, sem qualquer caráter, pois, de órgão consultivo de outro Poder, e sem que, portanto, atue, de qualquer modo, como órgão de certa forma participante do Processo legislativo. Não há, assim, evidentemente, qualquer violação ao princípio da separação de Poderes". Ver: SILVA MARTINS; MENDES, 1996, op. cit., p. 183 ss.

dâneo a chamada *transcendência dos Motivos Determinantes*;[214] posteriormente, com uma variação, um *nomem juris* distinto para o mesmo objeto, "leis de idêntico teor", defende a possibilidade de utilizar o instituto da Reclamação.[215] Com a inserção de um novo nome, não se muda a questão, pois, como mostraremos adiante, é necessário realizar uma aferição de constitucionalidade da referida lei. É apenas uma variante da mesma questão, que é saber o alcance na Jurisdição Constitucional objetiva dos Efeitos Vinculantes – como se observa, isso está em debate – no STF.

A extensão do Efeito Vinculante aos Motivos Determinantes foi discutida em caso paradigmático: o julgamento da Reclamação 4219/SP, rel. Min Joaquim Barbosa, 7.3.2007. Duas posições foram enunciadas: a) no Processo objetivo, apenas o dispositivo possui Efeito Vinculante;[216] b) os Motivos Determinantes (a *ratio decidendi*) têm Efeito Vinculante.[217] Infelizmente, a Reclamação foi julgada prejudicada em decorrência do falecimento do Requerente.[218]

---

[214] A decisão cautelar, de lavra do Ministro Celso de Mello, está assim ementada: "Fiscalização Abstrata de Constitucionalidade. Reconhecimento, pelo Supremo Tribunal Federal, da validade constitucional da Legislação do Estado do Piauí que definiu, para os fins do art. 100, § 3º, da Constituição, o significado de obrigação de pequeno valor. Decisão judicial, de que ora se reclama, que entendeu inconstitucional legislação, de idêntico conteúdo, editada pelo estado de Sergipe. Alegado desrespeito ao julgamento, pelo Supremo Tribunal Federal, da ADI 2.868 (Piauí). Exame da questão relativa ao efeito transcendente dos Motivos Determinantes que dão suporte ao julgamento, *in abstracto*, de constitucionalidade ou de inconstitucionalidade. Doutrina. Precedentes. Admissibilidade da Reclamação. Medida Cautelar deferida".

[215] Reclamação 4987 MC/PE, Relator Ministro Gilmar Mendes.

[216] Conforme o Informativo 441 do STF para o rel. Min Joaquim Barbosa, 21.9.2006. (Rcl-4219) Em relação à segunda questão de ordem, o Relator considerou que o Efeito Vinculante da decisão proferida na ADI 2602/MG não alcançaria o ato impugnado, haja vista não ser viável aplicar fundamentos determinantes de decisão em controle concentrado a processos referentes a questões oriundas de outras unidades da Federação. Em seguida, o Min. Sepúlveda Pertence adiantou o seu voto, salientando que o que se faz vinculante, nos termos do § 1º do art. 103-A da CF, é a decisão do STF sobre norma determinada, ou seja, a norma impugnada acompanhou a conclusão do Relator relativamente à segunda questão de ordem, no que foi seguido pelo Min. Carlos Britto.

[217] Conforme notícia publicada no Informativo 458 do STF: "No que se refere à segunda questão de ordem, o Min. Eros Grau entendeu que o que produz eficácia contra todos e Efeito Vinculante, nos termos do disposto no § 2º do art. 102 da CF, é a interpretação conferida pelo Supremo à Constituição, além do seu juízo de constitucionalidade sobre determinado texto normativo infraconstitucional, estando, portanto, todos, sem distinção, compulsoriamente afetados pelas conseqüências normativas das decisões definitivas de mérito proferidas pelo STF nas ações diretas de inconstitucionalidade e nas ações declaratórias de constitucionalidade. Ressaltou que a decisão dotada de eficácia contra todos e Efeito Vinculante não se confunde com a súmula vinculante, haja vista operarem em situações diferentes: esta, que é texto normativo, no controle difuso; aquela, que constitui norma de decisão, no concentrado. Dessa forma, concluiu que a decisão de mérito na ADI ou na ADC não pode ser concebida como mero precedente vinculante da interpretação de texto infraconstitucional, asseverando que as decisões do Supremo afirmam o que efetivamente diz a própria Constituição e que essa afirmação, em cada ADI ou ADC, é que produz eficácia contra todos e Efeito Vinculante."

[218] Decisão: Retirado de pauta por indicação do Relator. Ausentes, justificadamente, a Senhora Ministra Ellen Gracie (Presidente) e os Senhores Ministros Gilmar Mendes (Vice-Presidente) e Cezar Peluso. Presidência do Senhor Ministro Celso de Mello (art. 37, I, do RISTF). Plenário, 21.11.2007, DJ Nr. 230 do dia 30/11/2007, Plenário, Sessão Ordinária, Reclamação, 4219

A discussão continua no Supremo Tribunal Federal como se pode constatar Rcl 3014/SP, rel. Min. Carlos Britto, 8.8.2007. (Rcl-3014), ajuizada pelo Município de Indaiatuba contra acórdão do Tribunal Regional do Trabalho da 15ª Região que mantivera a expedição de requisição de pequeno valor em patamar superior ao fixado pela Lei municipal n. 4.233/2002, por considerá-la inconstitucional ante a ausência de fixação da quantia em número de salários mínimos. Alega-se, na espécie, desrespeito à autoridade da decisão do Supremo na ADI 2868/PI (DJU de 11.12.2004), na qual se teria reconhecido a possibilidade de fixação, pelos Estados-Membros, de valor referencial inferior ao do art. 87 do ADCT. Na sessão de 13.12.2006, o Min. Carlos Britto, Relator, julgou improcedente a reclamação. Asseverou, inicialmente, que, no julgamento da ADI 2868/PI, o Tribunal examinara a constitucionalidade da Lei piauiense 5.250/2002, que fixou, no âmbito da Fazenda Estadual, o *quantum* da obrigação de pequeno valor. Salientou que o acolhimento da pretensão passaria pelo exame da possibilidade de se atribuir efeitos transcendentes aos Motivos Determinantes da decisão tomada no controle abstrato de normas – não há definição ainda quanto à matéria.

Além disso, há outro debate que não pode deixar de ser mencionado a respeito da generalização das decisões no STF, independentemente de terem sido tomadas em controle concentrado ou incidental. A questão foi debatida na Reclamação 4.335-5/AC, que versa sobre os efeitos da declaração de inconstitucionalidade proferida no HC 82.959-SP sobre a progressão nos crimes hediondos[219] em que foi sustentada a ocorrência de efeitos gerais, independentemente da atuação do Senado Federal e também de expedição de Súmula Vinculante. Defendeu-se que a função do Senado seria apenas publicizar a decisão do STF e não mais atribuir efeitos genéricos a tal decisão. Essa tese foi acolhida por dois Ministros que conheceram a medida como Reclamação (Min. Gilmar Mendes[220] e do Min. Eros Grau[221]), embora os demais a acolhessem como *Habeas Corpus*.

[219] STF, HC n. 89.959, Rel. Min. Marco Aurélio, *DJ* 01.09.2006.

[220] STF. Rcl 4335-5/AC. Voto do Min. Gilmar Mendes. Disponível em:< www.stf.jus.br/imprensa/pdf/rcl4335gm.pdf>: "(...) É certo, outrossim, que a admissão da pronúncia de inconstitucionalidade com efeito limitado no controle incidental ou difuso (declaração de inconstitucionalidade com efeito *ex nunc*), cuja necessidade já vem sendo reconhecida no âmbito do STF, parece debilitar, fortemente, a intervenção do Senado Federal – pelo menos aquela de conotação substantiva. É que a 'decisão de calibragem' tomada pelo Tribunal parece avançar também sobre a atividade inicial da Alta Casa do Congresso. Pelo menos, não resta dúvida de que o Tribunal assume aqui uma posição que parte da doutrina atribuía, anteriormente, ao Senado Federal. (...) (...) É possível, sem qualquer exagero, falar-se aqui de uma autêntica mutação constitucional em razão da completa reformulação do sistema jurídico e, por conseguinte, da nova compreensão que se conferiu à regra do art. 52, X, da Constituição de 1988. Valendo-nos dos subsídios da doutrina constitucional a propósito da mutação constitucional, poder-se-ia cogitar aqui de uma autêntica reforma da Constituição sem expressa modificação do texto.(...) Assim, parece legítimo entender que, hodiernamente, a fórmula relativa à suspensão de execução da lei pelo Senado Federal há de ter simples efeito de publicidade. Desta forma, se o Supremo Tribunal

prudência, pode não se saber quais são os verdadeiros motivos que estão na base de uma decisão. São as declarações que estão à base da decisão (e que são obrigatórias) ou são aquelas que o Tribunal considera por sua parte como obrigatórias e que, por certa razão, ele as sopesou e formulou após reflexões maduras? (b) Na decisão (Rec. 36, 1) a respeito do tratado fundamental com a República Democrática Alemã (RDA). (*Grundlagenvertrag*), o Tribunal aprovou o tratado com a RDA de um ponto de vista constitucional, mas deu uma outra interpretação conforme a Constituição "resultante dos motivos", que aprovou o tratado com vinte e três páginas que formularam um Direito Constitucional obrigatório para o Governo e para o legislador. Este procedimento, segundo a análise de Schlaich, é próprio e se explica por peculiaridades do Processo, porém as razões apresentadas pelo Tribunal Constitucional foram rejeitadas de forma unânime pela doutrina. (c) então, há algo contraditório em se compreender o caráter aberto e dinâmico da Constituição e se compreender a jurisprudência constitucional como obrigatória no plano constitucional ou mesmo como um ato de incorporação constitucional (a expressão é de Esser, *Vorverständnis um Methodenwahl*). O fato da Corte constitucional desenvolver uma jurisprudência constitucional não a torna diferente dos demais Tribunais que desenvolvem jurisprudência; (d) Além disso, o fato de ocorrer tal vínculo reduzirá significativamente os passos do legislador, mesmo através de emendas constitucionais, pois as decisões do Tribunal vêm fundadas em argumentos de proporcionalidade, de proibição de arbitrariedade e da racionalidade da Constituição (ou seja, retirando o assunto da esfera legislativa); (e) a canonização dos motivos retira o elixir da vida longa da Jurisdição Constitucional, pois vai contra a natureza do Direito Constitucional, que trata de questões abertas.

O modelo espanhol que, neste ponto, segue o modelo alemão também recebe críticas. Nas palavras de Francisco Llorete, "tanto en Alemania como en España hay, como antes se indica, una tenaz y articulada resistencia teórica a la idea de atribuir fuerza vinculante al razonamiento, la opinión del Tribunal Constitucional".[236]

Com isso, procura-se demonstrar que, nos modelos invocados como paradigma, há críticas à extensão deste pretendido Efeito Vinculante, que, conforme Francisco Llorente,[237] depende mais dos elementos normativos de cada Estado e não é decorrência do sistema de controle de constitucionalidade – mas como cada sistema de controle de constitucionalidade se concebe.

[236] LLORENTE, Francisco Rubio. La Jurisdiccion Constitucional como forma de creacion de Derecho. *Revista Española de Derecho Constitucional*, ano 8, n. 22, p.33, jan./abr. 1988.

[237] LLORENTE, loc. cit.

Não se pode esquecer que as Constituições possuem sistemas complementares de defesa, como se pode exemplificar no Direito Comparado com o Recurso de Amparo na Espanha e o *VerfassungsBeschwerde* na Alemanha. No Brasil há uma série de Ações Constitucionais, recursos ordinários, extraordinários e a Reclamação que se complementam e que assumem a tarefa de realizar os valores constitucionais. Esses sistemas combinam técnicas diversas para concretizar o Texto Constitucional, e os Magistrados acabam julgando no mesmo sentido dos Motivos Determinantes quando estes são maduros, racionais e possuem forte base argumentativa.

As decisões do STF – e de outros Tribunais, como se pode ver com base nos estudos de Klaus Schlaich – nem sempre permitem estabelecer com clareza qual foi o Motivo Determinante – a *ratio decidendi* – da questão e qual é o seu limite interpretativo. O Efeito Vinculante jungido somente ao dispositivo estabelece de forma clara os deveres da população – atingida pela decisão – e dos operadores do Direito que devem interpretá-la. O sistema brasileiro permite que cada Juiz expresse as razões de seu voto, mesmo vencido – e que nem sempre é possível saber –, em função da diversidade de argumentos, a *ratio decidendi*.

A canonização da jurisprudência pode ser, sem dúvida, uma grave consequência, pois significa que a motivação do STF apresentará Efeitos Vinculantes, não podendo se estabelecer a necessária abertura que as questões constitucionais exigem como resposta aos novos desafios. Levada em seu rigor, significa que uma determinada composição do STF impõe às novas composições a sua interpretação da Constituição aos futuros componentes, no sentido de que devam aceitar os Efeitos Vinculantes de tal interpretação, não permitindo que os componentes políticos de renovação da Corte se façam presentes. Será, por vezes, uma Magistratura envelhecida, em concepção que não está de acordo com a nova linha política, como foi o caso dos crimes hediondos[238] e do depositário infiel.[239]

[238] O Supremo Tribunal Federal até o ano de 2004 pugnou pela constitucionalidade do art. 2º, § 1 da Lei n. 8.072/90, que prescrevia o cumprimento da pena em regime integral fechado para os crimes hediondos, a prática da tortura, o tráfico ilícito de entorpecentes e drogas afins e o terrorismo (ver, entre outros, GOMES, Luiz Flávio. STF admite progressão de regime nos crimes hediondos . *Jus Navigandi*, Teresina, ano 10, n. 1003, 31 mar. 2006. Disponível em: <http://jus2.uol.com.br/doutrina/texto.asp?id=8181>. Acesso em: 13 fev. 2007). Registre-se que o precedente nesse sentido foi entabulado no HC n. 69.657-SP. O Supremo Tribunal Federal sequer admitia a extensão infraconstitucional da progressão concedida aos crimes de tortura conforme se pode ler na Súmula 698 deste Tribunal: "Não se estende aos demais crimes hediondos a admissibilidade de progressão no regime de execução da pena aplicada ao crime de tortura". Entretanto, já a partir de 2004, o Supremo passou a conceder liminares, autorizando a progressão de regime e determinando o sobrestamento dos processos em virtude da pendência de apreciação pelo "Pleno" acerca da inconstitucionalidade da vedação (como se pode ver no HC 83884, cuja liminar foi julgada em 16.03.2004). Enfim, a orientação inverteu-se, tendo sido declarada a inconstitucionalidade do citado dispositivo, *incidenter tantum*, no HC 82.959-SP, da Relatoria do Min. Marco Aurélio, datado de 1º.09.2006, com ementa fundada no caráter ressocializador da pena

culante à parte dispositiva da decisão tornaria de todo despiciendo esse instituto, uma vez que ele pouco acrescentaria aos institutos da coisa julgada e da força de lei. Ademais tal redução diminuiria significativamente a contribuição do Tribunal para a preservação e desenvolvimento da ordem constitucional".[225]

A mesma extensão do Efeito Vinculante é justificada por Roger Stiefelmann Leal[226] com o argumento de que o Efeito Vinculante é aquele proveniente da Jurisdição Constitucional para se garantir um remédio para a recalcitrância que pode ser de cunho legislativo ou judicial[227] e, ainda, a mais importante – a recalcitrância administrativa –, esta quando internamente a Administração realiza os seus atos e contenciosos ou, externamente, quando a Administração Pública postula no Poder Judiciário. Para Roger Stiefelmann Leal, o Efeito Vinculante *(bindungswirkung)* nasceu da necessidade de se reforçar a eficácia das decisões prolatadas no âmbito da Jurisdição Constitucional, de modo que o Poder Público estivesse vinculado *à norma concreta de* decisão:[228] "A imposição da *ratio decidendi* que presidiu a decisão aos demais Poderes teria como efeito normativo necessário a proibição do uso do expediente da reiteração do comportamento julgado inconstitucional, bem como a obrigação de eliminar os demais atos que encerram o mesmo vício apontado".[229]

O referido autor traz em apoio à sua tese dos Motivos Determinantes a prática alemã em que cita a Lei de Organização Judiciária da Corte que é

---

missas estão simplesmente implícitas (e sem elas não teríamos a forma dedutiva do argumento); e em segundo lugar porque a noção de 'absurdo' utilizada pelas juristas não coincide exatamente com a de 'contradição lógica' e sim com a de conseqüência inaceitável". Ver: ATIENZA, Manuel. *As razões do Direito*: teorias da argumentação jurídica: Perelman, Toulmin, MacCormick, Alexy e outros. São Paulo: Landy Editora, 2000, p. 48.

[225] SILVA MARTINS; MENDES, 2009, op. cit., p.600-601.

[226] LEAL, Roger Stiefelmann. *O Efeito Vinculante na Jurisdição Constitucional*. São Paulo: Saraiva, 2006, p. 102 ss.

[227] LEAL, 2006, p. 102 ss. A prática mais óbvia, para Roger Leal, de recalcitrância legislativa consistiria na reprodução do conteúdo da lei declarada inconstitucional por outra lei. Roger Leal faz uma ampla exemplificação dessa recalcitrância em textos oriundos dos legislativos. Quanto à recalcitrância judicial o autor demonstra que esse é um problema debatido no Direito Comparado, especialmente na interpretação das sentenças aditivas e de interpretação, mas também há um bom exemplo, na postura em relação a taxa de juros, conforme se posicionam os juízes do Rio Grande do Sul.

[228] Essa expressão está também em SILVA MARTINS; MENDES, 2009, op. cit., p.600: "Assim, propõe Vogel que a coisa julgada ultrapasse os estritos limites da parte dispositiva, abrangendo também a 'norma decisória concreta'. A norma decisória concreta seria aquela ´idéia jurídica subjacente à formulação contida na parte dispositiva, que concebida de forma geral, permite não só a decisão do caso concreto, mas também a decisão de casos semelhantes. Por outro lado, sustenta Kriele que a força dos precedentes, que presumivelmente vincula os Tribunais, é reforçada no Direito alemão pelo disposto no § 31, I, da Lei do Tribunal Constitucional alemão. A semelhante resultado chegam as reflexões de *Bachof*, segundo o qual o papel fundamental do Tribunal Constitucional alemão consiste na extensão de suas decisões aos casos ou situações paralelas".

[229] LEAL, 2006, op. cit., p. 113.

prevista na Lei Fundamental (art. 94, n. 2),[230] que se reproduz da tradução de Luís Afonso Heck:[231] "(1) As decisões do Tribunal Constitucional Federal vinculam os órgãos constitucionais da Federação e dos Estados, assim como todos os Tribunais e autoridades. (2) Nos casos do § 13, n. 6, 6a, 11, 12 e 14, a decisão do Tribunal Constitucional Federal tem força de lei. Isso vale também nos casos do § 13, n. 8a, quando o Tribunal constitucional federal declara uma lei compatível ou incompatível com a lei fundamental ou nula. À medida que uma lei é declarada compatível ou incompatível com a lei fundamental ou com outro Direito federal, ou nula, o dispositivo da decisão deve ser publicado no Diário Oficial da Federação pelo Ministério Federal da Justiça. Análogo vale para o dispositivo da decisão nos casos do § 13, n. 12 e 14".

Na Alemanha, os autores se referem à força julgada – que ocorre entre os participantes do Processo[232] – a um efeito *inter omnes*[233] e a um Efeito Vinculante, previsto no Texto Constitucional, que é estendido aos Motivos Determinantes pela Corte Constitucional, porquanto a referida Corte se qualifica como o intérprete adequado e o de guarda da Constituição; a instância decisiva das questões constitucionais (tanto que alguns autores atribuem à Corte participação na legislação constitucional).[234]

No entanto, a extensão do Efeito Vinculante aos Motivos Determinantes encontra resistência na Alemanha, crítica à qual Klaus Schlaich[235] se filia, aduzindo que a importância e o papel do Tribunal Constitucional não podem levar a uma canonização das frases do Tribunal através dos seus motivos e que essa canonização pode não ter boas consequências, argumentos que se passa expor: (a) mesmo após (trinta) anos de juris-

---

[230] Na tradução da Embaixada alemã (Disponível em:< http://www.brasilia.diplo.de/Vertretung/brasilia/pt/01/Constituicao/Constituicao_pt/constituicao.html>.): "art. 94, 2: Lei federal regulará a organização e o funcionamento do Tribunal Constitucional Federal, definindo os casos em que suas decisões terão força de lei. A lei poderá exigir, como pressuposto para as reclamações constitucionais, que se tenha esgotado as demais vias judiciais e poderá estabelecer procedimento especial para a aceitação da Reclamação. No original: (2) Ein Bundesgesetz regelt seine Verfassung und das Verfahren und bestimmt, in welchen Fällen seine Entscheidungen Gesetzeskraft haben. Es kann für Verfassungsbeschwerden die vorherige Erschöpfung des Rechtsweges zur Voraussetzung machen und ein besonderes Annahmeverfahren vorsehen.

[231] HECK, Luís Afonso. *Jurisdição Constitucional e legislação pertinente no Direito Comparado*. Porto Alegre: Livraria do Advogado, 2006. p. 84-85.

[232] Os alemães aceitam também o efeito de coisa julgada, o que quer dizer a imutabilidade. Nesse sentido, ver: SCHLAICH, Klaus. Procedures et techniques de protection des droits fondamentaux: Tribunal Constitutionnel Federal Allemand. *Revue Internationale de Droit Compare*, Paris, 1981, p. 380-381. Isso para um brasileiro jamais foi problema graças à inserção do STF na estrutura do Poder Judiciário Ordinário; contudo, na Europa, as Cortes Constitucionais foram criadas ao lado da estrutura do Judiciário (ordinário).

[233] A expressão consta em ibid., p. 381.

[234] SCHLAICH, 1981, loc. cit.

[235] Ibid., p. 381ss.

O histórico apresentado tem como objetivo compreender a questão da problemática da extensão dos Efeitos Vinculantes aos Motivos Determinantes. Passa-se a examinar agora a questão da vinculatividade e a sua relação com a Súmula Vinculante.

2.3. Efeito Vinculante, motivo determinante e Súmula Vinculante

O respeito da vinculação dos Motivos Determinantes nas decisões do controle abstrato de constitucionalidade encontra defensores como Gilmar Mendes e Ives Gandra da Silva Martins[222] para os quais o instituto da eficácia *erga omnes* seria semelhante à força de lei (*Gesetzeskraft*) no Direito alemão; ainda, constitui-se como categoria de Direito Processual que obstaria a apreciação da questão pelo órgão de controle. Eles apresentam um modelo em que se analisam os limites objetivos da eficácia *erga omnes*

Federal, em sede de controle incidental, chegar à conclusão, de modo definitivo, de que a lei é inconstitucional, essa decisão terá efeitos gerais, fazendo-se a comunicação ao Senado Federal para que este publique a decisão no Diário do Congresso. Tal como assente, não é (mais) a decisão do Senado que confere eficácia geral ao julgamento do Supremo. A própria decisão da Corte contém essa força normativa. (...)Esta solução resolve de forma superior uma das tormentosas questões da nossa Jurisdição Constitucional. Superam-se, assim, também, as incongruências cada vez mais marcantes entre a jurisprudência do Supremo Tribunal Federal e a orientação dominante na legislação processual, de um lado, e, de outro, a visão doutrinária ortodoxa e – permita-nos dizer – ultrapassada do disposto no art. 52, X, da Constituição de 1988".

[221] Eros Roberto Grau sustenta a ocorrência de mutação constitucional que seria a alteração do significado do Texto sem que este seja modificado em sua redação: "(...) A mutação constitucional é transformação de sentido do Enunciado da Constituição sem que o próprio texto seja alterado em sua redação, vale dizer, na sua dimensão constitucional textual. Quando ela se dá, o intérprete extrai do texto norma diversa daquelas que nele se encontravam originariamente involucradas, em estado de potência. Há, então, mais do que interpretação, esta concebida como processo que opera a transformação de texto em norma. Na mutação constitucional caminhamos não de um texto a uma norma, porém de um texto a outro texto, que substitui o primeiro (...) Daí que a mutação constitucional não se dá simplesmente pelo fato de um intérprete extrair de um mesmo texto norma diversa da produzida por um outro intérprete. Isso se verifica diuturnamente, a cada instante, em razão de ser, a interpretação, uma prudência. Na mutação constitucional há mais. Nela não apenas a norma é outra, mas o próprio Enunciado normativo é alterado. O exemplo que no caso se colhe é extremamente rico. Aqui passamos em verdade de um texto:[compete privativamente ao Senado Federal suspender a execução, no todo ou em parte, de lei declarada inconstitucional por decisão definitiva do Supremo Tribunal Federal] a outro texto [compete privativamente ao Senado Federal dar publicidade à suspensão da execução, operada pelo Supremo Tribunal Federal, de lei declarada inconstitucional, no todo ou em parte, por decisão definitiva do Supremo]. Para Eros Grau a mutação constitucional é fato, que não se trata do resultado da interpretação, mas o próprio objeto da análise. E continua (...) Sucede que estamos aqui não para caminhar seguindo os passos da doutrina, mas para produzir o Direito e reproduzir o ordenamento. Ela nos acompanhará, a doutrina. Prontamente ou com alguma relutância. Mas sempre nos acompanhará, se nos mantivermos fiéis ao compromisso de que se nutre a nossa legitimidade, o compromisso de guardarmos a Constituição. O discurso da doutrina [= discurso sobre o Direito] é caudatário do nosso discurso, o discurso do Direito. Ele nos seguirá; não o inverso". STF. Rcl 4335-5/AC. Voto do Min. Eros Grau. Disponível em: <www.stf.jus.br/imprensa/pdf/rcl4335eg.pdf>.

[222] SILVA MARTINS, Ives Gandra da; MENDES, Gilmar Ferreira. *Controle concentrado de constitucionalidade:* comentários à Lei n. 9868, de 10-11-1999, 3. ed. São Paulo: Saraiva, 2009, p.585 ss.

da (a) declaração de constitucionalidade e da (b) declaração de inconstitucionalidade.

Para Gilmar Mendes e Ives Gandra da Silva Martins[223] a referência para o seu modelo de Efeito Vinculante é a PEC n. 130/1992, apresentada pelo Deputado Roberto Campos em que se distinguia a eficácia geral (*erga omnes*) do Efeito Vinculante:

> Além de conferir eficácia *erga omnes* às decisões proferidas pelo Supremo Tribunal Federal em sede de controle de constitucionalidade, a presente proposta de emenda constitucional introduz no Direito brasileiro o conceito de Efeito Vinculante em relação aos órgãos e agentes públicos. Trata-se de instituto jurídico desenvolvido no Direito Processual alemão, que tem por objetivo outorgar maior eficácia às decisões proferidas por aquela Corte Constitucional, assegurando força vinculante não apenas à parte dispositiva da decisão mas também aos chamados fundamentos ou Motivos Determinantes (*tragende Gründe*). A declaração de nulidade de uma lei não obsta a sua reedição, ou seja, a repetição de seu conteúdo em outro diploma legal. Tanto a coisa julgada quanto a força de lei (eficácia *erga omnes*) não lograriam evitar esse fato. Todavia, o Efeito Vinculante, que deflui dos fundamentos determinantes (*tragende Gründe*) da decisão, obriga o legislador a observar estritamente a interpretação que o Tribunal conferiu à Constituição. Conseqüência semelhante se tem quanto às chamadas normas paralelas. Se o Tribunal declarar a inconstitucionalidade de uma Lei do Estado A, o Efeito Vinculante terá o condão de impedir a aplicação de norma de conteúdo semelhante do Estado B ou C (Cf. Christian Pestalozza, comentário ao § 31, I, da Lei do Tribunal Constitucional Alemão (Bundesverfassungsgerichtsgesetz) in: Direito Processual Constitucional (Verfassungsprozessrecht), 2. ed. Munique, Verlag C.H. Beck, 1982, p. 170/171, que explica o Efeito Vinculante, suas conseqüências e a diferença entre ele e a eficácia seja inter partes ou *erga omnes*).

A principal justificativa apresentada para que o Efeito Vinculante englobe o Motivo Determinante é o de sua presença em outros países, como a Alemanha. Em sustentação à sua tese, Gilmar Mendes busca uma análise consequencialista em um raciocínio que poderíamos qualificar de *ad absurdum*:[224] "é certo, por outro lado, que a limitação do Efeito Vin-

---

[223] SILVA MARTINS; MENDES, loc.cit. Ver também: MENDES, 1999, op. cit. p. 435 ss.

[224] A *redutio ad absurdum* recebeu esse denominação na Idade Média, por Duns Scott. Conforme explica Wesley C. Salmon, "constitui uma forma válida de argumento, largamente empregada e sumamente eficaz. É usada, algumas vezes, para estabelecer uma conclusão positiva; a ela recorre-se com freqüência para refutar a tese defendida pelo oponente. A ideia que motiva esta forma de argumento é muito simples. Suponha-se que desejemos provar que um Enunciado p é verdadeiro. Começamos por supor que p é falso; ou seja, admitimos não-p. Com base nesta suposição, deduzimos uma conclusão que se sabe ser falsa. Como a conclusão falsa decorre da nossa suposição de não-p, em virtude de um argumento dedutivo válido, segue-se que a suposição deve ter sido falsa. Ora, se não-p é falsa, então p deve ser verdadeira – e era justamente o Enunciado que desde o começo pretendíamos provar" Eis um exemplo: 'Quem não tem deveres não tem direitos; os bebês não têm deveres; logo, não têm direitos; mas os bebês têm direitos; logo, é falso que quem não tem deveres não tem direitos'. Quando se chega a uma contradição em um sistema axiomático, pode-se negar qualquer uma das fórmulas anteriores". Ver: SALMON, Wesley C.. *Lógica*. 3. ed. Rio de Janeiro: Editora Prentice-Hall do Brasil Ltda, 1993. p. 16. Para Atienza, esse tipo de argumento no Direito "tem, em princípio, uma forma dedutiva, mas, tal e qual a utilizam os juristas, a redução ao absurdo costuma ir além de uma simples dedução, por duas razões: em primeiro lugar porque, com freqüência, é preciso entender que determinadas pre-

e que assentou que o dispositivo legal vinha de encontro ao princípio da individualização da pena: "Pena– Regime de Cumprimento – Progressão – Razão de Ser. A progressão no regime de cumprimento da pena, nas espécies fechado, semi-aberto e aberto, tem como razão maior a ressocialização do preso que, mais dia ou menos dia, voltará ao convívio social. PENA – CRIMES HEDIONDOS – REGIME DE CUMPRIMENTO – PROGRESSÃO – ÓBICE – ARTIGO – PENA – CRIMES HEDIONDOS – REGIME DE CUMPRIMENTO – PROGRESSÃO – ÓBICE – ARTIGO 2º, § 1º, DA LEI N. 8.072/90 – INCONSTITUCIONALIDADE – EVOLUÇÃO JURISPRUDENCIAL. Conflita com a garantia da individualização da pena – art. 5º, inciso XLVI, da Constituição Federal – a imposição, mediante norma, do cumprimento da pena em regime integralmente fechado. Nova inteligência do princípio da individualização da pena, em evolução jurisprudencial, assentada a inconstitucionalidade do art. 2º, § 1º, da Lei n. 8.072/90". (HC n. 82.959-SP, Rel. Min. Marco Aurélio, Plenário, maioria, *DJ* de 1º.09.2006). Cabe referir, dado o mote do presente estudo, que o Supremo estendeu os efeitos da decisão do HC n. 82.959-SP para outros casos *in concreto*, concedendo-lhe uma eficácia "pan-processual", tendo admitido o aforamento da Reclamação n. 4335, segundo o entendimento de que é cabível a medida "para todos os que comprovarem prejuízo resultante de decisões contrárias às suas teses, em reconhecimento à eficácia vinculante *erga omnes* das decisões de mérito proferidas em sede de controle concentrado" (conforme Informativo n. 454 do STF. Disponível em:< www.stf.gov.br>. Acesso em : 23 fev. 2007).

[239] O STF considerava possível a prisão de qualquer depositário, inclusive o equiparado, como o caso de alienação fiduciária.Sobre isso: "Habeas corpus". Alienação fiduciária em garantia. Prisão civil do devedor como depositário infiel. – Sendo o devedor, na alienação fiduciária em garantia, depositário necessário por força de disposição legal que não desfigura essa caracterização, sua prisão civil, em caso de infidelidade, se enquadra na ressalva contida na parte final do art. 5º, LXVII, da Constituição de 1988. – Nada interfere na questão do depositário infiel em matéria de alienação fiduciária o disposto no § 7º do art. 7º da Convenção de San José da Costa Rica. "Habeas corpus" indeferido, cassada a liminar concedida .(STF, HC n. 72131, Rel. Min. Moreira Alves, DJ 1º de agosto de 2003). Após, em decorrência da reiteração da argumentação de que o que o Brasil subscreveu o Pacto de São José da Costa Rica, que restringe a prisão civil por dívida ao descumprimento inescusável de prestação alimentícia (art. 7º, 7), e, por isso, a impossibilidade de subsistir no sistema constitucional a prisão do depositário infiel, seja voluntário ou necessário. Segundo esta tese, com a introdução do aludido Pacto no ordenamento jurídico nacional, restaram derrogadas as normas estritamente legais definidoras da custódia do depositário infiel. O Tribunal entendeu que o art. 5º, LXVII, da CF não permite a prisão civil por dívida e prevê uma exceção, regulada por norma infraconstitucional, que pode ser superada por norma supralegal – neste caso, o Pacto de São José da Costa Rica. Para ilustrar essa mudança: "Prisão civil do depositário infiel em face dos Tratados Internacionais de Direitos Humanos. Interpretação da parte final do Inciso LXVII do art. 5º da Constituição Brasileira de 1988. Posição Hierárquico-Normativa dos Tratados Internacionais de Direitos Humanos no ordenamento Jurídico Brasileiro. Desde a adesão do Brasil, sem qualquer reserva, ao Pacto Internacional dos Direitos Civis e Políticos (art. 11) e à Convenção Americana sobre Direitos Humanos – Pacto de San José da Costa Rica (art. 7º, 7), ambos no ano de 1992, não há mais base legal para prisão civil do depositário infiel, pois o caráter especial desses diplomas internacionais sobre direitos humanos lhes reserva lugar específico no ordenamento jurídico, estando abaixo da Constituição, porém acima da legislação interna. O *status* normativo supralegal dos tratados internacionais de direitos humanos subscritos pelo Brasil torna inaplicável a legislação infraconstitucional com ele conflitante, seja ela anterior ou posterior ao ato de adesão. Assim ocorreu com o art. 1.287 do Código Civil de 1916 e com o Decreto-Lei n. 911/69, assim como em relação ao Art. 652 do Novo Código Civil (Lei n. 10.406/2002)." Alienação Fiduciária em Garantia. Decreto-Lei n. 911/69. Equiparação do devedor-fiduciante ao depositário. Prisão civil do devedor-fiduciante em face do princípio da proporcionalidade. A prisão civil do devedor-fiduciante no âmbito do contrato de alienação fiduciária em garantia viola o princípio da proporcionalidade, visto que: a) o ordenamento jurídico prevê outros meios processuais-executórios postos à disposição do credor-fiduciário para a garantia do crédito, de forma que a prisão civil, como medida extrema de coerção do devedor inadimplente, não passa no exame da proporcionalidade como proibição de excesso, em sua tríplice configuração: adequação, necessidade e proporcionalidade em sentido estrito; e b) o Decreto-Lei n. 911/69, ao instituir uma ficção jurídica, equiparando o devedor-fiduciante ao depositário, para todos os efeitos previstos nas leis civis e penais, criou uma figura atípica de depósito, transbordando os limites do conteúdo semântico da expressão "depositário infiel" insculpida no art. 5º, inciso LXVII, da Constituição e, dessa forma, desfigurando o instituto do depósito em sua conformação constitucional, o que perfaz a violação ao princípio da reserva legal proporcional. Recurso Extraordinário Conhecido e não provido.(STF, RE n. 349703, Rel. Min. Gilmar Mendes, DJ 5 de junho de 2009).

Os elementos de respiração do Texto Constitucional são necessários para se evitar a sua cristalização. Além disso, o próprio legislador ficará atado (vinculado) à interpretação de uma determinada época, dificultando-se assim a reabertura da questão constitucional.

Na análise da história do conceito Efeito Vinculante procurou-se demonstrar que o STF deu-lhe o significado de abarcar apenas o dispositivo da decisão. Essa história demonstra que, no sistema brasileiro, Efeito Vinculante sempre significou um reforço aos efeitos gerais através da Reclamação, fato confirmado pela legislação posterior e pela própria EC 45 que estabeleceu nas Súmulas Vinculantes o cabimento da Reclamação. Quanto à diminuição da contribuição do STF, não há motivo para a preocupação, porquanto a matéria poderá ser significativamente enfrentada por aquele Tribunal, através de outros instrumentos, preservando-se o devido processo legal.

Pode-se acrescentar mais alguns argumentos. O art. 28 do da Lei n. 9.868/99 que prescreve que "dentro do prazo de dez dias após o trânsito em julgado da decisão, o Supremo Tribunal Federal fará publicar em seção especial do Diário da Justiça e do Diário Oficial da União a parte dispositiva do acórdão". A *publicação é da parte dispositiva*, porque sobre esta incidirá a eficácia geral e vinculante, ou seja, aquilo que o povo deverá atentar para cumprir, pois as declarações do Supremo Tribunal Federal não são dirigidas apenas as partes, mas sim para o conjunto da sociedade. A parte dispositiva, por ser objeto de fácil conhecimento, permite produzir segurança jurídica. Ora, se há presunção de conhecimento das normas e, agora, das decisões vinculantes, deve haver um mínimo de previsibilidade jurídica: a) porque a parte dispositiva é publicada; b) aos que devem obedecer à vinculação não se exige a interpretação de longos acórdãos para extrair dela motivos determinantes, sem contar que, muitas vezes, para cada Ministro há uma razão determinante, ou seja, cada um expressa um Motivo Determinante. Caso contrário, deveria-se acrescentar ainda outra exigência: *de que o Motivo Determinante deva receber votação em separado*, de acordo com *quorum* qualificado – que como será demonstrado nesta pesquisa acontece nas Súmulas Vinculantes.[240]

Neste ponto é que se faz uma ligação entre a questão dos Motivos Determinantes e as Súmulas Vinculantes. O instituto das Súmulas Vinculantes, em grande medida, pela prática que se vem desenvolvendo, complementará a não existência dos Efeitos Vinculantes dos Motivos De-

[240] Considerando os efeitos gerais e vinculantes, deveria ser lançado um relatório consolidado de todos os atos em que a constitucionalidade foi julgada pelo STF, especialmente aqueles em que foi declarada a inconstitucionalidade.

terminantes em controle abstrato, pois, como viu anteriormente, o STF vem transformando os "Motivos Determinantes" em Súmulas.

Certamente, uma das razões para a criação das Súmulas Vinculantes foi o de justamente poder albergar uma eficácia geral e um efeito vinculante dos Motivos Determinantes.

Pode-se demonstrar a veracidade da premissa acima com o Enunciado da SV 2, cuja redação enuncia que "é inconstitucional a lei ou ato normativo estadual ou distrital que disponha sobre sistemas de consórcios e sorteios, inclusive bingos e loterias". Na Súmula, não consta que "A lei X do Estado Y que dispõe sobre Súmulas é inconstitucional". Houve uma generalização do conteúdo de vários julgamentos – inclusive abstratos – para expedir a referida Súmula, que abarca uma série de leis com conteúdo idêntico.

O Motivo Determinante (a *ratio decidendi*) não aparece na redação da referida Súmula: está, pois, implícito na redação "é inconstitucional". No entanto, para se esclarecer a razão da inconstitucionalidade se deve buscar a resposta nos precedentes que originaram a referida Súmula. *Tem-se aqui um paradoxo: uma Súmula alberga o Motivo Determinante, mas não o esclarece*. Para a sua reconstrução, o aplicador, que porventura necessite ou que queira saber a *ratio decidendi*, até para verificar se a Súmula foi superada ou apresenta situações que devam ser distintas, deve ir aos precedentes que deram origem àquela. Ao legislador e ao Constituinte Derivado também interessa saber a *ratio decidendi* para modificação eventual da situação fática/normativa mantida pelo STF. Para se saber o Motivo Determinante, deve-se recorrer aos precedentes que originaram o verbete, que, no caso, verifica-se que o parâmetro constitucional utilizado como controle das leis estaduais e distritais foi o art. 22, XX, da Constituição Federal. Em decorrência dessa disposição, o STF afirma que a competência para legislar sobre bingos e loterias – atividades abarcadas pelo conceito de sistemas de consórcios e sorteios – é privativa da União, incorrendo em inconstitucionalidade, por vício formal, todo complexo normativo estadual ou distrital que disponha sobre a matéria. É claro que, neste caso, poder-se-á ter uma autorização legislativa federal – através de lei complementar[241] – para que os Estados possam legislar na matéria ou mesmo um sistema de consórcios e loterias que contemple as loterias estaduais.[242]

---

[241] Art. 22, Parágrafo único. Lei complementar poderá autorizar os Estados a legislar sobre questões específicas das matérias relacionadas neste artigo.

[242] Exemplificativamente, para ilustrar um dos Precedentes que deu origem à referida Súmula: "Ementa: Constitucional. Loterias. Leis 1.176/96, 2.793/2001, 3.130/2003 e 232/92, do Distrito Federal. C.F., art. 22, I e XX. II. – A Legislação sobre loterias é da competência da União: C.F., art. 22, I e XX. II. – Inconstitucionalidade das Leis Distritais 1.176/96, 2.793/2001, 3.130/2003 e 232/92. III. – ADI julgada procedente". (STF, ADI n. 2847, Rel. Min. Carlos Velloso, DJ 26 de novembro de 2004).

Nas Súmulas, como já foi aqui referido, importa estabelecer a reconstrução do significado a partir dos precedentes que lhe deram origem. Se os debates legislativos têm menor interesse quando se trata da interpretação do Direito Legislado, na questão das Súmulas, os precedentes adquirem fundamental relevo para se descobrir o alcance da norma sumulada, eis que é um Texto dependente de uma série de "reiteradas decisões" – ao menos quando se cumpram os requisitos exigidos na Constituição.

Realizou-se até aqui a defesa de dois pontos: a) de que não é pacífico e é problemático assumir que os Motivos Determinantes (das decisões abstratas) tenham Efeito Vinculante; b) *que esta prática de atribuir Efeito Vinculante ao Motivo Determinante foi assumida, no seu campo de atuação, pelas Súmulas Vinculantes.* Ainda, é preciso estabelecer que o efeito geral é uma extensão para todos (uma pequena tautologia necessária) da decisão do STF, ou seja, que esta obriga e estende-se a todos (órgãos públicos e particulares); em contrapartida, o Efeito Vinculante agrega um elemento de reforço em caso de desrespeito que é o cabimento da Reclamação.

Ao estabelecer este ponto genérico, vão-se abordar as demais questões do Efeito Vinculante nas Súmulas.

2.4. Efeitos vinculantes da Súmula e atividade interpretativa

"Os precedentes são como o vinho:
melhoram até uma certa idade e depois estragam".
Allen C. K.

O art. 103-A da CF prescreve que "o Supremo Tribunal Federal poderá (...) aprovar Súmula que, a partir de sua publicação na Imprensa Oficial, terá Efeito Vinculante em relação aos demais órgãos do Poder Judiciário e à Administração Pública Direta e Indireta, nas esferas federal, estadual e municipal".

A Constituição adota para as Súmulas Vinculantes sistema semelhante ao do Efeito Vinculante que já havia adotado para o controle de constitucionalidade. Há, pois, vinculação, um sistema reforçadamente obrigatório das Súmulas para os órgãos do Poder Judiciário – com exclusão do STF ("demais órgãos") – e para a Administração Pública.[243] A

[243] Conforme Mendes segundo a doutrina dominante, são as seguintes as conseqüências do Efeito Vinculante para os não partícipes do Processo: "(1) ainda que não tenham integrado o Processo os órgãos constitucionais estão obrigados, na medida de suas responsabilidades e atribuições, a tomar as necessárias providências para o desfazimento do estado de ilegitimidade; (2) assim, declarada a inconstitucionalidade de uma lei estadual, ficam os órgãos constitucionais de outros Estados, nos quais vigem leis de teor idêntico, obrigados a revogar ou a modificar os referidos textos legislativos; (3) também os órgãos não-partícipes do Processo ficam obrigados a observar, nos limites de suas atribuições, a decisão proferida, sendo-lhes vedado a adotar conduta ou praticar ato de teor semelhante

vinculação da Administração Pública foi uma resposta a um excesso de litigiosidade da Administração, um dos maiores clientes do Judiciário.[244] O Efeito Vinculante é dirigido aos Poderes Públicos; entretanto, como decorrência indireta desta obrigatoriedade de reforço, o Efeito Vinculante atinge aos privados, o que decorre da busca dos ideais de segurança jurídica, como a previsibilidade e a estabilidade.

A Constituição estabelece que o Efeito Vinculante das Súmulas deverá ocorrer somente a partir da publicação no Diário Oficial.[245] Não se pode, em decorrência disso, utilizar o instrumento de cumprimento do Efeito Vinculante – a Reclamação – antes de a Súmula ser publicada. Isto não significa que não se possam empregar outros instrumentos em sua aplicação que formam o sistema complementar referido no início deste item.[246] A Ministra Ellen Gracie, atenta a este programa normativo, seguiu esta linha de raciocínio, em decisão monocrática, ao apreciar impugnação contra decisão proferida pelo Juízo de Direito da 3ª Vara Cível da Comarca de Diadema/SP que, nos autos de ação civil pública ajuizada pelo Ministério Público do Estado de São Paulo, teria afrontado a Súmula Vinculante n. 2. Tratava-se de um caso em que o ato impugnado foi proferido em 09.2.2007 (fls. 29-31), data anterior à publicação da Súmula Vinculante n. 2 na Imprensa Oficial, ocorrida em 06.6.2007. A Ministra, assim, reproduziu a *ratio decidendi*: "inexiste ofensa à autoridade de pronunciamento da Corte se o ato de que se reclama é anterior à decisão por ela emanada".[247]

àquele declarado inconstitucional pelo *Bundesverfassungericht* (proibição de reiteração em sentido lato: *Wiederholungsverbot im weiteren Sinne oder Nachahmungsverbot*). A Lei do Bundesverfassungsgericht autoriza o Tribunal, no Processo de recurso constitucional (Verfassungsbeschwerde), a incorporar a proibição de reiteração da medida considerada inconstitucional na parte dispositiva da decisão (§ 95, I, 2)". Ver: MENDES, 1999, op. cit., p. 445.

[244] Neste sentido, ver: MANCUSO, 2005, op. cit., p. 713.

[245] Registro a defesa de Kiyoshi Harada, no sentido da eficácia imediata da Súmula Vinculante. Ver: HARADA, Kiyoshi. Eficácia imediata da Súmula Vinculante. *Jus Navigandi*, Teresina, ano 12, n. 1863, 7 ago. 2008. Disponível em: <http://jus2.uol.com.br/doutrina/texto.asp?id=11577>. Acesso em: 31 jul. 2009. No entanto, os argumentos apresentados estão no campo da conveniência e não no campo jurídico. É possível que o Judiciário e a Administração, a partir da edição do Enunciado, possam acatar o posicionamento do STF, mas o Efeito Vinculante, diante do texto Constitucional, somente após a edição da Súmula.

[246] Essa complementaridade é entendida como necessária, por isso o STF, durante a sessão plenária que aprovou a 11ª Súmula Vinculante, decidiu "também, conferir a todas as demais Súmulas Vinculantes caráter impeditivo de recursos. Isto significa que as decisões tomadas com base no entendimento do STF não serão passíveis de recurso." (publicado no *site* do STF em notícias: <http://www.stf.jus.br/portal/cms/verNoticiaDetalhe.asp?idConteudo=94536>).

[247] A Ministra cita em seu apoio os seguintes precedentes: "Nesse sentido foram as decisões proferidas nas Reclamações 1.723-AgR-QO/CE, rel. Min. Celso de Mello, DJ 08.6.2001; 1.114/MG, rel. Min. Ellen Gracie, DJ 12.3.2002; 3.478/DF, 3.743/DF e 3.748/DF, rel Min. Cezar Peluso, DJ 16.9.2005; 3.650/DF e 3.758/DF, rel. Min. Carlos Velloso, DJ 02.2.2006 e 15.12.2005. Na Rcl 3.478/DF, esse Supremo Tribunal Federal, por decisão da lavra do Min. Cezar Peluso, fixou o seguinte entendimento, *in verbis*: '1. Trata-se

Como dito acima, o Efeito Vinculante não atinge o STF como permissão de abertura para revisões e cancelamentos, que podem ser feitas de forma direta ou incidental, nos recursos, nas ações ordinárias e nas Reclamações. Mais do que nunca, é uma janela para que o Direito sempre possa se renovar, quando necessário, graças à abertura das questões constitucionais[248] que permitem superar entendimentos que se considerem ultrapassados e evitar o congelamento da Jurisprudência. No entanto, isso não significa que o STF se deva afastar da sua Súmula (do seu precedente vinculante) sem um motivo consistente e uma explicação adicional, tendo aquela um efeito horizontal. A Súmula Vinculante tem para o STF um efeito de diretriz reforçada, que só pode ser abandonado quando estão presentes os requisitos – como exigência da segurança jurídica – da previsibilidade e da igualdade. Portanto, em certa medida, há também uma vinculação – em sentido fraco – do STF.[249] A superação – a revisão e a não aplicação – de uma Súmula deve ser feita com uma motivação re-

---

de reclamação, com pedido de efeito suspensivo, proposta pela Fundação Universidade de Brasília, contra ato do Juiz da 4ª Vara Federal do Distrito Federal, que, nos autos do MS (...) determinou cumprimento da sentença, com conseqüente renovação da matrícula da recorrente (...). Inconformada a impetrante requereu ao Juiz da Seção Judiciária do Distrito Federal que fizesse cumprir sua sentença, tendo o Juiz determinado à ora reclamante que assegurasse a renovação da matrícula (...). No caso, a sentença é anterior à decisão desta Corte na ADI n. 3.324, de 16 de dezembro de 2004, e cujo acórdão só foi publicado em 1º de fevereiro deste ano, (...). Incide, então, a regra da eficácia precedente. A ordem judicial atacada, expedida em 30 de junho de 2005, à vista do aberto descumprimento da sentença, não caracteriza decisão que, afrontando autoridade de julgado do Supremo, justifique uso da reclamação. É que esta, segundo entendimento não menos aturado e velho, não figura sucedâneo de recurso nem de ação rescisória, que o sucumbente tem o ônus de interpor ou ajuizar para exigir, aí sim, ao órgão competente, observância à decisão vinculante desta Corte. (...) E a razão óbvia é porque, em hipóteses que tais, não se caracteriza decisão que traduza desrespeito à autoridade de decisão anterior desta Corte (art. 102, I, 'l' da CF), senão apenas contradição lógico-jurídica entre julgados, remediável por outras vias. O efeito regular *ex tunc*, inerente aos acórdãos que, em ação direta, pronunciem inconstitucionalidade, não autoriza a quem se assujeite aos efeitos de decisão judicial anterior a descumpri-la, porque lhe não desfaz *ipso facto* a eficácia própria. Nem dá, por conseguinte, ao juízo que a prolatou, esgotando seu ofício jurisdicional, o poder de a cassar, reformar, nem rescindir, sob alegação de desconformidade com julgado posterior do Supremo. No caso, o Juízo de 1º grau já havia, na causa do Mandado de Segurança, exaurido sua jurisdição sobre o tema, quando sobreveio o julgamento que, com Efeito Vinculante e eficácia *erga omnes*, deu, na ADI 3.324, ao art. 1º da Lei n. 9.536/97, interpretação conforme à Constituição da República, de modo que se não tipificava aí situação de ato decisório que, ofensivo à autoridade do julgamento desta Corte, desafiasse uso da Reclamação. O ato do MM. Juiz limitou-se a impor, como devia, o cumprimento da sentença anterior, sujeito a recurso sem efeito suspensivo, sem inovar coisa alguma à sua eficácia, nem poder rescindi-la." (DJ 16/09/2005)

[248] SCHLAICH, 1981, op. cit., p. 38.

[249] Aulis Aarnio expressa que os precedentes podem ter uma força legal (*de jure*) ou fática (*de facto*): "La primeira significa que um jez puede ser acusado de mal desempeño de sus funciones si no toma em cuenta um precedente al decidir um caso de tipo similar. Com outras palabras, la observância del precedente está legalmente sancionada. Por outra parte, la fuerza obligatoria fáctica de um precedente tiene solo ele carácter de uma directriz. Así, um fuerte peso vinculante de un precedente puede significar que si ele precedente no es seguido por ele Tribunal inferior, es sumamente probable que ele caso sea decidido de manera diferente – y de acuerdo com ele precedente – em um Tribunal superior, por ejemplo, la Corte de Apelaciones o la Corte Suprema". Ver: AARNIO, Aulis. *Lo racional como razonable*: um tratado sobre la justificación jurídica. Madrid: Centro de Estúdios Constitucionales 1991. p. 126.

forçada,[250] pois, no caso de um precedente qualificado por um Enunciado Sumular, deve haver uma explicação reforçada dos motivos que levaram a se afastar do critério expresso nesta norma: "Quem resolve desprezar um precedente, assume o ônus da argumentação, pois não parece sensato abandonar-se, sem melhores razões em contrário, um entendimento até então prevalecente".[251] Toda vez que se afasta de uma Norma Sumular deve-se fazê-lo com base em argumentos sólidos, reforçados, para se demonstrar que não é o caso de se aplicar a Súmula.

2.4.1. A Súmula Vinculante e a atividade do legislador

A Súmula vincula o legislador? A resposta apressada – literal – indicará um não conclusivo, visto que não está prevista a abrangência do Efeito Vinculante ao legislador no Texto Constitucional. No entanto, há ressalvas que precisam ser feitas em relação à compreensão da vinculação do legislador.

No Brasil, de modo geral, o Efeito Vinculante, por expressa disposição normativa constitucional, não inclui o Legislativo, com exceção do art. 10, § 3º, da Lei n. 9.882/99, que regulamente a ADPF, que preceitua que "a decisão terá eficácia contra todos e Efeito Vinculante relativamente aos demais órgãos do Poder Público". Este Texto Normativo pode fazer parecer que, à primeira vista, o legislador quis se vincular. No entanto, ainda não há notícia de utilização ampliativa deste efeito direto, como se poderia fazer pressupor no Texto Legal, sem amparo no Texto Constitucional. A hipótese que se pode levantar aqui é o fato de que se quisesse com a ADPF algo semelhante a *VerfassungBeschwerde*[252] do Direito alemão, em que se concebe o Efeito Vinculante com esta extensão. Contudo, não se pode admitir que o legislador ordinário ultrapasse as fronteiras, estabelecendo em Texto Infraconstitucional o que sequer foi escrito na Constituição e que não foi previsto para outros institutos idênticos (ADI, ADC).

---

[250] Referindo-se ao caso alemão, ver: MENDES, Gilmar Ferreira; COELHO, Inocêncio Mártires; GONET BRANCO, Paulo Gustavo. *Curso de Direito Constitucional*. 3 ed. rev. e atual. São Paulo: Saraiva, 2008, p. 602.

[251] COELHO, Inocêncio Mártires. *Interpretação constitucional*. Porto Alegre: Sergio Antonio Fabris Editor, 2003. p. 71.

[252] Neste sentido, ver: SILVA, José Afonso da. *Curso de Direito Constitucional positivo*. 9. ed. São Paulo: Malheiros, 1997. p. 488. Em sentido contrário com crítica a isso, ver: CLÈVE, 2000, op. cit., p. 408-409: "o *Verfassungsbeschwerde* não pode, porém, sem mais, ser transplantado para o Brasil. A imensa maioria dos recursos constitucionais propostos, perante a Corte Constitucional alemã, impugnam decisões judiciais. Ora, no Brasil, o recurso extraordinário serve para a mesma finalidade. De modo que, entre nós, a lei haveria de conferir à argüição uma funcionalidade muito menor que a alcançada pelo recurso constitucional alemão". A investigação aqui poderia ser maior, mas podemos afirmar de qualquer forma que uma das grandes inspirações para o referido instituto foi justamente *Verfassungsbeschwerde*".

Portanto, deve-se reduzir a compreensão do referido Texto, de forma a que não compreenda a inserção da vinculação do Poder Legislativo, ou seja, deve-se fazer uma declaração de nulidade parcial sem redução de Texto, para que a expressão *Poder Público* não abranja o Poder Legislativo na sua esfera típica.[253]

Nas Súmulas Vinculantes, aplica-se o mesmo modelo geral para o legislador, ou seja, que o legislador não estaria vinculado na sua esfera típica. Entretanto, ao se fazer um exame mais detalhado do que está sumulado, verifica-se que a resposta necessita, no mínimo, de um refinamento. *Algumas Súmulas Vinculantes são dirigidas*, ao menos *indiretamente, ao legislador* como, por exemplo, o Enunciado na SV 2: "É inconstitucional a lei ou ato normativo estadual ou distrital que disponha sobre sistemas de consórcios e sorteios, inclusive bingos e loterias". A partir deste enunciado pode-se formular a seguinte pergunta: será inconstitucional qualquer lei, mesmo a editada posteriormente à edição da Súmula? A resposta, que se pode enunciar aqui, é a de que o legislador não ficaria impedido de editar lei em sentido contrário ao da Súmula. Em outras palavras, o Poder Legislativo não está vinculado na sua esfera típica, podendo reeditar normas com idêntico conteúdo das que foram editadas anteriormente, tendo como consequência que se deva proceder à nova aferição de constitucionalidade – ou seja, à declaração de inconstitucionalidade – para que a norma seja expungida do ordenamento jurídico.[254] A posição foi reafirmada recentemente pelo STF: a edição de lei com idêntico conteúdo a que serve de paradigma à Súmula não configura ofensa à autoridade da decisão do STF.[255] Certamente, a eficácia geral e o Efeito Vinculante de decisão, proferidos pelo Supremo Tribunal Federal, em ação direta de constitucionalidade ou de inconstitucionalidade de lei ou ato normativo

---

[253] Registro o posicionamento de MORAES, Alexandre. *Jurisdição Constitucional e Tribunais Constitucionais*: garantia suprema da Constituição. São Paulo: Atlas, 2000. p. 273, para quem "Em relação ao legislador, os Efeitos Vinculantes atuam no sentido de impedir que editem novas normas com idêntico fundamento conteúdo ao daquela anteriormente declarada inconstitucional; ou, ainda, normas que convalidem os efeitos da norma declarada inconstitucional ou anulem os efeitos da decisão do STF". Roger Stiefelmann Leal (LEAL, 2006, op. cit., p. 160, na nota 498) reputa como curiosa tal posição. Entendemos que aqui se trate realmente de transladar uma posição do Direito Comparado, sem os devidos filtros necessários no Direito nacional.

[254] "A mera instauração do Processo de controle normativo abstrato não se reveste, só por si, de efeitos inibitórios das atividades normativas do Poder Legislativo, que não fica impossibilitado, por isso mesmo, de revogar, enquanto pendente a respectiva ação direta, a própria lei objeto de impugnação perante o Supremo Tribunal, podendo, até mesmo, reeditar o diploma anteriormente pronunciado inconstitucional, eis que não se estende, ao Parlamento, a eficácia vinculante que resulta, naturalmente, da própria declaração de inconstitucionalidade proferida em sede concentrada". (ADI 2.903, Rel. Min. Celso de Mello, julgamento em 1º-12-05, DJE de 19-9-08)

[255] Agravo Regimental, Rcl 2.617-AgR, Rel. Min. Cezar Peluso: "Função legislativa que não é alcançada pela eficácia *erga omnes*, nem pelo Efeito Vinculante da decisão cautelar na ação direta. Reclamação indeferida liminarmente. Agravo regimental improvido. Inteligência do art. 102, § 2º, da CF, e do art. 28, parágrafo único, da Lei Federal n. 9.868/99".

federal, só atingem os demais órgãos do Poder Judiciário e todos os do Poder Executivo, não alcançando o legislador, que pode editar nova lei com idêntico conteúdo normativo, sem ofender a autoridade daquela decisão.[256]

Sobre isso, Roger Stiefelmann Leal[257] assevera que, antes da análise do Poder Judiciário, há a possibilidade de veto pelo Executivo, embora o atual Texto da Constituição Federal que estabelece o Efeito Vinculante se refira à vinculação do administrador e não do executivo.[258] A mudança da redação não modifica a questão do poder do veto, mas não há um dever de o Executivo vetar a lei por ser inconstitucional – ou ao menos, um dever que, se desobedecido, possa gerar outro controle a não ser a possibilidade de arguição de inconstitucionalidade da referida norma –, sob pena de grave invasão em prerrogativa política do Poder Executivo. Em outras palavras, a reclamação não pode ser instrumento de controle do poder de veto do Executivo, em decorrência das mesmas razões pelas quais se entendeu que a parte mandamental da ADI por omissão não possa obrigar o Executivo a apresentar projeto de lei no prazo de 30 dias. Esta é, pois, uma cláusula de poder, que garante abertura necessária para eventualmente ocasionar mudança de entendimento.[259]

Nesse sentido, como compreender a SV 2 e Enunciados semelhantes? Poder-se-ia reformular a hipótese inicial e entender que esta não foi dirigida ao legislador, mas apenas ao Judiciário para que não seja dado

---

[256] Pretendemos fazer uma discussão própria a respeito da chamada *lei de idêntico teor* na 3ª parte do livro.

[257] LEAL, 2006, op. cit., p. 160-161.

[258] Na redação original do § 2º do art. 102, que introduziu a ADC, constava: "As decisões definitivas de mérito, proferidas pelo Supremo Tribunal Federal, nas ações declaratórias de constitucionalidade de lei ou ato normativo federal, produzirão eficácia contra todos e Efeito Vinculante, relativamente aos demais órgãos do Poder Judiciário e ao Poder Executivo". Hoje, a fórmula é mais ampla, segundo o art. 102: "§ 2º As decisões definitivas de mérito, proferidas pelo Supremo Tribunal Federal, nas ações diretas de inconstitucionalidade e nas ações declaratórias de constitucionalidade produzirão eficácia contra todos e Efeito Vinculante, relativamente aos demais órgãos do Poder Judiciário e à administração pública direta e indireta, nas esferas federal, estadual e municipal".

[259] ADO 2.061-DF Relator Min. Ilmar Galvão. Neste sentido, pode-se ler no voto: "Patente, assim, a alegada mora legislativa, de responsabilidade do Presidente da República, que justificou o ajuizamento da presente ação direta de inconstitucionalidade por omissão. De acordo com o art. 103, § 2º, da CF, 'declarada a inconstitucionalidade por omissão de medida para tornar efetiva norma constitucional, será dada ciência ao Poder competente para a adoção de providências necessárias e, em se tratando de órgão administrativo, para fazê-lo em trinta dias'. A fixação de prazo, como se vê, só tem cabimento em se cuidando de providência a cargo de órgão administrativo, o que não se verifica no presente caso, posto não se enquadrar nas atribuições administrativas do Chefe do Executivo iniciativa que, caracterizadora de ato de Poder, desencadeia Processo legislativo (cf. Manoel Gonçalves Ferreira Filho, *Do Processo Legislativo*, p. 202). Meu voto, portanto, julga procedente, em parte, a presente ação, para o fim tão somente de, declarando-o em mora no cumprimento do disposto no art. 37, X, da Constituição Federal; determinar que ao Presidente da República seja dada ciência desta decisão". (acórdão pendente de publicação)

cumprimento à lei que dispõe sobre jogos e loterias e de que, com fundamento na Súmula, possa ser declarada a inconstitucionalidade de leis com esse teor. Isso significa que se deverá utilizar dos mecanismos repressivos próprios de controle de constitucionalidade.[260] Essa hipótese acabará, por vias transversas, em impor Efeito Vinculante ao legislador, visto que se exige do Judiciário que não dê cumprimento à lei, ou seja, que se deva acolher o Motivo Determinante (como já vimos anteriormente) no julgamento do caso, a não ser quando se sustente um forte motivo para a não aplicação da Súmula, sujeita ao controle por reclamação. Como em um jogo de xadrez, se a peça que dá cobertura ao rei for movida, o rei fica em xeque.

No entanto, caso não se adotasse a tese de que o efeito ao legislador é indireto, o Processo de verificação da constitucionalidade deveria ser iniciado totalmente, com ampla liberdade ao Judiciário para apreciar a questão. Então, a hipótese possível seria aplicar o Enunciado como Jurisprudência (precedente) e não aplicar o seu Efeito Vinculante.

Provavelmente este seja o ponto mais controverso: ao instituir uma Súmula Vinculante, em matéria de interpretação constitucional de um Texto Constitucional, há uma clara limitação dirigida ao legislador, o que pode significar uma *petrificação* – no entanto, é bom recordar que pedras podem ser polidas ou quebradas – de uma determinada interpretação, especialmente quando a Súmula alberga o Motivo Determinante de uma controvérsia a respeito da Norma Constitucional. Neste ponto, parece restar apenas o caminho de Reforma da Constituição, o que talvez, ainda possa ser bloqueada por outros instrumentos, quando envolver interpretação de cláusula pétrea.

---

[260] Neste sentido, decisão monocrática do Min. Marco Aurélio, na Rcl 5315, Relator(a): julgado em 20/03/2008. DECISÃO RECLAMAÇÃO – IMPROPRIEDADE – NEGATIVA DE SEGUIMENTO AO PEDIDO. 1. Eis as informações prestadas pelo Gabinete: O Ministério Público do Estado da Paraíba propõe reclamação contra a LOTEP – Loteria do Estado da Paraíba. Sustenta que a Lei estadual n. 7.416, de 10 de outubro de 2003, que disciplinou, no âmbito do Estado, os jogos de bingos eletrônicos é inconstitucional, estando em confronto com o Verbete n. 2 da Súmula Vinculante, editado pelo Supremo. Requer, então, que, em conformidade com o disposto no art. 158 do Regimento Interno desta Corte, seja determinada a suspensão de todo e qualquer ato administrativo da Lotep que contrarie o referido Verbete e anulados todos aqueles que autorizam a exploração de bingos, como o BIG PRÊMIOS, demais loterias, como videoloterias, e máquinas caça-níqueis. 2. Inicialmente, consigno que a demora no exame do pedido veiculado nesta reclamação decorreu da sobrecarga invencível de processos suportada pelos integrantes do Supremo. Ao ano, são distribuídos mais de dez mil. Acresce que, simultaneamente, tenho atuado no Tribunal Superior Eleitoral não só no exercício judicante, como também no administrativo. Pretende-se conferir ao Verbete n. 2 da Súmula Vinculante alcance que não possui – o de, implicitamente, fulminar ato normativo abstrato autônomo. Em última análise, busca o Ministério Público da Paraíba, mediante peça subscrita pelo Promotor de Justiça Arlan Costa Barbosa, a declaração de inconstitucionalidade da Lei estadual n. 7.416, de 10 de outubro de 2003. Para chegar-se a tanto, indispensável é a utilização do instrumental próprio, ou seja, de Processo jurisdicional voltado ao crivo cabível. Não se está diante de ato do Judiciário que, em contrariedade ao citado verbete, haja assentado a harmonia da lei estadual com a Constituição Federal. 3. Ante o quadro, nego seguimento ao pedido. 4. Publiquem. Brasília, 20 de março de 2008.

O que foi dito acima pode ser melhor explicitado no que concerne ao Parlamento. Por isso, faz-se aqui um tentativa de sistematização. Quanto às Súmulas Vinculantes, pode-se formular as seguintes situações: Súmulas que foram expedidas, tendo em sua base: (a) ato infraconstitucional (como lei ordinária, lei complementar, medidas provisórias e outros atos considerados leis em sentido material); (b) Súmulas que tenham em sua base norma constitucional; (c) Súmulas que tenham por base norma constitucional intangível (cláusula pétrea). Pode-se dizer que em (a) e (b) o Parlamento, seguindo o procedimento Legislativo adequado, pode mudar o *conteúdo* do que foi sumulado. Em (c) essa modificação é vedada, quando puder levar a abolição da cláusula pétrea, transformando, neste ponto, o conteúdo sumulado em intangível ao Parlamento. É claro que estas espécies legislativas que estão na base do ato sumulado podem cruzar-se na prática e serem oriundas de várias passagens textuais de vários diplomas, mas sempre tendo como base uma questão constitucional.

Ainda, sobre o assunto, a sucessão (superveniência) de novos padrões legislativos leva também a superação do precedente na *Common Law*. No nosso Direito, como foi dito, a Súmula é editada com base em determinado parâmetro constitucional ou infraconstitucional. Os novos padrões legislativos são aplicados para o futuro e não para o passado, a não ser quando a lei possa retroagir no Direito brasileiro – a *lex mitior* no Direito Penal, por exemplo.[261]

A sucessão como em (a) pode colocar ainda outra questão. Digamos que a SV "S1" foi enunciada, tendo como base uma Lei "L1", sucedida pela lei "L2". A Súmula, em se modificando o parâmetro normativo, perde, em princípio, a sua razão de ser. Por hipótese, a lei "L1" tem conteúdo *idêntico* (semelhante) à Lei "L2". Há, de fato, uma intensa atividade para determinar a identidade, pois sempre é uma identidade de categorias ou de propriedades, mas que não se põe em dúvida quando uma lei repete as palavras de outra (identidade completa). Editada uma nova lei com conteúdo idêntico, a Súmula poderá ser aplicada?

Têm-se aqui duas situações. Pode-se dar que as leis "L1" e "L2" sejam inconstitucionais em seu conteúdo: mantém-se o Efeito Vinculante da Súmula? Duas respostas podem ser dadas: (a) quem responder que o Motivo Determinante, albergado por Súmula, vincula o legislador, a resposta é que a Súmula mantém o seu Efeito Vinculante. Contudo, podemos introduzir um novo argumento: (b) como permanece íntegro o poder difuso/incidental de declarar a inconstitucionalidade pode ser declarada a inconstitucionalidade da Lei "L2" incidentalmente e se decidir que não

[261] Também assim é na *Common Law*, ver: CRISCUOLI, Giovanni. *Sintesi delle fonti del Diritto inglese.* Milano: Giuffrè Editore, 2001. p. 97.

houve uma sucessão válida para a Lei "L1" – neste caso, a Súmula manter-se-ia íntegra. Esse raciocínio da lei sucessora que foi tomada como parâmetro constitucional requer então uma reformulação do Enunciado: *para ocorrer a superação legislativa, ela deve ser uma ocorrência válida, ou seja, não ser inconstitucional*. A validade da superação é feita em cada aplicação, pois a atividade de escolha das normas do Direito Legislado permanece, sendo uma atividade a ser realizada pelo julgador. Sem sombra de dúvida, deve haver o confronto da norma com a do sistema constitucional.[262]

A segunda situação é a de que a Lei L2 é constitucional e o conteúdo idêntico da Lei "L1" – neste caso, não se modifica a situação jurídica apresentada.

Igual situação ocorre quando há mudança do parâmetro constitucional, o que induz a uma superação da Súmula. Em linguagem mais formalizada, pode-se dizer que a Súmula "SV Y" tem como parâmetro constitucional "PC1"; este parâmetro, por sua vez, foi sucedido pelo parâmetro "PC2". Ora, se "PC2" for inconstitucional – por infringir o Processo Legislativo constitucional ou por ferir cláusula pétrea –, será nulo, logo permanece a aplicação do parâmetro anterior que deu origem à Súmula e esta permanece com o seu Efeito Vinculante.

A Súmula Vinculante facilita o trabalho do julgador (e do aplicador), porém não elide a exigência de que este seja operoso, um intérprete cioso a verificar as situações às quais se aplica para adaptar o Direito a cada classe de casos.[263] Se, para abandonar o precedente, como referido acima, deve-se motivar reforçadamente, isso não significa que também não se devam enfrentar argumentos que se propõem a distinguir o caso em relação à Súmula aplicável *prima facie*, de forma a considerar esta últi-

---

[262] Parece que cada vez mais seja necessário introduzir um capítulo nos comentários à LICC sobre a sucessão de normas, envolvendo a sucessão de atos legislativos (*lato sensu*) e Súmulas de Efeito Vinculante ou não.

[263] O temor de um Juiz inerte intelectualmente é expresso na doutrina, como, por exemplo, MARINELLI, 1996, op. cit., p. 302: "Ma qui si riaffaccia un' insopprimibili amvalenza. Accanto Allá fruizione aprpropriata dei precedenti vi è Il facile allettamento Del loro uso passivo ed acrítico. La tendenza ad adagiarsi sulle abitudini frena la crescita intellettuale e culturale, e Il precedente produce 'inerzia' anche in questo senso deteriore Del termine. Il rapporto auntentico con gli altri e con Le cose non può non avere unímpronta originale, personale, e ciò è incompatibilidade con una routine che non sia interrotta, quando ocorre, da volontè e capacita di 'pensiero divergente'". Também faz igual alerta de José Carlos Barbosa Moreira, referindo-se ao julgamento antecipado, mas cujas razões valem também aqui: "mas a lei do menor esforço quase fatalmente induzirá o Juiz menos consciencioso a enxergar identidade onde talvez não exista mais que vaga semelhança. A tentação da facilidade será forte demais, sobretudo quando grande a carga de trabalho que estiver assoberbando o Magistrado. Em não poucos casos, ante a primeira impressão do *déjà vu*, a própria leitura da petição inicial corre o perigo de ver-se truncada, ou reduzida a sumária olhadela, desatenta a argumentos porventura novos que o autor suscite. Não se poderá contar muito, por parte do Juiz, com o emprenho – tão desejável – em uma reflexão constantemente renovada sobre as questões de Direito que lhe incumbe enfrentar." Ver: BARBOSA MOREIRA, José Carlos. *Temas de Direito Processual* (nona série). São Paulo: Saraiva, 2007. p. 312.

ma prejudicada. Constitui dever do julgador (e do administrador), neste caso, analisar os argumentos que são apresentados para a prestação jurisdicional efetiva, corolário do devido Processo legal, que busca, antes de mais nada, uma decisão justa e que pressupõe um Processo justo, que leve em consideração as razões apresentadas, embora possa ser concisa a fundamentação.[264]

2.4.2. *Súmula Vinculante e* Common Law. *Aproximações e diferenças. Questões interpretativas*

É importante ressaltar também que a Jurisdição Constitucional brasileira aproximou-se do modelo das Cortes Constitucionais, como o alemão. A introdução das Súmulas Vinculantes, a sua eficácia *erga omnes* e o seu Efeito Vinculante, com precedente reforçado, por outro lado, aproximam-se da *Common Law*,[265] especialmente o modelo norte-americano,[266] que possui uma Constituição escrita[267] e uma Suprema Corte influente.[268]

---

[264] Neste sentido, ver: WETZEL DE MATTOS, Sérgio Luís. O princípio do devido Processo Legal revisitado. *Revista da Ajuris*, Porto Alegre, v. 32, n.97, p. 265-290, mar. 2005.

[265] Para René David, a diversidade dos direitos é grande, mas se consideram as regras e os elementos fundamentais e mais estáveis. De acordo com o autor, a grande finalidade de tal divisão é didática, valorizando as semelhanças e diferenças que existem entre os diferentes sistemas jurídicos. Por isso, ele utiliza três grandes famílias: (1) *Common Law*, (2) romano-germânica, que também pode ser denominada de *Civil Law* e (3) direitos socialistas. Ver: DAVID, René. *Os grandes sistemas do Direito contemporâneo*. Martins Fontes, 1986, p. 16-17.

[266] Segundo René David, o Direito dos Estados Unidos mantém a estrutura básica da *Common Law*, concebido como um Direito Jurisprudencial: "as regras formuladas pelo legislador, por mais numerosas que sejam, são consideradas com uma certa dificuldade pelo jurista que não vê nelas o tipo normal da regra de Direito; estas regras só são verdadeiramente assimiladas ao sistema de Direito americano quando tiverem sido interpretadas e aplicadas pelos tribunais e quando se tornar possível, em lugar de se referirem a elas, referirem-se às decisões judiciárias que as aplicaram. Quando não existe precedente, o jurista americano dirá naturalmente 'There is no law on the point' . Não há Direito sobre a questão, mesmo se existir, aparentemente, uma disposição de lei que a preveja". Ver: ibid., p. 369. Uma diferença fundamental, no entanto, é a existência de um Direito Federal e um Direito dos Estados. Acrescente-se ainda um Direito Constitucional, que admite, como já foi aqui trabalhado, um amplo controle de constitucionalidade.

[267] "La Constitución de los Estados Unidos entró em vigencia em El año de 1789 y, com la sola excepción de los Estados de La Confederación sureña durante la Guerra Civil, ha funcionado sin interrupción como Ley Fundamental Del país desde aquel año. Esta vida relativamente larga se debe en grande al hecho en que, desde El principio, la Constitución há sido no solamente uma declaración de princípios, sino también um sistema de normas jurídicas. Esta realidade se hizo clara em ele famoso caso de 'Marbury vs. Madison'. El razonamiente Del Juez Presidente John Marshall em 'Marbury' estableció que la Consitución es uma ley y como cualquier outra ley, puede ser ele fundamento de um reclamo o defesa em juicio ordinario". Ver: BARKER, Robert. El control de constitucionalidad em los Estados Unidos de Norteamerica. In: BAZÁN, Víctor (coord.). *Desafios del Control de Constitucionalidade*. Buenos Aires: Depalma, 1996. p. 287-288.

[268] Segundo FACCHINI NETO, Eugênio. Estrutura e funcionamento da Justiça norte-americana, *Revista da Ajuris*, n. 113, p. 166-176, mar. 2009: "A Suprema Corte é o único órgão Judiciário expressamente previsto na própria Constituição Federal. Tratava-se de uma previsão genérica, pois sequer

De certa forma, volta-se ao início com a atuação do nosso Supremo,[269] inspirado no modelo norte-americano, e com uma restrição mais significativa da atuação do Senado Federal no controle incidental difuso,[270] ao possibilitar que seja possível a eficácia geral, independentemente da atuação deste último, embora se exija uma reiteração de decisões e não apenas uma declaração, que pode ser o caso de atuação do Senado e que pode não atuar devido ao seu poder discricionário.

O sistema da *Common Law*[271] estabelece o Efeito Vinculante dos precedentes[272] ligado ao instituto do *stare decisis*,[273] ou seja, ao precedente

---

era indicada a composição daquela Corte (...) Seria, porém, redutiva a visão da Suprema Corte simplesmente como órgão de cúpula do sistema Judiciário federal norte-americano. Trata-se verdadeiramente de um super-poder. Embora tenha mantido a fragilidade que sempre caracterizou o Poder Judiciário, isto é, um órgão sem iniciativa, sem controle da força pública e sem possibilidade de impor tributos, soube ela conquistar um relevantíssimo papel institucional" Na nota de rodapé 73, do referido artigo consta: "O carisma que recobre a Suprema Corte sempre impressionou os juristas de épocas e países diversos. Discorrendo sobre a renovação do Direito e das suas instituições, na Alemanha do pós-guerra (1946), Gustav Radbruch afirmou, por exemplo, que modelo para un Tribunal superior alemán deve ser la *Supreme Court,* la más elevada Corte de los Estados Unidos, el más poderoso Tribunal que conoce la tierra. El controla toda la maquinaria estatal de los Estados Unidos en sus funciones legales, y garantiza los derechos fundamentales de la Constitución. En su seno han ocurrido los grandes cambios en la concepción americana del derecho. Así se realizó en lo esencial el cambio hacia el derecho social".

[269] Nesta pesquisa, as referências históricas são realizadas apenas quando necessárias ao deslinde de uma questão, no entanto, um aspecto curioso de uma regra de vinculação deve ser recordado, a saber, o Decreto 23.055, de 09 de agosto de 1933, que estabelecia: "Art. 1°. As justiças dos Estados, do Distrito Federal e do Territorio do Acre devem interpretar as leis da União de accôrdo com a jurisprudência do Supremo Tribunal Federal. § 1° Sempre que os julgamentos das mesmas justiças se fundarem em disposição ou princípio constitucional ou decidirem contrariamente a leis federaes, ou a decretos ou actos do Governo da União, o presidente do Tribunal ou da Camara respectiva, a quem couber, recorrerá 'ex-officio" para o Supremo Tribunal Federal, com effeito suspensivo, dentro do prazo de três dias contados da publicação do respectivo accordam". Pelo teor do texto, vê-se a extensão de um sistema centralizado no STF e com "efeito obrigatório" de seguir a sua jurisprudência.

[270] Contudo, não se pode admitir a hipótese formulada por Gilmar Mendes de que a superação seja total, pois, para a expedição das Súmulas com Efeitos Vinculantes, devem estar presentes os seus requisitos, como a repetição de casos, enquanto que o Senado Federal pode atuar diante de uma única decisão.

[271] Sobre os elementos de virtudes da aplicação da teoria do *stare decisis,* remetemos a três estudos. O primeiro é a monografia de DIAS DE SOUZA, 2006, op. cit., p. 296-307, em que destaca a estabilidade, a previsibilidade (*certainty*) ou a certeza do Direito, a precisão (*precision*), a celeridade (*time-saving*), o aprimoramento do trabalho decisório do Juiz, a igualdade: fundamento último da Justiça. Também ver MIRANDA, Tássia Baia. Stare Decisis e a aplicação do precedente no sistema norte-americano. *Revista da AJURIS*, v. 34, n. 106, p. 259-292, jun. 2007; p. 266-269, que elenca a igualdade, a previsibilidade, a economia e o respeito. Ver também CRISCUOLI, Giovanni. Introduzione allo studio del Diritto inglese: le fonti. Milano: Giuffrè, 2000, p. 368 ss.

[272] Sobre a questão, ver aqui CRISCUOLI, 2000 op. cit., p. 61-87; ANZON, Adele. *Il valore del precedente nel giudizio sulle leggi:* l´esperienza italiana alla luce di un´analisi comparata sul regime del Richterrecht. Milano: Giuffrè, 1995. p. 23 ss; MOCCIA, Luigi. *Comparazione giuridica e Diritto europeu.* Milano: Giuffrè, 2005, p. 409-532.

[273] A expressão *stare decisis* é a abreviação de *stare decisis et non quieta movere* (aderir ao decidido e não mover o que está em repouso).

vinculante.[274] A vinculação pode ser dimensionada a partir de um ponto de vista horizontal que ocorre a partir da vinculação do próprio órgão prolator da decisão que faz a análise das semelhanças e das dessemelhanças com o caso concreto.[275] Este precedente horizontal apresenta mais flexibilidade, pois significa maior possibilidade de se reexaminar o seu próprio precedente. A dimensão vertical, por sua vez, diz respeito a uma noção muito presente na *Common Law*, que é a de hierarquia (a hierarquia na *Common Law* pressupõe autoridade e vinculação); quando não há vinculação, o precedente tem um efeito unicamente persuasivo. Como consequência, quanto maior a hierarquia, maior a obediência. Por essa razão, a Suprema Corte nos EUA vincula a todas as instâncias, enquanto que um órgão de Justiça Federal ou vice-versa não possuem vinculação entre si, mas apresentam efeitos persuasivos de seus precedentes, o que está ligado à fundamentação e ao prestígio da Corte e de seus componentes.

Sobre isso, René David esclarece que, para a aplicação da regra do precedente, exige-se a análise dos comentários (*reasons)* das decisões judiciárias, na qual o jurista deve distinguir aquilo "que constitui o suporte necessário da decisão, a *ratio decidendi* do julgamento e, por outro lado, aquilo que constitui *obiter dictum,* aquilo que o Juiz pode ter declarado sem necessidade absoluta. A *ratio decidendi* constitui uma regra jurisprudencial que se incorpora no Direito inglês e que deve, a este título, ser seguida no futuro. O valor das *obiter dicta* é unicamente um valor de persuasão dependente do prestígio do Juiz que se pronunciou, da exatidão da sua análise e de um grande número de circunstâncias, variáveis de caso para caso".[276] Antes de adotar a *ratio decidendi* – também denominada *Holding* – , o princípio de Direito, interessa ao Juiz fixar os fatos relevantes (*material facts*) da controvérsia.[277] O Direito da *Common Law* sempre é a discussão de um *case.* Os chamados *obiter dicta* são as afirmações em Direito que não constituem a *ratio decidendi* – a própria proposição de Direito não necessária –, porém enunciada *incidenter tantum,* relativa a fatos não relevantes, que têm expressão marginal e apenas valor persuasivo.

---

[274] Para ver a formação do *stare decisis* e a diferença entre "a doutrine of precedente" veja-se CRISCUOLI, op. cit., 2000, p. 330 ss.

[275] Embora se possa falar em precedente para as Cortes de Primeira Instância, de acordo com Charles D. Cole, esta expressão deve ser usada para a Corte de Segunda Instância: "Dessa forma, 'precedente' é a regra de Direito usada por uma Corte de segunda instância no sistema judiciário em que o caso está para ser decidido, aplicada aos fatos relevantes que criaram a questão colocada para a Corte para decisão. *Stare decisis* é a política que requer que as Cortes subordinadas à Corte de segunda instância que estabeleceu o precedente sigam o precedente e que disturbem um ponto estabelecido".Ver: COLE, Charles D.. in Precedente judicial: a experiência americana. *Revista de Processo,* São Paulo, v.23, n. 92, p. 78-79, out./dez. 1998.

[276] DAVID, 1986, op. cit., p. 343.

[277] ANZON, 1995, op. cit., p. 23, 27.

Julgado o caso – e a preocupação primeira é esta – vale a regra do *stare decisis*: a sentença tem autoridade de coisa julgada nos limites objetivos e subjetivos e autoridade de precedente em relação a futuras controvérsias análogas e entre partes diversas.

Em cada caso, os fatos deverão ser *reconstruídos* (mentalmente) e realizada a verificação de que eles não apresentam "diferenças razoáveis" a respeito do caso precedente, o que amplia o espectro da argumentação, já que interessa a uma das partes demonstrar que há diferença no caso em análise. Demonstrada a *identidade*, o Juiz tem o dever de aplicar o precedente.

Na comparação de casos – sempre se buscam os mais atuais –, para se encontrar a similaridade de fato e de Direito entre os casos. Quando se entende em aplicar o precedente, ocorre a *"analogizing"* ou pode ocorrer uma distinção (*distinguishing*) para se recusar o precedente, técnica rotineira da qual faz uso o Juiz.[278] Há o perigo de que seja apresentada na *Common Law* – uma distinção, pois, inapropriada.[279]

Além dessa técnica da distinção (*distinguishing*), há a possibilidade de se superar os precedentes através do *overruling*, realizada em razão de má justificação dos precedentes ou da incompatibilidade destes com a evolução do Direito, dos costumes e da sociedade. Antes de se realizar um *overruling*, analisa-se o caso e comparam-se com os possíveis precedentes, para se verificar que não se está diante de uma *distinguishing*. Havendo a distinção, estabelecer-se-á a regra para o caso, sem o risco de se desrespeitar a decisão concreta. Dito de outro modo, na distinção se manterá o respeito fundamental aos precedentes.

A busca da identidade, desta maneira, não é absoluta, mas sim a busca de uma semelhança relevante, a partir de um critério eleito.[280] Na

[278] Como refere Miranda, "não é o *distinguishing* uma exceção ou uma técnica de aplicação remota. Ele ocorre rotineiramente, visto que a atividade primeira de todo o Juiz é analisar uma caso proposto em face dos precedentes. Se não houver um precedente, é conseqüentemente necessária a análise dos fatos entre ele e o caso novo. É depois dessa comparação que se decidirá pelo uso do precedente ou pela sua rejeição". Ver: MIRANDA, op. cit., 2007, p. 275.

[279] Neste sentido, ver: CRISCUOLI, 2001, op. cit., p. 85: "Il pericolo di illogiche distinzione, conseguente al fatto che il giudice, se non vuole rispettare e seguire al principio di diritto posto da uma decisione precedente Che lo vincola, há la possibilitè di discriminare e fare distinzioni e suddistinzioni in fatto tali che lo autorizzino, almeno in apparenza, o in linea di pura logica formale, a dire che il caso portanto a sua conoscenza non è simele a quello che ha determinato la decisione precedente. Il pericolo della enucleazione di principi cotraddittori come conseguenza diretta della distinzione e suddistionzione delle fattispecie".

[280] Para Schauer, "No two events are exactly alike. For a decision to be precedent for another decision does not require that the facts of the earlier and the later cases be absolutely identical. Were that required, nothing would be a precedent for anything else. We must therefore leave the realm of absolute identity. Once we do so, however, it is clear that the relevance of an earlier precedent depends upon how we characterize the facts arising in the earlier case. It is a commonplace that these characterizations are inevitably theory-laden. In order to assess what is a precedent for what, we must engage in

verdade, existe a questão de saber qual é o precedente que se aplica ao caso atual, o que significa também um critério de relevância e semelhança.[281] Para Schauer,[282] geralmente, no momento da decisão, o operador não se preocupa com a estrita vinculação (*absoluta identidade*), mas sim com um *standard,* com uma matriz que os casos seguintes se incluirão. Ele exemplifica com o caso de uma reunião do corpo docente que aprecia um pedido de um aluno para uma ausência justificada de um exame, a fim de assistir ao funeral de sua irmã. Para ele, invariavelmente, este caso vai criar um precedente que permita aos estudantes buscarem a dispensa para assistir a funerais de avós, tias, tios, primos, sobrinhos, amigos próximos, ou seja, há uma busca de enquadrar outras situações no *standard,* ou seja, há duas formas de se ler o precedente: a dispensa ocorreu pela morte da avó; outra, a dispensa ocorre devido à morte de alguém com quem se têm relações significativas.[283]

A relevância vai estar presente na semelhança ou na diferença que deverá ser classificada pelo Juiz, ou, em outras palavras, "isso ocorre porque casos novos podem surgir apresentando certas semelhanças relevantes com os casos precedentes e certas diferenças também relevantes, fazendo com que o Juiz se encontre diante de um campo aberto de possibilidades de classificação, podendo incluir ou não o caso atual no rol dos casos precedentes. Tanto a textura aberta quanto a semelhança de família sugerem uma qualidade dinâmica na aplicação dos precedentes. Na medida em que novos casos vão se incorporando ao precedente original, novos precedentes judiciais vão se formando e os casos que vão surgindo

---

some determination of the relevant similarities between the two events. In turn, we must extract this determination from some other organizing standard specifying which similarities are important and which we can safely ignore". Ver: SCHAUER, Frederick. Precedent, *Stanford Law Review*, p. 3, February, 1987. Disponível em:< http://www.trinitinture.com/documents/schauer.pdf>. Acesso em: 10 ago. 2008.

[281] Conforme COLE, 1998, op. cit., p. 78-79: "Juízes, advogados e acadêmicos são abençoados com um método muito preciso de pesquisa jurídica nos Estados Unidos. A parte buscando encontrar um precedente anterior que controlará o caso a ser julgado precisa determinar primeiramente os fatos relevantes do caso, e, então, a questão de Direito que precisa ser decidida pela Corte. A questão jurídica a ser pesquisa é a questão a ser decidida, no contexto dos fatos relevantes do caso que são importantes para a Corte ao prolatar a decisão, i.e., que princípio de Direito a Corte deveria aplicar à questão que ela precisa decidir para julgar o caso (...) Deve-se admitir que advogados na cultura jurídica dos Estados Unidos são geralmente supertreinados e apresentam em seus currículos de prática de fase instrutória e de julgamento de caos, grande parte da autoridade jurídica aplicável ao caso em primeira instância. Os advogados também desempenham um papel importante oferecendo argumentos a favor e contra os precedentes que eles afirmam ser vinculantes às Cortes Superiores em grau de recurso" .

[282] SCHAUER, 1987, op. cit., p.4 ss.

[283] Quando o STF decide que "nos processos perante o Tribunal de Contas da União asseguram-se o contraditório e a ampla defesa quando da decisão puder resultar anulação ou revogação de ato administrativo que beneficie o interessado, excetuada a apreciação da legalidade do ato de concessão inicial de aposentadoria, reforma e pensão", a matriz aplicar-se-ia a outros Tribunais de Contas, e não apenas aos da União.

passam a ser cotejados com uma pluralidade de precedentes diversificados, isto é, que apresentam apenas semelhanças de família. É concebível que apareça um caso novo que não seja suficientemente semelhante ao caso precedente original em todos os aspectos relevantes, mas em função da existência de um outro caso precedente relativamente semelhante ao caso presente, receba o mesmo tratamento dado ao caso original. Conforme novos casos são projetados, se incorporando a uma mesma linha de precedentes ou não, as regras passíveis de serem extraídas vão se solidificando e clarificando".[284]

Alguns casos julgados pela Suprema Corte dos Estados Unidos servem para evidenciar o método do raciocínio judicial na *Common Law.*

Neste sentido, há os casos *Rasul v. Bush* (2004) e *Johnson v. Eisentrager* (1950), que dizem respeito ao tratamento a prisioneiros.[285] A base fática do caso *Johnson v. Eisentrager* foi a situação em que 21 (vinte e um) prisioneiros alemães – no final da Segunda Guerra Mundial – foram capturados na China, julgados e condenados por comissão militar na própria China e repatriados à Alemanha, onde cumpriram pena em prisão sob custódia do Exército norte-americano. Neste caso, os prisioneiros alemães foram "considerados estrangeiros inimigos e não residentes em solo americano". O caso foi à Suprema Corte que entendeu não ser cabível, tendo como base a Constituição e o disposto no Título 28 § 2243 do United States Code, estender direitos constitucionais americanos a inimigos estrangeiros que não se encontrem em área sujeita à jurisdição americana.

No caso *Rasul v. Bush*, a Corte entendeu estar presente uma distinção. Em virtude dos atentados terroristas de 11 de setembro de 2001, sob o abrigo da Autorization for Use of Military Force, que autorizava o Presidente dos EUA a "utilizar todas as forças necessárias e adequadas contra as nações, organizações ou pessoas que ele determine tenham planejado, autorizado, cometido ou auxiliado os ataques terroristas ou ainda abrigado tais organizações ou pessoas", houve a prisão de dois cidadãos australianos e de doze cidadãos kuaitianos, com a posterior entrega destes ao Exército norte-americano. Após a captura, estes foram transferidos para a Base Naval de Guantánamo Bay, Cuba, onde os Estados Unidos mantêm prisioneiros capturados no exterior.[286] O caso, através de um *writ*

---

[284] STRUCHINER, Noel. *Direito e linguagem*: uma análise da textura aberta da linguagem e sua aplicação ao Direito. Rio de Janeiro: Renovar, 2002. p. 62-63.

[285] Os casos foram relatados no trabalho de MIRANDA, 2007, op. cit.

[286] Em 2002, tais prisioneiros apresentaram à U.S. District Court for the District of Columbia a alegação de que as suas prisões eram ilegais, sob o fundamento de que "a) nunca cometeram, auxiliaram ou arquitetaram atos terroristas contra os EUA e que não estavam combatendo as forças americanas no exterior; b) suas prisões ferem o disposto nas leis americanas (Título 28 USC §§2241-2243), visto que foram encarcerados sem que houvesse acusação formal que definisse ao menos os crimes cometidos;

of certiorari,[287] foi analisado pela Suprema Corte que o diferenciou do *leading case Eisentrager*, com a revogação da decisão de Primeiro Grau e com a remessa do caso ao Juiz para a análise da questão. A distinção foi efetuada com base nos fatos de que não se tratava de cidadãos provenientes de países em guerra com os Estados Unidos, que estes prisioneiros negavam a participação em qualquer ato contra o País, os presos não foram acusados ou condenados formalmente por qualquer ato criminoso e se encontravam em prisão de controle e de jurisdição dos EUA. Ainda deve ser observado que – embora o corpo da decisão contenha a análise da situação dos prisioneiros, o fato de não serem inimigos estrangeiros e da base naval de Guantánamo Bay ser um território de exclusiva jurisdição americana – a questão determinante à concessão do *Habeas Corpus*, à luz do Título 28 §2241 do *United States Code*, foi efetivamente a alegação de que a forma da prisão (indefinida, sem julgamento ou Direito à defesa) feria as leis do País, não apresentando qualquer diferencial entre prisioneiros americanos e estrangeiros. A decisão de tal caso teve o condão de ampliar a possibilidade de impetrar *Habeas Corpus* pelos prisioneiros capturados fora do território americano.

A questão do *overruling* pode ser visualizada por uma outra série de casos: United State v. Schwimmer, 279 U.S 644 (1929); United States v. Macintosh, 283 U.S. 605 (1931); United States v. Bland, 283 U.S. 636

---

não tiveram em nenhum momento acesso a um advogado ou à defesa, como também não tiveram acesso a nenhum Tribunal; c) as condições do aprisionamento descritas pelos impetrantes mostram a inadequação do encarceramento em face dos direitos garantidos pelas leis americanas aos que enfrentam acusação e posterior julgamento. Desta maneira, alegam ter direito ao *writ* conforme o disposto no Título 28, §2241 (c) (3) do United States Code: "c) The writ of *Habeas Corpus* shall not extend to a prisoner unless – (...) (...)(3) He is in custody in violation of the Constitution or laws or treaties of the United States". No julgamento de tal pedido – recebido como *Habeas Corpus* – , a Corte negou-o, alicerçando a sua alegação de incompetência para o julgamento da questão, no precedente *Eisentrager* e no fato de os prisioneiros não se encontrarem detidos em solo americano. No mesmo sentido, em sede de apelação, a *Court of Appeals for the District of Columbia* manteve a decisão, asseverando que o precedente citado estabelecia as regras para o caso dos prisioneiros.

[287] Segundo FACCHINI NETO, 2009, op. cit., p. 172: "Do ponto de vista formal, o acesso à Suprema Corte pode se dar através de dois diferentes *writs*: o *writ of appeal* e o *writ of certiorari*. O *appeal*, que substituiu o tradicional *writ of error* da *Common Law*, confere o que se chama de *mandatory jurisdiction*, ou seja, a parte tem o Direito subjetivo de recorrer à Corte Suprema. Já quanto ao *writ of certiorari*, trata-se de um dos tradicionais '*prerogative writs*", através do qual, na originária *Common Law* inglesa, uma autoridade superior dirigia-se a um subordinado com a finalidade de rever (e eventualmente desconstituir) sua ação. Esse *writ* tradicionalmente concedia uma jurisdição discricionária, no sentido de que o cidadão interessado não dispunha de um Direito subjetivo a que a Corte tomasse conhecimento de seu caso. (...)O *writ of certioriari*, em linguagem simples, nada mais é do que um pedido apresentado pela parte vencida em instância inferior, para que a Suprema Corte se digne a tomar conhecimento do caso, emitindo uma decisão a respeito (embora normalmente no sentido de desconstituir a decisão *a quo*, a fim de que o Tribunal recorrido torne a apreciar o caso segundo a orientação dada pela Suprema Corte). A parte interessada procura convencer pelo menos quatro membros da Corte de que aquele caso merece ser analisado, devido à sua especial importância. A Corte é muito avara na concessão do *certiorari*, o que é evidenciado pelo fato de que entre os milhares de pedidos de *certiorari* que anualmente chegam à Corte, somente cerca de uma centena de casos são conhecidos."

(1931) e, por fim, Girouard v. *United States* (1946) que esclarecem tal modelo. Trata-se da questão do juramento de fidelidade aos Estados Unidos que varia de Estado para Estado, mas que mantém a fórmula: "você está disposto, se necessário for, a pegar em armas na defesa deste País?" Por motivos religiosos, Girouard, que era adventista, respondeu: "Não (não combatente)".[288]

Macintosh queria ter a reserva de não se comprometer antes e verificar se a guerra era justificável; Bland tinha escrúpulos religiosos para pegar em armas, mas trabalhou como enfermeira na guerra; Schwimmer tinha mais de 40 anos e não gostaria de pegar em armas pessoalmente. Em cada caso, são analisadas as circunstâncias fáticas e realizada a comparação com o caso anterior, para verificar se há distinções relevantes ou se estas devem seguir ao precedente. No entanto, no julgamento da questão, a cada novo caso, a Corte afirma que deve seguir o precedente, não encontrando nada que produza uma distinção relevante. Nos casos Macintosh e Bland, no entanto, há votos divergentes apresentados pelo Presidente da Corte, o Ministro Hughes, e o Ministro Stone.

Quando finalmente se julga o caso Girouard, o último da série, pela variedade de casos julgados anteriormente, verifica-se que as escusas por diversos motivos já foram analisadas e que o Congresso não havia modificado a legislação aplicável ao caso. Então a única forma de mudar é superar o precedente, reafirmando os argumentos que anteriormente foram rechaçados. Ao deferir a cidadania a Girouard, embora ele se recusasse a declarar que estava disposto a pegar em armas, o Tribunal afirmou: "Concluímos que os casos Schwimmer, Macintosh e Bland não deduzem corretamente a norma legal", ou seja, uma parcela dos Juízes propõe uma

---

[288] Conforme consta no caso Girouard v. *United States*. Disponível em:< http://caselaw.lp.findlaw.com/scripts/getcase.pl?court=us&vol=328&invol=61>: 'I hereby declare, on oath, that I absolutely and entirely renounce and abjure all allegiance and fidelity to any foreign prince, potentate, state, or sovereignty of whom or which I have heretofore been a subject or citizen; that I will support and defend the Constitution and laws of the United States of America against all enemies, foreign and domestic; that I will bear true faith and allegiance to the same; and that I takew this obligation freely without any mental reservation or purpose of evasion: So help me God.' To the question in the application 'If necessary, are you willing to take up arms in defense of this country?' he replied, 'No (Non--combatant) Seventh Day Adventist.' He explained that answer before the examiner by saying 'it is a purely religious matter with me, I have no political or personal reasons other than that.' He did not claim before his Selective Service board exemption from all military service, but only from combatant military duty. At the hearing in the District Court petitioner testified that he was a member of the Seventh Day Adventist denominat on, of whom approximately 10,000 were then serving in the armed forces of the United States as non-combatants, especially in the medical corps; and that he was willing to serve in the army but would not bear arms. The District Court admitted him to citizenship. The Circuit Court of Appeals reversed, one judge dissenting. 1 Cir., 149 F.2d 760. It took that action on the authority of United States v. Schwimmer, 279 U.S. 644 , 49 S.Ct. 448; United States v. Macintosh, 283 U.S. 605 , 51 S.Ct. 570, 75 L.E. 1302, and United States v. Bland,283 U.S. 636 , 51 S.Ct. 569, saying that the facts of the present case brought it squarely within the principles of those cases. The case is here on [328 U.S. 61, 63] a petition for a writ of certiorari which we granted so that those authorities might be re-examined.

virada na Jurisprudência – uma prática bem comum no Brasil, inclusive no STF –, acolhendo argumentos que anteriormente foram refutados. A respeito disso, pode-se citar a questão da VRG antecipada do *leasing*[289] e da possibilidade de progressão nos crimes hediondos, bem como a questão do depositário infiel referido acima. No sistema da *Common Law*, entretanto, há resistência. Os Ministros que anteriormente foram vencidos "iriam encarar essa expressa rejeição daqueles precedentes e a adoção de seu ponto de vista como uma vitória. No entanto, o Ministro–Presidente Stone dissentiu novamente no caso Girouard".[290] As palavras de Edward D. Re[291] explicam o ponto:

> Entendo que a decisão deva ser confirmada, pois o Tribunal ad quem, ao aplicar a legislação que rege o processo de naturalização, o faz tal como anteriormente construída por este Tribunal, interpretação esta que foi a seguir adotada e confirmada pelo Congresso.
>
> Stone indicava que, nos casos anteriores, a "única questão consistia na interpretação construtivista do estatuto, o qual o Congresso, em qualquer tempo, tinha plena liberdade de alterar, desde que se manifestasse desconforme com a solução adotada pela Corte". Ele disse ainda que, com três outros Juízes, havia dissentido nos casos Macintosh e Bland por razões "que agora o Tribunal adota para revertê-las". Dada sua convicção de que o Congresso havia assimilado e confirmado a interpretação construtiva da Corte nos casos anteriores, relativamente à legislação que rege a naturalização, ele entendia que a reversão desses precedentes correspondia a uma ingerência judicial que poderia desencorajar, se não mesmo denegar "a responsabilidade legislativa".
>
> Com a adesão dos Ministros Reed e Frankfurter, o Presidente Stone concluiu que: "*Não é função desta Corte desatender a vontade do Congresso no exercício de seus poderes constitucionais*".
>
> Tais casos claramente demonstram os diferentes pontos de vista que prevalecem. Stone, com efeito, afirmou que seus votos divergentes não constituíam a lei do país. Se eles de-

---

[289] A Súmula n. 263 do Superior Tribunal de Justiça, oriunda de julgamento da Segunda Seção em 08/05/2002 (publicada em DJ 20.05.2002 p. 188), dispôs que: "*A cobrança antecipada do valor residual (VRG) descaracteriza o contrato de arrendamento mercantil, transformando-o em compra e venda a prestação*". Tal decisão possui como precedentes apontados os julgamentos dos Recursos Especiais de n.: RESP 302448-SP (26/06/2001); 196873-RS (19/10/2000); 196209-RS (09/11/1999); 255628-SP (29/06/2000); 172432-RS (16/11/1999) e 181095-RS (18/03/1999), bem como AERESP n 230239-RS (23/05/2001). Observa-se, como exemplo, a fundamentação do Resp 163845-RS, em que o Min. Rel. adota o posicionamento de que, no caso do *leasing* financeiro – em que há opção de o arrendatário, ao final, adquirir o bem, renovar o contrato ou devolver o bem –, a antecipação do exercício antes do término do contrato importará em mudança do contrato para compra e venda à prestação. Todavia, tal questão foi superada a contar do julgado dos RESPs 443.143-GO e 470.632-SP, em que, na sessão de 27/08/2003, a Segunda Seção deliberou pelo cancelamento da aludida Súmula, considerando o posicionamento apresentado pelas Turmas de Direito Público, bem representado no julgamento do EResp. 213.828/RS pela Corte Especial, em 07/5/2003, a Corte Especial do STJ, em julgamento datado de 05/05/2004, editou a Súmula 293 que dispõe: "*A cobrança antecipada do valor residual garantido (VRG) não descaracteriza o contrato de arrendamento mercantil*".

[290] Conforme RE, Edward D., Stare Decisis. *Revista da Ajuris*, Porto Alegre, v. 21, n. 60, p. 104, mar. 1994.

[291] Ibid., p. 104-106.

vessem ser adotados, para produzir alteração na lei, tal como declarada nos casos anteriores, tal modificação política deveria ser feita pelo Legislativo.

Naturalmente, era preciso saber se o princípio de Direito Enunciado nos casos anteriores havia sido adotado pelo Congresso. Era preciso definir se houvera aquiescência legislativa para com a construção jurisprudencial do estatuto. Em sua divergência, o Ministro-Presidente assinalou que seis legislaturas sucessivas haviam declinado de adotar projetos ou emendas que teriam revertido as decisões de Schwimmer, Bland e Macintosh, os três casos expressamente desconsiderados pelo caso Girouard. Ele também assinalou que antes de Girouard os Tribunais Federais e Estaduais haviam consistentemente aplicado a regra ou princípio adotado nos três casos anteriores. Não havia dúvida de que tais precedentes, enquanto não-revertidos pelo caso Girouard, representavam a lei do país. Conseqüentemente, os Tribunais Federais e Estaduais tinham agido corretamente ao aplicar o princípio através deles deduzido. O Presidente Stone, de fato, citou de um caso anterior ao caso Girouard uma decisão na qual o Tribunal de Apelação assinalava que as emendas propostas à legislação haviam sido rejeitadas e afirmava: "Devemos portanto concluir que esses requisitos estatutários, na forma como foram construídos pela Suprema Corte, gozam de sanção e aprovação do Congresso".

O exemplo Girouard sugere que a filosofia de cada um a respeito da separação de Poderes entre os três ramos do Governo também pode desempenhar um papel vital, ao determinar as atitudes judiciais em relação aos precedentes e à política legislativa. São muitos os fatores que intuitiva, deliberada, ou mesmo, inconscientemente influenciarão um Juiz, ao determinar o peso a ser dado aos precedentes judiciais. Trata-se de um precedente isolado ou de uma série de decisões bem fundamentadas? Terá o precedente sido corroído por outras decisões que restringiram a sua aplicação? As alterações da situação fática terão tornado o precedente obsoleto? Com que grau de autoridade a Corte se manifestou? Certamente se o Tribunal pode decidir em termos definitivos sobre uma determinada questão, ele determinará o equilíbrio a ser alcançado entre estabilidade e alteração. O Tribunal fará um julgamento de valor quanto à conveniência de seguir o passado ou efetuar mudanças. Se a decisão for pela mudança, só podemos desejar que seja no sentido do progresso. (grifo nosso)

Nessa série de casos, pode-se bem visualizar o duplo raciocínio que é realizado na *Common Law*. O primeiro momento é verificar se há igualdade com os precedentes ou se é o caso de se operar uma distinção (*distinguishing*). Em um segundo momento, verifica-se, excepcionalmente, se o caso apresenta uma *superatio* (*overruling*). Para Stone, como o legislador ficou inerte, não caberia fazer o *overruling* com base em argumentos superados. Esta maneira de conceber a jurisdição explica porque os casos de *overruling* são raros e ocorrem em situações extremas, quando há a assunção de outros valores pela Corte (quiçá novos e que levem ao progresso). O *overruling* diante dessas questões não é uma prática tão rotineira, já que viradas jurisprudenciais podem solapar a previsibilidade e a segurança jurídica que se espera.

A superação, total ou parcial (*overriding*[292]) pode ocorrer: a) quando se considerar que os precedentes são anacrônicos, não condizentes com a realidade ou mal arrazoados,[293] ou seja, quando ocorre a perda da coerência social e da consistência sistêmica da regra firmada no precedente, isso possibilita, em princípio, a sua invalidação;[294] b) quando a doutrina é inexequível, isso ocorre quando "a regra não é capaz de fornecer orientações firmes e seguras para sua aplicação em virtude da largueza de sua formulação e impossibilidade de fixação de critérios minimamente objetivos que permitam conferir um mínimo de uniformidade na sua aplicação".[295]

Com efeito, as técnicas da distinção e da superação, com as devidas adaptações, podem e devem ser aproveitadas pelo Direito brasileiro. É uma técnica que permite a devida adaptação do Direito ao caso julgamento e evitará que em nome de padrões já estabelecidos se deixe de realizar o ajuste rumo à Justiça, que se espera que seja realizada. Entretanto, há um elemento diferenciador fundamental entre os dois sistemas: no sistema da *Common Law*, tem-se a preocupação inicial em decidir o caso e não há maiores preocupações em dizer como o caso deva ser interpretado no futuro, a não ser quando se proponha uma *prospective overruling* (uma mudança para o futuro).[296] Nos casos seguintes, para nova decisão, é que os possíveis precedentes são apresentados, analisados, avaliados, para se

[292] "O *overriding* ocorre quando a Corte reduz o âmbito de uma doutrina anteriormente estabelecida em favor de uma regra ou princípio legal que surgiu depois que a antiga doutrina foi estabelecida". Ver: SILVA, Celso de Albuquerque. *Do Efeito Vinculante*: sua legitimação e aplicação. Rio de Janeiro: Lumen Juris, 2005. p. 296.

[293] Neste sentido, ver: MIRANDA, 2007, op. cit., p. 281.

[294] Neste sentido, ver: SILVA, 2005, op. cit., p. 277. O referido autor trabalha com os Bowers v Hardwick em que a Corte decidiu pela constitucionalidade de uma lei do Estado da Geórgia que criminalizava a sodomia e, posteriormente, no caso Lawrence x Texas a Corte, segundo o mesmo autor, "reconheceu foi que o Estado, ao pretender controlar a existência ou o destino de uma pessoa, criminalizando sua conduta sexual privada e consentida, não perseguiu um legítimo interesse que justificasse tal intrusão, cujas únicas conseqüências seriam a de fomentar odiosa discriminação pública e privada contra uma parcela da população, submetê-la há vários constrangimentos além da reprovação moral, como registros criminais desabonadores, reduzir o pleno potencial de desenvolvimentos de suas vidas, oprimindo-as injustificadamente, o que é injusto e inaceitável. Dada a grandeza da injustiça carreada pela regra, ela já não mais se mostrava coerente com a ordem social". Finalmente no caso Romer v. Evans (1996) foi invalidada uma emenda à Constituição do Estado da Califórnia por se entender que ela era completamente discriminatória.

[295] Ibid., p. 278. O autor se refere ao caso Garcia v. San Antonio Metropolitan Transit Authority, em que a discussão se baseava na cláusula "funções governamentais tradicionais" que, conforme o seu preenchimento, levava a resultados inconsistentes.

[296] "Quando, porém, a Corte invalida com efeitos futuros uma regra ou princípio anterior, ela diz que, no futuro, uma distinção será feita entre eventos ou disputas que ocorreram antes da decisão e aqueloutros que surgiram após a prolação da decisão que invalidou a doutrina anteriormente vinculante. Os eventos que ocorreram antes da decisão que invalidou a regra serão decididos com base na regra invalidada e os eventos que ocorreram após, pela nova regra firmada na decisão reformadora". Ver: ibid., p. 284. Também as Cortes Americanas desenvolveram a ideia de um aviso para o futuro de que a sua orientação mudará (*signaling/caveat*).

desvelar a *ratio decidendi* e de que forma ela será aplicada. Então a tarefa de interpretação é em grande parte devolvida aos Juízes, ou seja, "o Juiz não esclarece, no acórdão, qual é a *ratio decidendi*; esta será determinada posteriormente por outro Juiz, que examinará se o acórdão é ou não um precedente aplicável ao litígio que estiver julgando".[297]

A Súmula Vinculante, ao contrário, é como se fosse o *sonho com interpretação ou com legenda*, em que deve ficar claro o seu significado. Na Súmula Vinculante, o STF procura deixar evidente como quer interpretar e quer aplicar o Direito controvertido. Para cumprir este desiderato, ele realiza um Processo de generalização (que pode ser bem amplo), no qual procura resolver todas as questões, mas também pretende abarcar um possível número de situações, procurando estancar os pontos de dúvida. Sidnei Agostinho Benetti[298] anota justamente uma diferença de procedimento no *comportamento* dos sistemas: "os sistemas mais estáveis não produzem ementas e Súmulas nos próprios atos jurisdicionais, pois o precedente é todo o corpo da decisão e não seu resumo – sobrando Súmulas e ementas como questão de dicionários editoriais para a localização dos precedentes; (g) não se citam Súmulas e ementas na argumentação judicial nos países de jurisprudência mais estável".

Isso não significa que também nos precedentes da *Common Law* não existam mensagens para os casos futuros, e que o atual julgador, quando está decidindo o caso, também não esteja pensando nas soluções futuras – muitas vezes expressando isso no corpo da decisão, em uma linguagem comum, para o presente e para o futuro[299] –, que em alguma medida faz parte do dimensionamento de qualquer regra, mas sempre tendo em vista o caso atual.

O Supremo, no Direito brasileiro, faz isso, a partir de julgamentos, nos quais resolve a questão de como o Direito deve ser aplicado ao caso – e à série de casos semelhantes, ditos aqui idênticos, porém cuja identidade significa uma operação complexa de escolha de propriedades e de categorias ou de pontos essenciais.[300] O STF conhece o campo argumenta-

297 DAVID, 1986, op. cit., p. 343, nota 14.

298 Ver: BENETI, 2006, op. cit., p. 481.

299 SCHAUER, 1987, op. cit. Neste sentido, Schauer volta à questão da permissão para a não realização de exames. Se a permissão for concedida porque envolve um membro da família imediata, com esta justificativa, provavelmente, não será concedida quando envolver um primo. A questão volta ao debate da *ratio decidendi* e da *obter dicta*, que é um problema a ser resolvido em dois momentos: o da decisão e a questão dos julgamentos futuros.

300 Neste sentido, ver: KELSEN, 1991, op. cit., p. 268: "Como a decisão que constitui o precedente apenas pode ser vinculante para a decisão de casos iguais, a questão de saber se um caso é igual ao precedente é de importância decisiva. Como nenhum caso é igual ao precedente sob todos os aspectos, a 'igualdade' de dois casos que a esse respeito interessa considerar apenas pode residir no fato de eles coincidirem em certos pontos essenciais – tal como, na verdade, também dois fatos que representam

tivo do qual brotou aquela dúvida e terá (e tem) o condão de evitar uma outra série de dúvidas que poderão surgir, especialmente por já ter feito uma ampla leitura sistêmica do dispositivo normativo a ser aplicado.[301]

No entanto, para o caso das Súmula Vinculantes – e as demais também não escapam desse influxo –, vale igual *ratio* aplicada para o Direito Legislado: por melhor que seja o legislador, as técnicas por ele utilizada poderão ser insuficientes, especialmente quando se trata de Súmulas com linguagem aberta, com alto teor generalizante e que conduzirão a uma atividade interpretativa, para que o campo de aplicação seja descoberto. Não há técnica legislativa que permita prever a riqueza de variedades da vida, ou melhor, a técnica utilizada é a de cláusulas gerais, o que necessita de integração por parte do intérprete. Em outras palavras, sempre haverá casos não antecipados ou que não se sabe se cabem ou não no conceito utilizado pelas Súmulas, dado o seu quadro normativo aberto, inerente à textura aberta da linguagem. Sempre é possível surgir um caso particular, não antecipado, que requeira uma reformulação da Súmula (e de qualquer regra) "ou pelo menos que demonstre que a regra engloba casos que não estão de acordo com a justificação da regra e deixa de englobar outros que estariam de acordo com ela".[302] Com efeito, conforme Schauer, a "mais precisa das regras é potencialmente imprecisa".[303]

Em alguns enunciados, o STF procura introduzir distinções. No Enunciado da SV3, na parte final, introduziu-se uma exceção, que nada mais é do que uma distinção expressa no Enunciado: "nos processos perante o Tribunal de contas da união asseguram-se o contraditório e a ampla defesa quando da decisão puder resultar anulação ou revogação de ato administrativo que beneficie o interessado, *excetuada a apreciação da legalidade do ato de concessão inicial de aposentadoria, reforma e pensão*". (grifo nosso)

---

o mesmo delito não coincidem em todos os pontos mas apenas em alguns pontos essenciais. Porém, a questão de saber em que pontos têm de coincidir para serem considerados como 'iguais' apenas pode ser respondida com base na norma geral que determina a hipótese legal (*Tatbestand*), fixando os seus elementos essenciais. Portanto, só com base na norma geral que é criada pela decisão com caráter de precedente se pode decidir se dois casos são iguais. A formulação desta norma geral é o pressuposto necessário para que a decisão do caso precedente possa ser vinculante para a decisão de casos 'iguais'".

[301] Para Marco Antonio Botto Muscari, "Caso o STF não explique a *ratio decidendi*, os destinatários do Efeito Vinculante (notadamente os juízes e tribunais) terão de fazê-lo após minuciosa análise, tal qual as Cortes dos Estados Unidos da América. É lícito imaginar, todavia, que o Pretório Excelso irá definir com precisão o alcance do *decisum* de mérito a que se atribuir Efeito Vinculante, distanciando-se, nesse caso, da prática adotada pela Suprema Corte-americana". Ver: BOTTO MUSCARI, 1999, op. cit., p. 84-85.

[302] STRUCHINER 2002, op. cit., p. 93.

[303] Conforme SCHAUER *apud* STRUCHINER, loc. cit.

Na mesma Súmula Vinculante, no entanto, pode-se desenvolver outra dúvida interpretativa: ela se aplica aos demais Tribunais de Conta, ou seja, *é possível aplicar os Efeitos Vinculantes dessa Súmula por analogia?*[304] A pergunta não é apenas retórica e tem a função de demonstrar que há, além da interpretação, a complexa tarefa de redação de Enunciados; neste ofício, como em outros semelhantes, não se tem o "legislador perfeito". Quanto à pergunta inicial, provavelmente não haja razão para não aplicar o mesmo princípio expresso na Súmula e, não há razão para distinguir, no caso, um Tribunal de Contas Estadual ou Municipal do Tribunal de Contas da União. Contudo, por extensão, estaríamos aplicando o Efeito Vinculante, ou seja, dando uma extensão maior, que não está expressa no Enunciado. Aqui, provavelmente dever-se-ia reservar o Efeito Vinculante apenas para os casos em que não tenha que se fazer o recurso analógico. Uma solução neste caso, seria sustentar que não se trata da aplicação da SV propriamente dita, mas de sua aplicação analógica e neste caso apenas admitir o questionamento através dos meios recursais disponíveis e não através da Reclamação, onde provavelmente esta questão aportará. Mas, neste ponto, reside uma vantagem do sistema sumular vinculante, que permite um julgamento a respeito da aplicação devida ou indevida da SV, resolvendo a questão, por razões de efetividade, na própria Reclamação.

Em razão ainda da exceção apresentada nesta mesma Súmula, pode-se indagar se esta apreciação pelo Tribunal de Contas pode ser feita a qualquer tempo ou se ela deva ser feita em prazo razoável. Neste caso, como não se fala em prazo, a questão é totalmente devolvida às esferas judiciais, para que estas estabeleçam o prazo certo para a apreciação do ato pelo Tribunal de Contas.

A realização da distinção tanto nas Súmulas como no controle de constitucionalidade, pode-se apresentar ainda em função do critério da razoabilidade, que pode ser entendida, conforme Humberto Ávila,[305] como equidade, congruência e equivalência. A razoabilidade, como equidade,

---

[304] Nem sempre é possível estabelecer uma fronteira adequada entre a analogia e a interpretação extensiva. Para Aulis Aarnio, a interpretação extensiva se refere à aplicação de uma lei além dos limites de seu texto e na analogia haveria uma lacuna ou uma genuína incerteza acerca de se o caso em questão está subsumido no texto legal. Nas palavras do autor: "Según Peczenik, la interpretación extensiva no cruza los límites del 'verdadero significado judicial' y así solo se aplica a aquellas situaciones que no están excluídas por razones gramaticales. Sin embargo, en la práctica, el límite no es trazado tan simplesmente. La dificultad en la diferenciación se debe al hecho de que, por ejemplo, en el caso de muchas expresiones, la incertidumbre semántica es tan amplia que no es posible gramaticalmente trazar uma línea entre la interpretación del texto y el uso de la analogía. En todo caso, teniendo em cuenta la argumentación, hay toda a razón para subrayar la muy estrecha conexión que existe entre la interpretación extensiva y la analogia". Ver: AARNIO, 1991, p. 147-148.

[305] ÁVILA, 2003, op. cit., p. 90 ss. Este trabalho adota a distinção entre razoabilidade e proporcionalidade.

exige a harmonização da norma geral com o caso individual,[306] determinando que se apurem as circunstâncias de fato dentro da normalidade, que se possa considerar o aspecto individual "nas hipóteses em que ele é sobremodo desconsiderado pela generalização legal",[307] adaptando-se o geral ao particular. No caso da congruência, ela "atua como decisivo obstáculo à edição de atos legislativos de conteúdo arbitrário ou irrazoável",[308] que exige uma interpretação de acordo com o critério distintivo utilizado pela norma e a medida por ela utilizada.[309] E a questão da equivalência refere-se a medida adotada e o critério.

Há casos em que se discute a ocorrência de exceções em decorrência da razoabilidade. Um dos casos é justamente o da Declaração de Constitucionalidade da Lei n. 9.494/97 que proíbe, em seu art. 1°, a antecipação dos efeitos do pedido contra a Fazenda Pública em determinados casos. Os Tribunais acabaram operando exceções: ela não se aplica, pois, aos casos previdenciários, em que o valor alimentar e subsistência sobressaem-se e nem quando envolva o Direito à saúde. No caso da exceção referente à área previdenciária, após sucessivas reclamações, o STF acabou decidindo exatamente isso na Súmula n. 729: "a decisão na Ação Direta de Constitucionalidade 4 não se aplica à antecipação de tutela em causa de natureza previdenciária". Ao se observar os precedentes que deram origem à referida Súmula, reconhece-se que elas trataram de excepcionar as situações em que se entendeu que estas não estavam enquadradas no Texto da Lei – este vedava a antecipação de tutela e, portanto, aquelas não estavam sob a égide do Efeito Vinculante conferida pela ADC para aquela Lei.[310] No caso da saúde, a matéria foi tratada em vários julgamen-

[306] ÁVILA, 2003, op. cit., p. 95.

[307] Ibid., p. 97.

[308] Ibid., p. 99.

[309] Ibid., p. 101.

[310] Neste sentido, vale observar o posicionamento jurisprudencial acerca do tema: Tutela antecipada concedida para determinação de abatimento na alíquota de contribuição previdenciária do servidor. Nem pela simples circunstância de refletir em consignação no contracheque de pagamento da remuneração do servidor, pode ela equiparar-se à vantagem funcional de que trata o art. 1° da Lei n. 9.494-97, validada pelo julgamento cautelar da Ação Declaratória n. 4, de forma alguma descumprido pela decisão reclamada. (Rcl 798, Relator(a): Min. OCTAVIO GALLOTTI, Tribunal Pleno, julgado em 31/05/2000, DJ 08-09-2000, p. 7, EMENT Vol. 2003-01, p. 59). Reclamação. A decisão na ADC-4 não se aplica em matéria de natureza previdenciária. O disposto nos arts. 5°, e seu parágrafo único, e 7°, da Lei n. 4348/1964, e no art. 1° e seu parágrafo 4° da Lei n. 5021, de 9.6.1966, não concernem a benefício previdenciário garantido a segurado, mas, apenas, a vencimentos e vantagens de servidores públicos. Relativamente aos arts. 1°, 3° e 4° da Lei n. 8437, de 30.6.1992, que o art. 1° da Lei n. 9494/1997 manda, também, aplicar à tutela antecipada, por igual, não incidem na espécie aforada no Juízo requerido. A Lei n. 8437/1992 dispõe sobre a concessão de medidas cautelares contra atos do Poder Público. No art. 1°, interdita-se deferimento de liminar, "no procedimento cautelar ou em quaisquer outras ações de natureza cautelar ou preventiva, toda vez que providência semelhante não puder ser concedida em ações de Mandado de Segurança, em virtude de vedação legal". Ocorrência de evidente remissão às normas acima aludidas, no que respeita a vencimentos e vantagens de servidores públicos, que

tos, como, por exemplo, no Agravo de Instrumento n. 598398600, 4ª Câmara Cível, Tribunal de Justiça do RS, Relator: Araken de Assis, julgado em 25/11/1998, do qual o acórdão houve por bem ponderar os valores em choque para afastar a incidência da vedação.[311]

Para Ana Paula Oliveira Ávila, nestes casos, a declaração de constitucionalidade não inibe a distinção, quando baseada em valores maiores e justificada a excepcionalidade. Nas suas palavras, "O significado da declaração de constitucionalidade é apenas o de que a norma integra validamente o ordenamento jurídico e está apta a incidir. A este reconhecimento é que estão as instâncias inferiores obrigadas. Contudo, incidência não se confunde com aplicação (...). obrigatoriedade de reconhecimento de validade não se identifica com obrigação de aplicação ao caso concreto. E a aplicação das normas aos casos concretos possibilita, sempre, o controle judicial difuso".[312]

Neste sentido, há uma vantagem da apreciação feita em concreto, já que poderiam ficar fora do controle abstrato situações que gerariam inconstitucionalidades,[313] não se permitindo, deste modo, a ampla contrastabilidade fática ou mesmo a ocorrência, no caso de declaração de constitucionalidade de mudanças fáticas ou de uma relevante alteração das concepções jurídicas dominantes.[314]

---

prosseguiram, assim, em vigor. A inteligência desse dispositivo completa-se com o que se contém, na mesma linha, no art. 3º da Lei n. 8437/1992. Não cabe emprestar ao § 3º do art. 1º do aludido diploma exegese estranha a esse sistema, conferindo-lhe, em decorrência, autonomia normativa a fazê-lo incidir sobre cautelar ou antecipação de tutela acerca de qualquer matéria. Reclamação julgada improcedente. (Rcl 1122, Relator(a): Min. NÉRI DA SILVEIRA, Tribunal Pleno, julgado em 30/05/2001, DJ 06-09-2001 p. 8, EMENT Vol. 2042-01, p. 178)

[311] "Processual Civil. Antecipação de Tutela. Proibição contra a fazenda pública. Fornecimento de medicamentos. Supremacia do direito à vida. 1. É vedado antecipar os efeitos do pedido perante a fazenda pública, consoante o art. 1º da Lei n.9494/97, proclamado constitucional pelo Supremo Tribunal Federal, e, portanto, de aplicação obrigatória pelos órgãos judiciários. No entanto, a contraposição entre o direito à vida e o direito patrimonial da Fazenda Pública, tutelado naquela forma, se resolve em favor daquele, nos termos do art. 196 da CF/88, através da aplicação do princípio da proporcionalidade, pois se trata de valor supremo, absoluto e universal. Irrelevância da irreversibilidade da medida. Existência de norma local assegurando semelhante prestação (art. 1º da Lei n.9908/93). Eventual sacrifício da vida, em nome de interesses pecuniários da Fazenda Pública, conduziria o órgão judiciário a contrariar o direito e praticar aqueles mesmos erros, recordados por Gustav Radbruch, pelos quais os juristas alemães foram universalmente condenados. 2. Agravo de Instrumento Parcialmente Provido."

[312] ÁVILA, Ana Paula Oliveira. Razoabilidade, proteção do direito fundamental. *Revista da Ajuris*, n. 86, t. 2, p. 374, jun. 2002.

[313] Sobre o assunto, ver: CAPPELLETTI, Mauro. *O controle judicial de constitucionalidade de leis no Direito Comparado.* Porto Alegre: Sérgio Antônio Fabris Editor, 1984. p. 104-108.

[314] No sentido da possibilidade de reexame nestes casos: MENDES, Gilmar; MARTINS, Ives Gandra. *Controle Concentrado de Constitucionalidade*: Comentários à Lei 9.868, de 10-11-1999, Editora Saraiva, 2007. p. 537.

As Súmulas Vinculantes podem também ter os comandos, que emanam de seus Enunciados, readequados para os casos pela razoabilidade. O STF, por exemplo, quando julgou um dos precedentes que deu origem à Súmula do Nepotismo (RE 579.951), cogitou da possibilidade da inexistência de pessoa capaz de assumir determinado cargo e que não tivesse parentesco em pequeno Município do interior, ou seja, ponderou que, embora o critério tenha sido exposto de forma geral, este pode ser excepcionado e mesmo ponderado diante de casos concretos.[315]

Para a interpretação das Súmulas, ao contrário do Direito Legislado, é particularmente importante a reconstrução histórica da norma não apenas com os debates no PSV mas também através da série de casos que lhe deram origem – uma exigência de um sistema de precedentes vinculantes –, para se ter uma visão dos fatos tomados em conta para se editar a Súmula.[316]

Pode-se exemplificar a importância de se recorrer aos precedentes que originaram a Súmula no caso do nepotismo (SV 13). O STF, em caráter liminar em Reclamação (Recl. 6702), decidiu que o cargo de Secretário de Estado não se subsume no teor da referida Súmula. Tratava-se de saber se a nomeação de irmão do Governador do Estado do Paraná, para o cargo de Secretário de Estado, feria o entendimento ali firmado. No Enunciado da Súmula, não há esta distinção, e o STF recorre ao precedente que o originou (RE 579.951/RN) para decidir que não se aplicava a referida Súmula aos cargos de natureza política, ou seja, realizou uma distinção[317] não expressa no Enunciado, mas que tinha como adequado.

---

[315] Veja-se a esse respeito o que consta no voto da Ministra Carmen Lúcia, no RE 579.951 (fl. 1919): "Mas reconheço que, em um município de interior, às vezes – não tenho esses elementos, imagino que nem o Ministro-Relator os tenha para verificar –, no nosso fundo do Brasil profundo, em um Município às vezes mínimo, não haja alguém que possa substituir ou que não tenha parentesco, como, por exemplo, um vereador, para exercer um cargo de Secretário da Fazenda (...) Como neste caso não há essse dado concreto – há o dado de que é um vereador e que o irmão dele foi nomeado para o cargo de Secretário da Saúde –, como sei que, em alguns Municípios brasileiros, nos Municípios de Minas Gerais, por exemplo, nos quais há um ou dois médicos na cidade, e talvez seja este o único que pode exercer esse cargo, eu não quero avançar aqui por essa falta de dados".

[316] Uma das críticas, desde o início deste texto, é sobre a generalidade na redação das Súmulas que despreza a base fática. No Direito norte-americano, Charles D. Cole chama a atenção para este aspecto: "o relato do caso precisa ser suficientemente detalhado para indicar os fatos relevantes que a Corte considerou necessários para a decisão, a questão decidida, e o fundamento que a Corte utilizou para determinar o caso". Ver: COLE, 1998, op. cit., p. 85.

[317] Rcl 6702 MC-AgR / PR – Paraná, Ag.Reg.Na Medida Cautelar Na Reclamação, Relator(a): Min. Ricardo Lewandowski, Julgamento: 04/03/2009 , Órgão Julgador: Tribunal Pleno, Publicação . Agravo Regimental em Medida Cautelar Em Reclamação. Nomeação de irmão de Governador de Estado. Cargo de Secretário de Estado. Nepotismo. Súmula Vinculante N. 13. Inaplicabilidade ao caso. cargo de natureza política. Agente Político. Entendimento firmado no julgamento do Recurso Extraordinário 579.951/Rn. Ocorrência Da Fumaça Do Bom Direito. 1. Impossibilidade de submissão do reclamante, Secretário Estadual de Transporte, agente político, às hipóteses expressamente elencadas na Súmula Vinculante n. 13, por se tratar de cargo de natureza política. 2. Existência de precedente do Plenário do Tribunal: RE 579.951/RN, rel. Min. Ricardo Lewandowski, DJE 12.9.2008. 3. Ocorrência da fumaça

Com isso demonstra-se que, ao menos em alguns casos, para a adequada pré-compreensão da Súmula, somente a leitura integral dos precedentes é que se permite visualizar o seu campo aplicativo. Também se deve chamar a atenção aqui em relação àquela ideia ingênua de que o Enunciado Vinculante contenha todo o direito, esclarecendo o aplicador, que não teria mais dúvida a respeito da "correta" aplicação da questão. Este caso demonstra que o administrador ou o julgador não podem sentir-se amarrados na sua tarefa de interpretar o Direito, pois estes casos demonstram que a atividade interpretativa é necessária e fundamental para a decisão, sob pena de paralisar o direito.

A redação aberta de Súmulas Vinculantes – que na medida do possível deve ser evitada – exigirá uma complementação de conteúdo a ser feita com base nos seus precedentes, advinda dos reiterados casos julgados. Algumas Súmulas, como a SV 9, não apresentam o inconveniente de tal abertura: "o disposto no art. 127 da Lei n. 7.210/1984 (Lei de Execução Penal) foi recebido pela ordem constitucional vigente, e não se lhe aplica o limite temporal previsto no *caput* do art. 58". Na SV 14 é necessário precisar o que significa *acesso amplo*, que é daquelas expressões que vão exigir uma série de precisões a respeito de seu momento e forma. Apenas estabelece o princípio ("acesso amplo"), porém continuará a necessitar de preenchimento, como se pode verificar na Recl 8173 em que se entendeu que "o acesso amplo aos elementos de prova, ao qual respeita a Súmula Vinculante n. 14, há de ser assegurado, sim, porém não de modo a comprometer o regular e fluente andamento do inquérito policial. Os trâmites procedimentais referentes às investigações policiais hão de ser atendidos, sem antecipações de vista das quais resulte a ampliação de prazos, da defesa, estabelecidos em lei. O Enunciado da Súmula Vinculante n. 14 – Texto normativo sujeito à interpretação, tal e qual quaisquer textos normativos – não se aplica à hipótese dos autos".[318]

No caso, o Relator decidiu que a defesa não deve ter acesso ao relatório produzido pela Polícia Federal antes de seu encaminhamento ao Ministério Público Federal.

No sistema brasileiro, há o perigo de as Súmulas assumirem uma forma de redação muito próxima do Direito Legislado, ou seja, redigir Súmulas de forma semelhante a das leis, genéricas e abstratas. Ao se permitir tal atitude, está-se contrariando o sentido do instituto da Súmula

do bom Direito. 4. Ausência de sentido em relação às alegações externadas pelo agravante quanto à conduta do prolator da decisão ora agravada. 5. Existência de equívoco lamentável, ante a impossibilidade lógica de uma decisão devidamente assinada por Ministro desta Casa ter sido enviada, por fac-símile, ao advogado do reclamante, em data anterior à sua própria assinatura. 6. Agravo regimental improvido.

[318] Rcl 8173 – Rel. Ministro Eros Grau, decisão monocrática proferida em 28/05/2009.

que deve chegar, com base nos fatos, à redação que o legislador apenas previu de forma abstrata, no entanto não disciplinou especificamente. Em outras palavras, a Súmula (Vinculante) deve resolver uma dificuldade que surgiu no Processo de aplicação em decorrência da dúvida. Na *Common Law* é a lei que assume a linguagem minuciosa,[319] sob pena de se considerar mantido o precedente.[320] Neste sentido, a lei, especialmente quando editada no campo do precedente, não é tão genérica como nos Estados da *Civil Law*. No Brasil é bem provável que, por um dado cultural – que em virtude das finalidades do instituto deve ser superado – as Súmulas terão, muitas vezes, uma redação genérica para abarcar uma ampla possibilidade de casos.

Pelo que se viu até aqui, as Súmulas Vinculantes são aplicadas para um conjunto de casos semelhantes (ditos aqui também idênticos – no sentido que já explicitado). Se ela tiver tal identidade, então tem-se um raciocínio que, do ponto de vista lógico pode ser expresso pela proposição condicional (deôntica) ($A \rightarrow B$). Isso não quer dizer que não haja complexidade para se chegar à "A",[321] pois "A" pode envolver as questões fáticas e jurídicas "a", "b", "c" e para cada uma delas se analisarão se há distinções apresentadas que são relevantes. E essas distinções podem ser introduzidas posteriormente pelo Direito Legislado – *lato sensu*, o que en-

[319] Conforme Harrit Christiane Zitscher: "Há um exemplo impressionante de incorporação de uma Diretiva européia na área do Direito do Consumidor em que o legislador inglês, com base em cinco palavras da Diretiva, criou uma norma de 45 palavras sem acrescer algo substantivo ao conteúdo. Além de seu tamanho, as leis inglesas destacam-se por conter as chamadas regras de interpretação (*Interpretation Clauses*) e, ainda, pela existência de uma lei da interpretação (*Interpretation Act*), que um jurista romano-germânico não consideraria como regras de interpretação mas como simples definições ou presunções, como 'a forma masculina sempre inclui a forma feminina'. O fim destas cláusulas é abreviar o texto da lei (mesmo assim, os diplomas legais parecem compridos) e assegurar a uniformidade da linguagem empregada".Ver: ZITSCHER, Harrit Christiane. *Introdução ao Direito Civil alemão e inglês*. São Paulo, 1999. p. 77.

[320] Em primeiro lugar, não se pode desconhecer a evolução legislativa em razão do *Welfare State* que cobriu setores muito diversos com o Direito Legislado. Isso afetou de sobremaneira a *Common Law*, especialmente aquela de origem inglesa. Adele Anzon explica essa interporetação restritiva: "Nella´interpretazione degli statutes, Il doveroso ossequi per la autorità del Parlamento e una concezione rigida della separazione dei poteri inducono nei giudice inglesi una tendenza - che, seppure meno marcata in epoca più recente, è tuttavia ancora presente - ad utilizzare prevalentemente la c.c. literal rule, o netodo letterale; solo ove questo si riveli inadeguato essi fanno ricorso agli altri metodi sussidiari e cioè alla golden rule (metodo logico) o alla mischief rule (metodo teleologico). Questa stessa concezione della separazione dei poteri, initamente ad una forma di gelosa custodia delle proprie prerogative, determinano in loro un atteggiamento di diffendenza e di avversione per gli statutes che modificano o abrogano il Common Law, per cui normalmente si attengono ad una interpretazione testuale ed objettiva e comunque il più possibili restrittiva di questi, così da limitare al massimo l´incidenza delle modifiche. Speculare a tale atteggiamento dei gidudice è quello del Parlamento, che legifera tendenzialmente in maniera assai analitica, dettagliata, minuziosa e prolissa, nello sforzo di evitare possibili incertezze e lacune nelle quali possa insinuarsi e dispiergarsi la discrezionalità giudiziale". Ver: ANZON, 1995, op. cit., p. 43.

[321] Essa complexidade foi justamente a estudada por ENGISH, Karl. *Introdução ao pensamento jurídico*. Lisboa: Fundação Calouste Gulbenkian, 1983.

globa inclusive Emenda Constitucional. Novamente, o fato de que algo seja considerado uma distinção (relevante) dependerá de uma intricada teia normativa, valorativa e argumentativa. Essa intrincada teia também ocorre no Direito Legislado, como, por exemplo, a diferença operada historicamente entre o concubinato impuro e a união estável, e que fizeram com que a união estável recebesse proteção jurídica estatal.

Desta forma, toda vez que se eleger um elemento que torne diversa a questão, ela pode redundar em não produzir a consequência jurídica almejada. É necessário atentar que podemos ter uma causa (um fato jurídico) necessária, mas não suficiente para influir no resultado. Assim podemos ter Súmulas com a seguinte proposição ($p \wedge q \rightarrow K$), ou seja, há necessidade de ocorrer mais de uma condição para que a Súmula possa ser aplicada. Não ocorrendo alguma delas, ela não será aplicada.

Diante dos fatos apresentados no caso, pode-se ter um redimensionamento aplicativo da Súmula Vinculante, ao se reconhecer que a situação mereça ser diferente ou que possa ocasionar uma injustiça flagrante, não pensada pelo intérprete quando editou a referida Súmula. Trata-se de sempre delimitar o âmbito normativo para o qual a Súmula será aplicada – o que equivale a dizer a sua hipótese de incidência. Essas hipóteses de incidência podem ser delimitadas pela razoabilidade.

A edição da Súmula Vinculante mudará a forma de interpretar o Direito Legislado? Na *Common Law*, como se disse acima, a vinculação dos precedentes cria uma forma de legislar que deixa clara a mudança ocorrida. Como se comportarão as estruturas no Direito brasileiro? Quando o legislador queira deixar claro que se trata de uma superação de uma Súmula, fará isso de maneira inequívoca, aproximando o sistema brasileiro do *Statute Law* do Direito da *Common Law*.[322] Caso isso não fique evidenciado, por uma linguagem direta, tem-se que foi mantida a matéria sumulada, ou seja, que não se quis mudar a decisão do STF.

2.5. Modulação dos efeitos

Segundo a Constituição, o Efeito Vinculante da Súmula é imediato, depois da publicação no Diário Oficial. No entanto, a redação da LSV permite a modulação dos efeitos, por voto de 2/3 (dois terços) dos Mi-

[322] Ver também CRISCUOLI, 2001, op. cit., p. 97: La presunzione si rinviene formulata per la prima volta in decisione giudiziale del 1314 ("a statute does not alter Common Law unless it exprressly purports to do so": Backewell v. Wandsworthm Y.B. 6 e 7, ed, II, iii 78), ma é opinione coune che la presunzione era già consolidata al tempo di Edoardo III (1327-1377). La presunzione, d´altro canto, è perfeittamente logica e si spiega facilmente sol che si ricordi che il Common Law è il diritto ordinario d´Inghilterra, mentre lo statute rapresenta un mezzo di normazione speciale, per cui esso può abrogare il Common Law solo se ciò venga detto espressamente".

nistros: "art. 4º A Súmula com Efeito Vinculante tem eficácia imediata, mas o Supremo Tribunal Federal, por decisão de 2/3 (dois terços) dos seus membros, poderá restringir os Efeitos Vinculantes ou decidir que só tenha eficácia a partir de outro momento, tendo em vista razões de segurança jurídica ou de excepcional interesse público".

No controle de constitucionalidade, a modulação de Efeitos no controle de constitucionalidade não é nova. Há um bom tempo ela vem recebendo aplicação nos Tribunais, no que concerne ao controle de constitucionalidade, superando a ideia de que a lei declarada inconstitucional não possa desenvolver os seus efeitos. No Brasil é possível citar vários precedentes no controle de constitucionalidade,[323] em que houve a necessidade de ajuste, inclusive entre a declaração abstrata e genérica.[324] Vale referir também que a regra da nulidade foi relativizada onde nasceu, isto é, nos Estados Unidos.[325]

A respeito disso, Zavascki sintetiza: "Com efeito, não é nenhuma novidade, na rotina dos Juízes, a de terem, diante de si, situações de manifesta ilegitimidade cuja correção, todavia, acarreta dano, fático ou jurídico, maior do que a manutenção do *status quo*. Diante de fatos con-

---

[323] Neste sentido: "Ementa – Recurso Extraordinário. Efeitos da Declaração de inconstitucionalidade em tese pelo Supremo Tribunal Federal. Alegação de Direito Adquirido. Acórdão que prestigiou lei estadual à revelia da declaração de inconstitucionalidade em tese pelo Supremo Tribunal Federal. Subsistência de pagamento de gratificação mesmo após a decisão *erga omnes* da Corte. Jurisprudência do STF no sentido de que a retribuição declarada inconstitucional não é de ser devolvida no período de validade inquestionada da lei de origem – mas tampouco paga após a declaração de inconstitucionalidade. Recurso Extraordinário provido em parte". RE 122202-6 Minas Gerais, 2ª Turma, Rel. Ministro Francisco Rezek, j, 10/08/1993. Nesse mesmo sentido: "Ementa. Oficiais de Justiça. Exercício de suas funções por agentes do executivo. I – Mesmo declarada a inconstitucionalidade da lei que colocou agentes do executivo à disposição dos juízes, para exercício das funções de Oficiais de Justiça, esses serventuários não são usurpadores, mas funcionários do Estado, com defeito de competência. II – Se o Direito reconhece a validade dos atos até de funcionários de fato, estranhos aos quadros do pessoal público, com maior razão há de reconhecê-la se praticados por agente do Estado no exercício daquelas atribuições por força de lei, que veio a ser declarada inconstitucional. III – É valida a penhora feita por agentes do Executivo, sob as ordens dos juízes, nos termos da lei estadual de São Paulo, s/ no., de 3.12.1971, mormente se nenhum prejuízo disso adveio ao executado" (RE 78209, São Paulo, 1ª Turma, Rel. Ministro Aliomar Baleeiro, j. 04/06/1974.

[324] Essa regra aplica-se ao controle incidental e direto. Aplicáveis ao controle, dois dispositivos passaram a ser referência, a saber, o art. 11 da Lei n. 9882: "Art. 11. Ao declarar a inconstitucionalidade de lei ou ato normativo, no processo de argüição de descumprimento de preceito fundamental, e tendo em vista razões de segurança jurídica ou de excepcional interesse social, poderá o Supremo Tribunal Federal, por maioria de dois terços de seus membros, restringir os efeitos daquela declaração ou decidir que ela só tenha eficácia a partir de seu trânsito em julgado ou de outro momento que venha a ser fixado" e o art. 27 da Lei n. 9868: "Ao declarar a inconstitucionalidade de lei ou ato normativo, e tendo em vista razões de segurança jurídica ou de excepcional interesse social, poderá o Supremo Tribunal Federal, por maioria de dois terços de seus membros, restringir os efeitos daquela declaração ou decidir que ela só tenha eficácia a partir de seu trânsito em julgado ou de outro momento que venha a ser fixado".

[325] Casos Linkletter vs. Walker e Stevall vs. Denno e Gedeão. Ver CAPPELLETTI, 1984, op. cit., p. 115-124.

sumados, irreversíveis ou de reversão possível, mas comprometedora de outros valores constitucionais, só resta ao julgador – e esse é o seu papel – ponderar os bens jurídicos em conflito e optar pela providência menos gravosa ao sistema de Direito, ainda quando ela possa ter como resultado o da manutenção de uma situação originariamente ilegítima. Em casos tais, a eficácia retroativa da sentença de nulidade importaria a reversão de um estado de fato consolidado, muitas vezes, sem culpa do interessado, que sofreria prejuízo desmensurado e desproporcional".[326]

Os estudos apresentados tentam sempre demonstrar a importância de não se criar injustiças e de se preservar o mínimo de confiança nas relações jurídicas, de se manter os efeitos consolidados, e, em alguns casos, de se proteger a boa-fé jurídica.[327] A modulação pode ser realizada inclusive em Ação Civil Pública.[328]

A pauta hermenêutica para a aplicação de tal modulação se encontra no art. 27 da Lei 9868/99. O referido artigo permite que o ato declarado inconstitucional "mantenha efeitos até a declaração (*ex nunc*), ou que mantenha parte desses efeitos (*ex tunc* restrito), ou que, além de manter todos os efeitos produzidos, tenha produção assegurada *pro futuro*, até o momento que a decisão fixar para que tais efeitos cessem (*ex nunc* com termo inicial diferido)".[329]

No entanto, a introdução de uma modulação para as Súmulas Vinculantes apresenta questões distintas do que a modulação no controle de constitucionalidade. A primeira característica é que a declaração de inconstitucionalidade, como regra, é dirigida também para o passado, com a possibilidade de modulação, enquanto que o efeito da Súmula é para o presente, visto que o Efeito Vinculante ocorre a partir de sua publicação no Diário Oficial. A outra é que sempre que a Lei n. 9868/99 permite a modulação exige um *quorum* maior (2/3) do que o necessário para a de-

---

[326] ZAVASCKI, Teori Albino. *Eficácia das sentenças na Jurisdição Constitucional*. São Paulo: Revista dos Tribunais, 2001. p. 49-50.

[327] RE 328.232-AgR/AM, "DJ" de 02.9.2005

[328] No caso do número de Vereadores o Supremo Tribunal Federal, no julgamento do RE 197.917/SP, Relator, o Ministro Maurício Corrêa, julgou inconstitucional o parágrafo único do art. 6º da Lei Orgânica n. 226, de 1990, do Município de Mira Estrela/SP, mandando, entretanto, que se respeitasse o mandato dos atuais vereadores. É dizer, emprestou efeito para o futuro à decisão ("DJ" de 07.5.2004). A ideia é a de que modelo difuso não se mostra incompatível com a doutrina da limitação dos efeitos, o que iniciei dizendo, inclusive sustentando o histórico dessa decisão. Ver também SCHÄFER, Gilberto. Ausência de licitação de linhas de ônibus. Sentença em Ação Civil Pública. *JusNavegandi*, Teresina, ano 10, n. 1149, 24 ago. 2006. Disponível em:< http://jus2.uol.com.br/pecas/texto.asp?id=707> . Acesso em: 11 set. 2006.

[329] ÁVILA, Ana Paula Oliveira. *A modulação de efeitos temporais pelo STF no controle de constitucionalidade*: ponderação e regras de argumentação para a interpretação conforme a Constituição do art. 27 da Lei n. 9.868/99. Porto Alegre: Livraria do Advogado, 2009. p. 171.

claração de inconstitucionalidade (maioria absoluta), e a lei das súmulas vinculantes não aumenta tal *quorum* para a modulação.

André Ramos Tavares[330] apresenta uma problematização acerca da matéria, visto que a modulação parece albergar uma restrição dos Efeitos Vinculantes e de uma restrição temporal ("decidir que só tenha eficácia a partir de outro momento)". Pode-se conceber esta restrição temporal no próprio Enunciado da Súmula, constante no seu Texto, ou como um agregado da Súmula, constante no procedimento de formulação da Súmula. Parece que a opção que melhor atende aos interesses em jogo é a de que conste no próprio Enunciado da Súmula. Para André Ramos Tavares, "o Efeito Vinculante da Súmula será nos termos expostos na própria Súmula, não se aplicando a eficácia imediata".[331] No caso de não constar diretamente, tem que se fazer uma construção de que também haveria Efeito Vinculante nesse dispositivo, ou, como sustenta André Ramos Tavares, de que "o Efeito Vinculante é próprio da decisão do Processo que edita, revê ou cancela enunciado da Súmula Vinculante".[332]

---

[330] TAVARES, André Ramos. *Nova Lei da Súmula Vinculante*: estudos e comentários à Lei n. 11.417 de 19.12.2006. 2. ed. rev. atual. e ampl São Paulo: Método, 2007. p. 63.

[331] Ibid., p. 64.

[332] Ibid., p. 65.

3. *Do instrumento de garantia do efeito vinculante*

3.1. Notas introdutórias sobre o Efeito Vinculante e sobre a Reclamação

A Reclamação,[333] instituto "genuinamente brasileiro"[334], tem por escopo a preservação da competência e da autoridade das decisões do Supremo Tribunal Federal e do Superior Tribunal de Justiça, hoje previstas na Constituição Federal (art. 102, inc. I, letra *l*, e art. 105, inc. I, letra *f* e art.

[333] A Constituição Federal de 1988 emprega em outras oportunidades o termo *reclamação(ões)*, conforme se vê dos arts. 37, § 3°, inciso I; 58, § 2°, inciso IV, art. 103-B, § 4°, inciso III, § 5°, inciso I, e § 7° e 130, § 2°, inciso III, § 3°, inciso I e § 5°. Tais previsões possuem nítido caráter administrativo, vinculado estritamente ao direito de petição conferido a todos pelo art. 5°, inciso XXXIV, alínea "a" da CF, não se incluindo no âmbito desse debate, razão por que não serão aqui objeto de abordagem.

[334] RIBEIRO DANTAS, Marcelo Navarro. *Reclamação constitucional no Direito brasileiro.* Porto Alegre: Sergio Antonio Fabris Editor, 2000. p. 385. Em linha diversa, Adriane Donadel afirma a existência de semelhança da Reclamação em relação à *suplicatio* do Direito Romano, a qual tinha função de levar ao conhecimento do Imperador, em casos irrecorríveis, a irresignação do prejudicado para com erros processuais cometidos pelos Juízes, visando, deste modo, a evitar as "desordens formais que podiam ocorrer na tramitação do Processo"; ainda, a contemplação de instituto assemelhado nas Ordenações Filipinas (de acordo com o Livro III, título XX, §46), inicialmente denominado de "agravo de ordenação não-guardada" e, mais recentemente, chamado de "agravo por dano irreparável" (conforme Regulamento 737 de 1850). Ver: DONADEL, Adriane. *A reclamação no STF e no STJ.* Disponível em: <http://www.tex.pro.br/wwwroot/curso/recursos/areclamacaonostfenostfadriane..htm#_ftnref9>. Acesso em: 19 dez. 2006. Respeitado o posicionamento da aludida autora, impõe-se divergir de sua compreensão visto não se poder, de modo efetivo, estabelecer relação de semelhança própria entre o instituto em estudo e a *suplicatio* romana ou, sequer, com o agravo reconhecido nas ordenações Filipinas. Ocorre que ambos – em verdade, constituem-se em precursores do sistema recursal como um todo –, não havendo – afora os preceitos comuns aos remédios processuais – real ligação. No que diz respeito à *suplicatio*, Sérgio de Sá Mendes aponta que esta se constituía "em um recurso ao Imperador contra as decisões do Prefeito do Pretório sendo a sentença reexaminada por este mesmo Magistrado assessorado pelo *quaestor sacri palatii.* Em certos casos, poderia a sentença ser inquinada de nulidade por incompetência do Magistrado, irregularidades em seu aspecto formal ou por haver a mesma incidido em violação de alguma norma jurídica". Ver: MENDES, Sérgio de Sá. *Direito Romano resumido.* 2. ed. Rio de Janeiro : Editora Rio, 1978. p.142. Quanto ao agravo mencionado pela autora citada acima, regido pelo Decreto 737 de 25 de novembro de 1850, igualmente não se vislumbra maior similitude com a Reclamação, mas sim com a própria instituição do agravo como é atualmente conhecido.

103-A, § 3°)[335] e com regulamentação infraconstitucional através da Lei n. 8.038, de 28 de maio de 1990 (arts. 13 e 18), bem como no Regimento Interno do Supremo Tribunal Federal (arts. 156 a 162) e do Superior Tribunal de Justiça (arts. 187 a 192) e na Lei das Súmulas Vinculantes (Lei n. 11.417 de 17 de dezembro de 2006).[336]

A exposição cingir-se-á a Reclamação prevista constitucionalmente e de competência do STF, embora eventualmente se possa abordar em caráter mais genérico.

3.2. Breve histórico da reclamação

A História da Reclamação no STF pode ser dividida em fases.[337] Na primeira fase, denominada fase da formulação, ela foi admitida por construção jurisprudencial, na Reclamação n. 141,[338] julgada em 25.1.1952, fun-

---

[335] Art. 102. Compete ao Supremo Tribunal Federal, precipuamente, a guarda da Constituição, cabendo-lhe: I – processar e julgar, originariamente: (...) l) a reclamação para a preservação de sua competência e garantia da autoridade de suas decisões; (...) art. 105. Compete ao Superior Tribunal de Justiça: – processar e julgar, originariamente: (...) f) a reclamação para a preservação de sua competência e garantia da autoridade de suas decisões; (...)

Art. 103-A. O Supremo Tribunal Federal poderá, de ofício ou por provocação, mediante decisão de dois terços dos seus membros, após reiteradas decisões sobre matéria constitucional, aprovar súmula que, a partir de sua publicação na imprensa oficial, terá Efeito Vinculante em relação aos demais órgãos do Poder Judiciário e à administração pública direta e indireta, nas esferas federal, estadual e municipal, bem como proceder à sua revisão ou cancelamento, na forma estabelecida em lei. (Incluído pela Emenda Constitucional n. 45, de 2004). (...) § 3º Do ato administrativo ou decisão judicial que contrariar a súmula aplicável ou que indevidamente a aplicar, caberá reclamação ao Supremo Tribunal Federal que, julgando-a procedente, anulará o ato administrativo ou cassará a decisão judicial reclamada, e determinará que outra seja proferida com ou sem a aplicação da súmula, conforme o caso."

[336] O STF já decidiu, por maioria, na ADI 2.212-CE, rel. Ministra Ellen Gracie, 2.10.2003, que a Constituição Estadual pode instituir Reclamação. A questão será abordada unicamente no que interessa ao tema, ou seja, na discussão de sua natureza jurídica. Registre-se o inventário sobre o assunto feito por Leonardo L. Morato, que afirma que, tendo em vista o seu caráter de ação, portanto, de natureza processual, ela não pode ser instituída a não ser por lei federal, em virtude da competência da União para o tema. Morato ainda faz uma distinção importante para entender cabível a instituição de Reclamação para o respeito de ADI estadual, que seria um instrumento para tutelar o próprio controle de constitucionalidade. Por outro lado, quanto às previstas em lei federal, é assentada a sua constitucionalidade. Cite-se a Lei n. 8.457/92, art. 6º e no Código de Processo Penal Militar (arts. 584 a 587) que, segundo o referido autor, encontram previsão no art. 124 da CF. Além disso, ele sustenta a inconstitucionalidade da previsão no regimento interno do TST (arts. 274 a 280), por ausência de lei federal. Também refere que o TSE tem verdadeira competência legiferante, podendo assim instituir reclamação independente de lei federal (Res. 14.150 do TSE).Ver: MORATO, Leonardo L. *Reclamação e sua aplicação para o respeito da Súmula Vinculante.* São Paulo : Editora Revista dos Tribunais, 2007. p. 56-80.

[337] Segue-se aqui o amplo estudo realizado por RIBEIRO DANTAS, 2000, op. cit. Também se destaca o estudo pioneiro realizado por José da Silva Pacheco (ver: PACHECO, José da Silva. A 'Reclamação' no STF e no STJ de acordo com a nova Constituição. *Revista RT*, n. 646, p. 19-30). Este estudo agora está condensado em : id., *Mandado de segurança e outras ações constitucionais típicas*. 5. ed. rev., atual. e ampl. São Paulo: Editora Revista dos Tribunais, 2008.

[338] Veja-se a íntegra da ementa: "A competência não expressa dos Tribunais Federais pode ser ampliada por construção constitucional. – Vão seria o poder, outorgado ao Supremo Tribunal Federal de

dada basicamente na teoria dos Poderes Implícitos por influência da Suprema Corte norte-americana.[339] De acordo com esta concepção, ela é um instrumento da prevalência da autoridade de uma decisão do STF, para que não se tornasse inútil o seu Poder Julgador, pelo não acatamento de seus julgados pelos demais órgãos judiciais.

Em uma segunda fase, denominada de discussão,[340] delimitada até o advento da Constituição de 1967, ocorreu a adoção da Reclamação no Regimento Interno do Supremo Tribunal Federal.[341] Nessa fase, apesar de ter como parâmetro a Correição Parcial, há o surgimento dos primeiros julgados que lhe conferem o caráter de "verdadeira Reclamação", a exemplo da ReclD (Reclamação-Diligência) n. 338-PR, no qual fora restrito o cabimento da Reclamação às hipóteses de preservação da integridade do STF e a garantia da autoridade de seu julgado.[342] A terceira fase, denominada de consolidação, compreendida entre a Constituição de 1967 e a

---

julgar as causas em recurso extraordinário as causas decididas por outros tribunais, se não lhe fora possível fazer prevalecer os seus próprios pronunciamentos, acaso desatendidas pelas Justiças Locais. – A criação dum remédio de Direito para vindicar o cumprimento fiel das suas sentenças, está na vocação do Supremo Tribunal Federal e na amplitude constitucional e natural de seus poderes. – Necessária e legítima é assim a admissão do Processo de Reclamação, como o Supremo Tribunal tem feito. – É de ser julgada procedente a decisão quando a justiça local deixa de atender á decisão do Supremo Tribunal Federal." (Reclamação nº 141, julgada em 25.1.1952 – Relator Ministro Rocha Lagoa.)

339 Neste sentido, Ada Pellegrini Grinover considera que a doutrina dos poderes implícitos pode ser sintetizada por citação empregada pelo Min. Rocha Lagoa, em voto preliminar na Reclamação n. 141, julgada em 25.1.1952, de autoria de Black: "Tudo o que for necessário para fazer efetiva alguma disposição constitucional, envolvendo proibição ou restrição ou a garantia a um poder, deve ser julgado implícito e entendido na própria disposição". Ver: GRINOVER, Ada Pellegrini. A Reclamação para garantia da autoridade das decisões dos Tribunais. *Revista Jurídica Consulex*, ano 6, n. 127, 30 abr. 2002. A doutrina dos poderes implícitos ganhou notoriedade em 1819, em decorrência de julgamento da Suprema Corte dos Estados Unidos no caso Mc Cullock v. Maryland, no qual a opinião do Juiz Marshall foi de grande importância para a elaboração da tese dos "poderes implícitos do Governo Federal, quanto por sua decisão de que um Estado não pode tributar um instrumento do Governo Federal". Ver: SWISHER, Carl Brent. *Decisões históricas da Côrte Suprema.* Rio de Janeiro: Editora Forense Rio, 1964. p. 26.

340 "Já na segunda etapa – mesmo após a adoção da reclamação pelo RISTF, com características diferenciadas da Correição Parcial – a persistência desta no cotidiano judiciário, acompanhada da problemática já apontada, aprofundou as divergências de opinião, não deixando que se pacificasse facilmente a distinção entre a reclamatória e a medida correcional, o que justifica o apelido fase de discussão que se atribui ao período, dado o embate de questões constitucionais e processuais, de que foi talvez o mais rico". Ver: RIBEIRO DANTAS, 2000, op. cit., p. 47.

341 Embora fosse competência do STF elaborar o seu próprio regimento, conforme o art. 97, II da CF, não havia clareza a respeito da matéria que o STF poderia dispor no Regimento. Consta na Constituição de 1946, conforme se pode ler no art. 97, II: "Art 97 – Compete aos Tribunais: (...) II – elaborar seus Regimentos Internos (...).

342 Veja-se a íntegra da ementa da ReclD (Reclamação-Diligência) n. 338-PR: "Reclamação – o Regimento Interno do Supremo Tribunal Federal só admite a reclamação nos casos seguintes: a) para preservar a integridade da competência do mesmo Supremo Tribunal Federal; b) para assegurar a autoridade do seu julgado. Descabe o recurso mencionado quando se pretende corrigir julgado sob pretexto de ter havido equívoco material por ocasião do julgamento. Para casos que tais há os outros recursos normais: embargos de nulidade ou de declaração, ou ação rescisória" . Ver: ibid., p. 191-192.

promulgação da Emenda n. 7, de 1977, foi marcada pela autorização de que o RISTF estabelecesse os feitos de sua competência, conforme art. 115, parágrafo único, alínea "c", da Constituição vigente à época, que culminava na possibilidade de o Supremo "legislar" acerca dos Processos de sua competência.[343] Logo, tal situação fortaleceu notadamente a distinção com a velha "reclamação correicional", a despeito de ainda se verificarem dificuldades na nomenclatura empregada.[344]

Nesse ínterim, cumpre observar a disputa entre os que, "influenciados ainda pela Correição Parcial, apegavam-se a considerá-la uma medida meramente administrativa, correicional, e os que, negando-lhe esse caráter (...), tinham-na na conta de um recurso, ou até de uma ação. Entretanto, merece registro o fato de que a maioria dos pronunciamentos preferia não tomar posição, adotando, a respeito, expressões neutras, ou empregando termos indefinidos e processualmente vazios de significação, como *remédio, remédio heróico, medida, medida especial,* etc.".[345]

Em uma quarta fase, denominada da definição, no período entre a Emenda n. 7, de 1977, à Constituição de 1967 até a entrada em vigor da CF/1988, houve a instituição – por meio da Emenda já mencionada – da "avocatória" (art. 119, inciso I, *alínea* "o"), segundo a qual poderia o STF, mediante pedido do Procurador-Geral da República, avocar as causas processadas perante quaisquer juízos ou Tribunais.[346]

A avocatória ensejou críticas, em razão da ditadura militar, em que se permitia que Ministros nomeados pelo Presidente da República pudessem trazer para si qualquer causa que estivesse tramitando, em afronta ao princípio do Juiz Natural, embora alguns vissem com simpatia o instrumento para coibir medidas teratológicas de juízos ou de Tribunais Inferiores.[347] Entretanto, nessa fase, teria o STF "conduzido-se com extrema cautela em relação à matéria, tendo havido em todo o período de sua vigência somente onze pedidos, dos quais o STF concedeu apenas quatro".[348] A abordagem acerca da "avocatória" é relevante no contexto, pois a sua adoção tendente à preservação da competência do Supremo conduziria ao inarredável esvaziamento da Reclamação. Todavia, dada a sua generalidade ao tempo de sua vigência, isto não ocorreu. Ao contrário,

[343] Art. 115 – Parágrafo único – O Regimento Interno estabelecerá: (...) c) o processo e o julgamento dos feitos de sua competência originária ou de recurso;

[344] RIBEIRO DANTAS, 2000, op. cit., p. 210.

[345] Ibid., p. 211.

[346] Ibid., p. 218.

[347] Ibid., p. 219, referindo-se ao posicionamento de Ives Gandra da Silva Martins.

[348] Ibid., p. 222-223.

nesse período, a Reclamação foi bastante utilizada, tendo se fortalecido como instrumento que visava à preservação da competência do STF.[349]

Ao final, Dantas arrola uma quinta fase, a da plenificação, a partir da Constituição de 1988, com o advento dos arts. 102, inciso I, alínea "l", e 105, inciso I, alínea "f", em que o Texto Constitucional alberga expressamente a possibilidade da Reclamação.

Hoje, com a Emenda Constitucional n. 45, de 8 de dezembro de 2004, que atribuiu à Reclamação a função de assegurar a aplicabilidade da Súmula Vinculante, conforme arts. 103-A e § 3º da Constituição Federal, esta-se vivendo uma sexta fase, que, sem sombra de dúvida, expandiu o instituto.[350]

3.3. Da distância entre a correição parcial e a reclamação

A Reclamação apresentou como ponto relevante o distanciamento em relação à Correição Parcial, em que se acentua o caráter administrativo.[351]

Para Leonardo Morato, a "correição opera no Poder Judiciário e de modo interno. O que se busca com essa medida é apontar eventual abuso (*lato sensu*) de autoridade ao órgão superior da Magistratura, para o fim

---

349 RIBEIRO DANTAS, 2000, op. cit., 223.

350 Nessa mesma opinião, veja-se MORATO, 2007, op. cit., p. 36. A expansão da Reclamação tem sido tão grande que poder-se-ia falar numa fase de utilização da Reclamação como instrumento de imposição da jurisprudência dominante. Neste sentido, cito como exemplo a atual utilização da Reclamação no STJ, especialmente para afirmar a jurisprudência da Corte em relação ao Juizados Especiais (ex. Reclamações: 3764, 3914, 5272, 6715).

351 A Correição Parcial sempre esteve envolvida em controvérsia. No começo, ambos os institutos Correição Parcial e Reclamação se confundiam. A respeito disso, basta anotar, dentre outros, SIQUEIRA *apud* MORATO, 2007, op. cit., p. 39. Devido à utilização da Correição como recurso, entendeu-se que ela seria inconstitucional, quando não prevista em lei federal. Encontram-se referências a tal recurso, de forma incidental, na Lei do Mandado de Segurança (Lei n. 1.533/51) e na Lei de Organização Judiciária da Justiça Federal (Lei n. 5.010/66). No entanto, como observa Araken de Assis (ASSIS, Araken de. Introdução aos sucedâneos recursais. Direito e Justiça, Porto Alegre: EDIPUCRS, v.27, n.1, p. 13-56, 2003, p. 35), há previsão expressa no CPPM (art. 498): "DA CORREIÇÃO PARCIAL Casos de Correição Parcial. Art 498. O Superior Tribunal Militar poderá proceder à Correição Parcial: a) a requerimento das partes, para o fim de ser corrigido erro ou omissão inescusáveis, abuso ou ato tumultuário, em processo, cometido ou consentido por Juiz, desde que, para obviar tais fatos, não haja recurso previsto neste Código; b) mediante representação do Ministro Corregedor-Geral, para corrigir arquivamento irregular em inquérito ou processo. (Redação dada pela Lei n. 7.040, de 11.10.1982). 1º É de cinco dias o prazo para o requerimento ou a representação, devidamente fundamentados, contados da data do ato que os motivar. Disposição regimental 2º O Regimento do Superior Tribunal Militar disporá a respeito do Processo e julgamento da Correição Parcial" e no art. 709, II da CLT. Para Morato e Nelson Nery Jr., apesar de a medida ser constitucional, trata-se de simples medida administrativa. Além disso, a ampla possibilidade de recorrer dentro da sistemática do CPC, mesmo em atos omissivos que causem prejuízos às partes, acaba fazendo que se utilizem menos estes instrumentos. No COJE/RS, a Correição Parcial é prevista para os erros *in procedendo*.

de que seja apurada a existência desse vício, retomada a marcha regular do processo e, eventualmente, seja a autoridade infratora repreendida, punida. Por conseguinte, o vício deve ser solucionado, a fim de regularizar-se uma situação anômala, um desvirtuamento das regras de processo".[352] Na Correição Parcial, "ao persistir o abuso, o erro, a omissão, *não* pode o órgão corregedor interferir no Processo, para alterar a decisão ou cassá-la, decidir o que não foi decidido etc., o que pode, perfeitamente, resultar da propositura e apreciação da Reclamação".[353] Por isso, afirma-se que a correição parcial é "medida administrativo-disciplinar da Magistratura".[354]

3.4. A natureza jurídica da reclamação

Busca-se demonstrar a abrangência da Reclamação a partir de sua natureza jurídica. A justificativa é apresentada por Morato para quem:

> É com base na natureza jurídica que se pode aferir o regime jurídico aplicável a um dado instituto, os pressupostos a que ele está sujeito, quais os seus limites de abrangência, quais os efeitos que com ele e a partir dele podem ser produzidos e em que situações se pode valer dele. Faz toda diferença dizer se um determinado instrumento é judicial ou não, se se trata de um recurso, de uma ação ou de um incidente processual. E isso porque, se não for judicial, por exemplo, e estiver sediado na esfera administrativa, o regime jurídico

[352] MORATO, 2007, op. cit., p. 48.

[353] Ibid., p. 49.

[354] MORATO, loc. cit. No que se refere à Correição Parcial, ressalve-se a posição de Theotônio Negrão no sentido de que: "não há mais razão, no sistema processual vigente, para a subsistência da Correição Parcial, somente justificável no CPC anterior, em que o agravo de instrumento, para ser cabível, dependia de expressa previsão legal. Hoje, ou o ato judicial causa prejuízo e comporta, conforme o caso, apelação ou agravo, ou não causa, e não se vê por que motivo, nesta última hipótese, haveria de estar sujeito a Correição Parcial (salvo na Justiça Federal, em que esta é expressamente prevista em lei e tem caráter efetivamente correicional, e não de sucedâneo de recurso)" . Ver: NEGRÃO, Theotônio. *Código de Processo Civil e legislação processual em vigor*. 30. ed. São Paulo : Saraiva, 1999. p. 494. A Correição Parcial é prevista no COJE/RS, no art. 195: A Correição Parcial visa à emenda de erros ou abusos que importem na inversão tumultuária de atos e fórmulas legais, na paralisação injustificada dos feitos ou na dilatação abusiva de prazos, quando, para o caso, não haja recurso previsto em lei. § 1° – O pedido de Correição Parcial poderá ser formulado pelos interessados ou pelo Órgão do Ministério Público, sem prejuízo do andamento do feito. § 2° – É de cinco (5) dias o prazo para pedir Correição Parcial, contado a partir da data em que o interessado houver tido ciência, inequivocamente, do ato ou despacho que lhe der causa. § 3° – A petição deverá ser devidamente instruída com documentos e certidões, inclusive a que comprove a tempestividade do pedido. § 4° – Não se tomará conhecimento de pedido insuficientemente instruído. § 5° – O Magistrado prestará informações no prazo de dez (10) dias; nos casos urgentes, estando o pedido devidamente instruído, poderão ser dispensadas as informações do Juiz. § 6° – A Correição Parcial, antes de distribuída, será processada pelo Presidente do Tribunal de Justiça ou por um de seus Vice-Presidentes, que poderá exercer as seguintes atribuições do Relator (redação dada pela Lei n. 11.133/98): a) deferir liminarmente a medida acautelatória do interesse da parte ou da exata administração da Justiça, se relevantes os fundamentos do pedido e houver probabilidade de prejuízo em caso de retardamento, podendo ordenar a suspensão do feito; b) rejeitar de plano o pedido se intempestivo ou deficientemente instruído, se inepta a petição, se do ato impugnado houver recurso ou se, por outro motivo, for manifestamente incabível a Correição Parcial.

aplicável não é próprio da atividade jurisdicional e, com isso, as decisões alcançadas não podem possuir os mesmos efeitos das decisões judiciais. Da mesma fora, se se tratar de um instrumento de natureza processual, ter-se-á assunto de competência exclusiva da União, o que impede os Estados e Municípios de disporem sobre o tema. Ainda, são muitas as diferenças existentes entre um recurso, uma Ação e um incidente processual. Enfim, saber a natureza jurídica de um instituto é imprescindível não só para estudá-lo como também identificá-lo e situá-lo no sistema. E, uma vez identificada a natureza jurídica do instituto, torna-se possível enquadrá-lo nas diversas situações, para apontar as suas hipóteses de cabimento.

No entanto, às vezes, são imensas as dificuldades de se acertar a classificação e a concordância a respeito da natureza jurídica de um determinado instituto.

No caso da Reclamação, já não se discute de que não se trata de uma medida administrativa,[355] mas no mais há enormes pontos de discordância, pois há quem a classifique subsumida no direito de petição,[356] ou como recurso[357] ou sucedâneo recursal, como incidente processual ou como direito de ação.

A Reclamação possui contornos próprios, seja no que tange à sua introdução na esfera estadual, através das Constituições estaduais, pela variabilidade de hipóteses de cabimento (âmbito judicial e administrativo) ou, ainda, pela diferença de resultados que dela podem decorrer, como a avocação da competência, a anulação de ato administrativo, a cassação

---

[355] Acerca do tema, Pontes de Miranda já afirmara: "Se a doutrina e a jurisprudência admitem que a reclamação possa cassar despacho, ou reformar decisão judicial, é inegável que fez da reclamação ou recurso extralegal – 'regimental', se preferem – ou ação". Ver: PONTES DE MIRANDA, Francisco Cavalcanti. *Comentários ao Código de Processo Civil.* 3. ed. atual. legislativa por Sérgio Bermudes. t. 2. Rio de Janeiro : Forense, 2000. p. 383.

[356] Para Ada Pellegrini Grinover, a Reclamação tratar-se-ia de "remédio ou medida de Direito Processual Constitucional" – afirma também que a Reclamação constituiria uma garantia especial subsumida no direito de petição aos Poderes Públicos (art. 5º, inciso XXXIV, alínea "a" da Constituição Federal). Grinover ainda ressalta que o próprio direito de ação encontra-se vinculado ao direito de petição, contudo argumenta que o este último possuiria espectro mais amplo, abrangendo o próprio direito de dirigir-se ao Legislativo, Executivo e Judiciário, com o que bem se amolda o instituto da Reclamação. Sobre o assunto, a Ministra Ellen Gracie, Relatora da ADI n. 2212 seguiu a doutrina acima citada de Ada Pellegrini Grinover, segundo a qual a Reclamação não se trata de ação, pois não se vai discutir a causa com um terceiro e não é recurso, porque a relação processual já está encerrada – nem se pretende reformar a decisão –, mas antes garanti-la. Está, deste modo, aproximada do direito de petição. Respeitada a compreensão da referida autora, tenho que se afigura inadequada a definição da Reclamação como direito de petição, já que tal direito possui acepção demasiada abrangente e, em assim sendo, pouco se presta às finalidades de uma classificação, ou seja, a melhor sistematização para a compreensão do instituto e o seu melhor estudo. Outrossim, impende observar que o direito de petição, embora possa ser dirigido inclusive ao Poder Judiciário, não possui caráter jurisdicional, restringindo a sua atuação ao âmbito administrativo, circunstância que inibe a ideia de caracterizar a reclamação no seio do direito de petição, uma vez que esta possui inegavelmente espectro jurisdicional, como trataremos logo a seguir. Ver: GRINOVER, 2002, op. cit.

[357] O Ministro Amaral Santos, na Rcl 831/DF afirma que, quando se reclama, recorre-se contra um ato da relação processual em curso; em assim sendo, aproxima-se da tese que considera a Reclamação como um recurso.

de decisão judicial e a determinação de lançamento de nova emissão de ordem para adequado cumprimento.

Realmente qualquer tarefa classificatória apresenta dificuldades. Genaro R. Carrió[358] adverte sobre algumas circunstâncias a respeito da classificação e da natureza jurídica. Para ele, os juristas têm uma crença errônea sobre a função que desempenham as classificações. Os juristas creem que as classificações, às vezes herdadas de uma forte tradição, constituem a verdadeira forma de agrupar as regras e os fenômenos, em lugar de ver nelas simples instrumentos para a sua melhor compreensão. "Las clasificaciones no son ni verdaderas ni falsas, son serviciales o inútiles; sus ventajas están supeditadas al interés que guía a quien las formula, y a su fecundidad para presentar un campo de conocimiento de una manera más fácilmente comprensible o más rica en consecuencias prácticas deseables".[359]

Para Carrió, sempre há muitas maneiras de classificar-se e decidir-se por uma classificação: não é como optar por um mapa, cuja fidelidade e infidelidade sempre têm como teste a realidade; porém, a classificação responde a argumentos valorativos em favor do modo de classificar.[360]

Essa demanda classificatória muitas vezes se reflete na pesquisa jurídica de um determinado instituto. Busca-se uma espécie de chave única[361] para um grande edifício, mas que pressupõe uma *decisão estipulativa*.[362]

É que muitas vezes, entre outras coisas, ao nos perguntarmos sobre a natureza jurídica, estamos tentando aparentar os institutos com aqueles que conhecemos, atenuando o choque da novidade.[363] Uma polêmica

---

358 CARRIÓ, Genaro R.. *Notas sobre Derecho y Lenguaje*. 4. ed. corr. e aum. Buenos Aires: Abeledo-Perrot, 1994. p. 91ss.

359 CARRIÓ, 1994, op. cit., p. 99.

360 Ibid., p. 100.

361 ROBSON apud CARRIÓ, 1994, op. cit., p. 163.

362 "es muy improbable- (...) – que alguna difinición o fórmula breve pueda generar afirmaciones verdaderas acerca de todos los tipos de fenômenos efectivamente cubiertos por el uso común de la palabra, ya que es muy improbable que la palabra cubra um campo totalmente homogêneo". ROBSON *apud* CARRIÓ, loc. cit.

363 "Al preguntarse por la ´natureza jurídica´ de una institución cualquiera los juristas persiguen este imposible: una justificación única para la solución de todos los casos que, ya en forma clara, ya en forma imprecisa, caen bajo un determinado conjunto de reglas. Es decir, aspiran a hallar un último criterio de justificación que valga tanto para los casos típicos como para los que no lo son. Por supuesto que no hay tal cosa. El ir en pos de ella, sin embargo, no obedece meramente a un obstinado capricho. Varios factores ayudan a explicar el fenómeno: a)El deseo de los juristas de procurarse una guía para resolver aquellos caos cuya solución no puede extraerse de las normas del sistema; b)El deseo – muchas veces no consciente – de conseguir el propósito expresado sin abdicar de estas dos ideas, que definen cierta forma de positivismo jurídico: 1) el orden jurídico es completo, no tiene lagunas: las soluciones de todos los casos concretos pueden ser deducidas de las

classificatória pode ser interminável, como recordou Umberto Eco sobre a perplexidade com a classificação do ornitorrinco,[364] quando se deveria construir um esquema de um objeto ainda desconhecido.

Assim, embora reconhecendo a força da novidade, a Reclamação pode ser inserida ao lado daquelas ações especiais, como o Mandado de Segurança e *Habeas Corpus* que muitos denominam de ações constitucionais, ou seja, daquelas ações ligadas diretamente à consecução da normatividade constitucional. É necessário fazer a ligação com o objetivo da "instrumentação jurídico-processual destinada à consecução do objetivo político consistente na preservação das liberdades públicas. A estreita instrumentalidade que liga o processo à Constituição e à ordem política nela delineada conduz à estruturação da chamada *Jurisdição Constitucional das liberdades*, um complexo de meios preordenados ao exercício da jurisdição em casos concretos, com vistas a efetivar as garantias de liberdade ofertadas a nível constitucional".[365]

Neste sentido, tem-se a Reclamação se caracteriza como ação constitucional, que os autores denominam também de remédio de garantia constitucional, cuja função precípua é a de assegurar a efetividade das decisões emanadas do Supremo Tribunal Federal e, eventualmente, aviltadas/inobservadas pelos demais Tribunais/Juízes ou, ainda, pela Administração Pública Direta ou Indireta.[366] Ela é uma ação constitucional que se coloca ao lado do Habeas Corpus, do Mandado de Segurança que se citam aqui, por também possuírem especificidades e às vezes funcionarem como sucedâneo recursal, mas às quais já não se nega o seu caráter de ação.

---

normas del sistema, siempre que sepamos integrar a éstas con una adecuada captación de la naturaleza jurídica de las figuras que aquéllas diseñan; 2) no es de buena ley fundar la decisión frente al caso concreto en las consecuencias de adoptar tal o cual solución; c) El deseo de hallar un punto de partida inconmovible para la ulterior tarea de clasificación y sistematización; d) En cierta medida, el deseo de emparentar las instituciones de aparición reciente con otras de linaje ilustre, atenuando así el choque de la novedad mediante su absorción por un mundo familiar de ideas ya elaboradas". CARRIÓ, 1994, op. cit., p. 101-102.

[364] ECO, Umberto. *Kant e o ornitorrinco.* Trad. de Ana Thereza B. Vieira. Rio de Janeiro; São Paulo: Record, 1998. Na página 81, ele explica: "Se escolhemos o ornitorrinco como exemplo de objeto desconhecido, não foi por puro capricho. O ornitorrinco foi descoberto na Austrália em fins de Setecentos e foi, primeiramente, chamado como *watermole, duck-mole,* ou *duckhilled platypus.* Em 1799 foi examinado na Inglaterra um exemplar empalhado e a comunidade de naturalistas não acreditou nos próprios olhos, tanto que alguém insinuou que se tratava de brincadeira de um taxidermista. (...) Quando finalmente decidimos que o ornitorrinco é um mamífero que põe ovos, Kant já estava morto havia oitenta anos."

[365] DINAMARCO, 1993, op. cit.

[366] Não se olvide a existência das demais hipóteses de cabimento, "já que a própria Constituição a atribui também ao STJ, e autoriza, (...), que outras leis a cometam a outros tribunais, como faz a LOJM com o STM, e o Código Eleitoral, pro construção normativa nele permitida ao TSE" (ver: RIBEIRO DANTAS, 2000, op. cit., p. 466), hipóteses que, nem sempre, estarão a serviço de tema constitucional.

De fato, a Reclamação "atinge o seu zênite como instrumento de Jurisdição Constitucional" quando se destina a obrigar ao cumprimento de decisão da Corte, referente ao controle da constitucionalidade, ou a preservar a competência do Pretório Máximo no que toca a tal fiscalização.[367] A Reclamação vem a bem do resguardo de dois princípios constitucionais de ordem processual, quais sejam, o do Juiz Natural (art. 5º, incisos XXXVII e LIII), quando é aviada com vistas à preservação de competência; ainda, o da efetiva tutela jurisdicional, consubstanciado no Direito à jurisdição (art. 5º, XXXV), quando tutela o cumprimento do julgado.[368] A Reclamação faz parte do "conjunto das normas de Direito Processual que se encontra na Constituição"[369] e visa em última instância à garantia à preclusão hierárquica da decisão.[370]

Não há dúvida de que ela se constitui em *direito de ação,* mas é uma ação constitucional, em que a função expressa na Constituição é que deve preponderar sobre as regras estritas de Processo Civil. Leonardo José Carneiro da Cunha,[371] *prima facie,* pondera pela sua feição jurisdicional, elencando os seguintes argumentos: a) depende de provocação das partes ou do Ministério Público, sendo esta uma das distinções entre a atividade administrativa e a jurisdicional, isto é, esta última depende de provocação para agir; b) a Reclamação Constitucional provoca a cassação da decisão exorbitante, não sendo admissível que tal ato possua cunho administrativo; c) exige-se capacidade postulatória e, ainda, a decisão proferida em Reclamação produz coisa julgada, sendo passível de recursos, tais como o agravo interno e os embargos de declaração.

---

[367] RIBEIRO DANTAS, 2000, op. cit., p. 468.

[368] Ibid., p. 469.

[369] Ibid.

[370] Ordinariamente, nega-se que ao Juiz se imponham preclusões, porque ele exerce o Poder Estatal e não faculdades no próprio interesse; e daí a conhecida classificação tríplice das preclusões, nas modalidades temporal, lógica e consumativa. No entanto, decidida a matéria em grau superior, aos Juízes das Justiças não cumpre senão dar cumprimento ao decidido, seja mediante a implantação das situações práticas determinadas, seja proferindo decisões sobre matéria subseqüente ou prejudicada, de modo harmonioso com a decisão mais elevada. O próprio pedido ou requerimento sobre o qual o Tribunal de superposição houver decidido não comporta mais decisão alguma pelo órgão inferior. Isso é autêntica *preclusão.* Ver: DINAMARCO, Cândido Rangel. A reclamação no processo civil brasileiro. *Revista da Ajuris,* Porto Alegre: Associação dos Juízes do Rio Grande do Sul, v. 29, n. 87, p. 27-36, set. 2002. Tomo I. p.31.

[371] CARNEIRO DA CUNHA, Leonardo José. Natureza jurídica da reclamação constitucional. In: NERY JR., Nelson; ALVIM WAMBIER, Teresa Arruda (coords.). *Aspectos polêmicos e atuais dos recursos cíveis e de outros meios de impugnação às decisões judiciais.* v. 8. São Paulo: Editora Revista dos Tribunais, 2005. p. 325-341.

Ela não é recurso,[372] mas pode atuar como ação constitucional nos seus limites, como sucedâneo recursal,[373] ou seja, com os objetivos ali previstos.[374]

---

[372] Argumenta-se que ela não é prevista taxativamente em lei, ou seja, não está elencada no art. 496 do Código de Processo Civil, bem como porque não se sujeita a prazo ou à sucumbência (pode ser aforada unicamente para preservar a competência do Tribunal). Importante, nesse cenário, pontuar a existência de inúmeras acepções da palavra *recurso.* Sob o conceito de "remédio capaz de atacar a violação da lei", engloba o próprio significado de *ação* como remédio, "*remedium juris,* porque é o *recurso judiciário* para afirmação de um direito. Jônatas Milhomens, em citação a João Monteiro, delineia a diversidade de significados da palavra *recurso,* como se vê: "A palavra *recurso* tem muitas e variadas significações. Na primeira delas, significação etimológica (do latim, *recursus, us*), designa o ato de alguém voltar, correndo, para o lugar de onde, correndo, saíra. Nesse sentido, *refluxo* e *recurso* das marés são termos sinônimos. A locução *maris cursus et recursus* foi empregada por Plínio e se traduz indiferentemente o *fluxo* e o *refluxo* ou o *curso* e o *recurso* do mar". Prossegue o mencionado autor trazendo as acepções de "remédio" para os males morais ou físicos, bem como o ato de socorrer ou acudir alguém". Ver: MONTEIRO apud MILHOMENS, Jônatas. *Dos recursos cíveis*: doutrina, legislação, jurisprudência e formulário. Rio de Janeiro : Forense, 1991. p. 13. Orientando-se sob essa linha de raciocínio, pode-se observar que a efetiva distinção entre os conceitos de *recurso* e *ação* – teses que têm predominado acerca da reclamação, como se viu acima – possuem uma linha bastante tênue, tendo Machado Guimarães (MACHADO, Guimarães. *Limites objetivos do Recurso de Apelação.* Rio de Janeiro: Instituto de Direito Processual, 1962) e Hortêncio Catunda de Medeiros (MEDEIROS, 1980, op. cit., p. 23.) asseverado que "se nota [, ainda, é] uma tendência evolutiva no sentido da aproximação entre os recursos e as ações autônomas, porque os respectivos contornos já não se apresentam precisos". Tal constatação demonstra-se emblemática pela postura adotada por Barbosa Moreira (BARBOSA MOREIRA apud MEDEIROS, 1980, op. cit., p. 5), no sentido de que a definição do conceito de recurso deve restringir-se "àquilo que o Direito brasileiro considera recurso e como tal disciplina", com o que, a par de seu propalado conceito sobre o tema (recurso), fulmina o debate existente acerca da natureza jurídica dos embargos de declaração, sob o argumento de que se encontram expressamente arrolados pelo Código de Processo Civil de 1973 entre os recursos. Nesse aspecto, veja-se o anotado por Barbosa Moreira (BARBOSA MOREIRA, 2001, op. cit., p. 540): "Não obstante arrolados expressamente entre os recursos pelo Código de 1939 (art. 808, n. V), como por leis anteriores, controvertia-se em doutrina acerca da verdadeira natureza dos embargos de declaração. Vários autores negavam-lhes, com argumentos diversos, o caráter de recurso, que outros lhe reconheciam. Ao nosso ver, a questão é pura e simplesmente de Direito Positivo: cabe ao legislador optar, e ao intérprete respeitar-lhe a opção, ainda que, *de lege ferenda,* outra lhe pareça mais aconselhável". A lei, no entanto, não conceitua recurso, embora os elenque. Portanto, deve-se, ao contrário do que afirma Barbosa Moreira, buscar elementos de caráter doutrinário para conceituar o que é recurso, tarefa que cabe à ciência jurídica. Neste sentido, ver: MEDEIROS, 1980, op. cit., p. 3. Ressalve-se, ainda, a ponderação consignada por Nelson Nery Júnior no sentido de que: "Não é demais lembrar a advertência feita por Savigny do perito representado pela codificação completa do Direito com as respectivas definições, no sentido de que isto representaria o pensamento atual da ciência jurídica, impedindo, por assim dizer, a evolução material e progressiva dessa ciência". Ver: NERY JUNIOR, Nelson. *Princípios fundamentais* – teoria geral dos recursos. São Paulo: Revista dos Tribunais, 1993. p. 29.

[373] Os "sucedâneos recursais" são definidos por Nelson Nery Júnior como "remédios que, por absoluta falta de previsão legal não são considerados como recursos, mas tendo em vista a finalidade para a qual foram criados, fazem as vezes destes". Ressalve-se que o citado autor exclui expressamente a Reclamação para o Supremo Tribunal Federal (art. 156, RISTF) do conceito de sucedâneo. Ver: ibid., p. 261.

[374] CARNEIRO DA CUNHA, 2005, op. cit., p. 332, que rechaça a tese de caracterizar-se como *sucedâneo recursal,* visto que não se destina a obter anulação ou reforma de uma decisão judicial (substitutividade prescrita no art. 512 do Código de Processo Civil). O referido autor explicita que: "Poderá, até, gerar uma *cassação* da decisão, mas não impõe ao órgão inferior que emita outro pronunciamento, tal como ocorre com a anulação da decisão ocasionada no julgamento de um recurso ou sucedâneo recursal".

A Reclamação contém os elementos da ação; contudo, onde o Reclamante estiver no pólo ativo, haverá uma autoridade reclamada,[375] um pedido e causa de pedir, uma vez que aquela envolve reclamante e reclamado, contém a formulação de um pedido e se apoia na invasão de competência ou na desobediência à decisão da Corte.[376] A própria Lei n. 8.038/80 previu a Reclamação como ação (embora não expressamente) ao inseri-la no Título I da Lei n. 8.038/90, que trata dos Processos de competência originária, assim como a Constituição Federal, em seu art. 103-A, § 3º, empregou o "termo *procedente* para designar o resultado positivo do julgamento da reclamação, quando se sabe que, tecnicamente, o julgamento de *procedência* só se aplica a pedidos formulados em ações".[377]

Vale referir também que há dois regramentos constitucionais para a Reclamação. Ela é prevista como garantia da competência e da autoridade das decisões do STF (art. 102, I, l);[378] além disso, o art. 103-A, § 3º, estabelece conformação mais precisa para atingir a sua finalidade: anulação do ato administrativo, cassação da decisão judicial reclamada e determinação de que outra seja proferida com ou sem aplicação da Súmula.

Certamente, a Reclamação ao Supremo é um instrumento capaz de auxiliá-lo no papel de guardião da Constituição, motivo pelo qual também se optou por aquela na adoção do instituto da Súmula Vinculante, em uma "caminhada de consolidação da jurisprudência", tendente a evitar a insegurança jurídica e a relevante multiplicação de processos.[379]

Passe-se ao exame das hipóteses de cabimento em vista de suas funções.

3.5. A Reclamação como garantia da autoridade do STF

A expressão *garantia da autoridade das decisões* não é esclarecida pelos Textos Normativos – RISTF e pela Lei n. 8.038/90 –, deixando ampla mar-

[375] Esse posicionamento é sustentado por Morato, que defende que no pólo passivo deverá figurar "a autoridade que se coloca contra o sistema, afrontando-o (...) e não a parte contrária". Ver: MORATO, 2007, op. cit., p. 121.

[376] Nesse sentido também, RIBEIRO DANTAS, 2000, op. cit., p. 459-460.

[377] MORATO, 2007, op. cit., p. 110-111.

[378] Cabe destacar que, apesar de o enfoque do presente estudo no tocante às funções da Reclamação se limitar àquela de competência do Supremo Tribunal Federal, há grande semelhança de tratamento desta com a Reclamação de competência do Superior Tribunal de Justiça, tanto que Leonardo Morato realiza a abordagem conjunta dos instrumentos, baseando o seu estudo em tal aspecto especialmente na Jurisprudência destas Cortes. Ibid., p. 135.

[379] DINAMARCO, 2001, op. cit., p. 1123-1150.

gem para o debate doutrinário e jurisprudencial, que se dá apenas com a desobediência de um julgado do STF.[380]

A Reclamação e os recursos taxativamente previstos nas leis processuais ou ações de impugnação relativamente a mesma decisão impugnada têm âmbitos específicos de atuação e são cumuláveis, podendo a Reclamação ser utilizada como sucedâneo dos recursos, quando vem ao encontro da garantia da autoridade da decisão do Supremo Tribunal Federal.[381]

A Reclamação cabe quando se alega ofensa à *res judicata*, naqueles casos em que as decisões dos Tribunais de sobreposição dependem do lançamento do "cumpra-se" pelo juízo *ad quo*,[382] e também quando esta decisão for inobservada, contrariada, cumprida de modo errôneo. Diante de tal realidade, é possível afirmar a existência de um interregno entre a decisão propriamente dita e a produção de seus efeitos concretos/materiais perante o jurisdicionado, no qual pode o juízo responsável pela sua efetivação desbordar da conclusão exarada pelo Supremo Tribunal Federal.[383] Bem, é exatamente aí que se vislumbra o cabimento da Reclamação, tendo Pontes de Miranda asseverado que: "só se pode admitir *reclamação*

---

[380] MORATO, 2007, op. cit., p. 138.

[381] Morato anota sobre a questão que o resultado da Reclamação pode "acabar alcançando, reflexamente, aquilo que poderia ter sido obtido por meio do expediente recursal próprio. Diz-se, reflexamente porque a finalidade da reclamação não é, como já dito, a de fazer às vezes do recurso, mas é perfeitamente concebível que a decisão proferida na reclamatória acabe resolvendo a situação da parte sucumbente, anteriormente objeto de um recurso, como uma conseqüência do julgamento. Por isso é incorreto adotar como regra absoluta a regra enunciada por boa parte da jurisprudência, de que não se pode lançar mão da reclamatória para fazer as vezes de sucedâneo recursal ou de ação rescisória, pois, em sendo reconhecida a invasão da competência ou a afronta à autoridade das Cortes Superiores, plenamente cabível a reclamação, pois deverá haver, necessariamente, uma decisão que reestabeleça a ordem, cujo teor pode coincidir com o que seria objeto do pleito recursal pertinente". Ibid., p. 141.

[382] Assim é que as sentenças de cunho meramente declaratório ou constitutivo de direitos, que não exijam inscrição do direito em registro, operam *ipso iure* e "aquelas que se refiram a coisas ou a medidas dependentes de registro necessitam de ato real exteriormente visível (*durch einen äusserlich ersichtlich zu machenden Realakt vollzogen wird*) e somente por processo de mesma espécie pode ser posto de lado". Ver: PONTES DE MIRANDA, Francisco Cavalcanti. *Comentários ao Código de Processo Civil*. t. 5. (arts. 444 a 475). Rio de Janeiro: Forense, 1997. p. 284. Nessa linha de raciocínio , Pontes de Miranda exemplifica: "Se a penhora foi feita pelo Juiz de primeira instância e foi dado provimento ao recurso do executado, só se levanta a penhora por ato do Juiz após o cumpra-se". E continua: "Se houve medida incidental, só após o cumpra-se se desconstitui (*e.g.*, se houve arresto, ou seqüestro). Em se tratando de decisão de Tribunal de superior instância, é preciso que baixem os autos e se desconstitua, salvo se a medida se passou no plano só espiritual". Para não escaparmos da *praxis*, é o que igualmente se verifica na hipótese de ação declaratória que reconhece a paternidade de determinado indivíduo, a qual produzirá a integralidade de seus efeitos civis mediante a inscrição junto ao Ofício de Pessoas Naturais, que, em regra, se determina após se tornar imutável a sentença.

[383] Versando sobre a Reclamação, Roberto Rosas afirmou: "O Superior Tribunal sempre encontrou dificuldades na interpretação ou execução de seus acórdãos, porque feitas pelos tribunais ou juízes, muitas vezes indo além ou aquém do decidido pela Suprema Corte". Ver: ROSAS, Roberto. *Direito Processual Constitucional*: princípios constitucionais do Processo Civil. 2. ed. São Paulo: Revista dos Tribunais, 1997. p. 143.

nas espécies em que o caso esteja julgado pelo Supremo Tribunal Federal entre as partes e o ato do juiz, que cumpre a decisão do Supremo Tribunal Federal, ofenda a *res iudicata*".[384] Ela estará a serviço da garantia da autoridade do Supremo que já determinou diretamente a autoridade administrativa responsável pelo cumprimento do *decisum* do Mandado de Segurança.[385]

Em contrapartida, o verbete 734[386] da Súmula do Supremo Tribunal Federal – que restringe o cabimento da Reclamação em caso de trânsito em julgado – não confronta com a ideia acima exposta, pois não se busca atacar a decisão do Supremo qualificada pela coisa julgada, mas sim garanti-la, provocando a fulminação da decisão posterior ao *decisum* imutável, que venha a inobservá-la.

A ideia que se pode extrair quanto ao cabimento da Reclamação para a garantia da autoridade dos órgãos de cúpula do Poder Judiciário é a de *desacato* de suas decisões, ou seja, quando o cumprimento de modo equivocado ou ainda o não cumprimento à parcela dispositiva do *decisum* do Supremo.[387] Inicialmente, tinha a função de não corrigir o desacato pela

---

[384] PONTES DE MIRANDA, 1997, op. cit., p. 291. Por outro lado: "Se a ofensa à *res iudicata* foi por outro Juiz, não se podem eliminar a exceção de coisa julgada, a decisão do Juiz na exceção e os recursos". Ibid., p. 290.

[385] "Reclamação: alegação de desrespeito à autoridade da decisão proferida pelo Supremo Tribunal no RE 245.075-8: procedência. 1. Hipótese de Mandado de Segurança preventivo requerido pelo Sindicato dos Notários e Registradores do Estado de São Paulo – SINOREG-SP, contra a iminência de aposentadoria compulsória, na idade de setenta anos, dos titulares de serventias cartoriais, cuja relação anexada à inicial inclui o nome do reclamante, que, ademais, outorgara procuração *ad judicia* ao Sindicato. 2. O Supremo Tribunal, em decisão que transitou em julgado, deu provimento, em parte, ao recurso extraordinário interposto pelo Sindicato, para conceder a ordem aos substituídos do recorrente que só completaram setenta anos de idade após a publicação da EC 20/98. 3. Ao cumprimento da decisão, o Juízo reclamado antepôs objeções, que, além de inconsistentes, não poderiam ser suscitadas pelo Magistrado de primeiro grau, quando provocado apenas para fazer cumprir Mandado de Segurança deferido pelo Supremo Tribunal Federal, pois, se procedentes, implicariam a nulidade do julgamento do RE. 4. É manifesto que carece de poder o Juízo de primeiro grau para desconstituir decisão de mérito, emanada e transitada em julgado do Supremo Tribunal ou de qualquer instância a ele superposta. II. Mandado de segurança preventivo: traz implícito o pedido de desconstituição do ato que se quer evitar; consumado o ato após o ajuizamento da ação, a impetração não fica prejudicada. III. Decisão judicial: execução: autoridade competente. A circunstância de as aposentadorias compulsórias terem sido formalizadas por ato do Secretário de Estado dos Negócios da Justiça e da Cidadania, a quem, portanto, caberia desfazê-las, não escusa que o Juízo de origem do Processo – que o deveria fazer de ofício – se negasse a expedir o mandado à autoridade competente para cumpri-lo. (Rcl 4190/SP – São Paulo, Reclamação, Relator(a): Min. Sepúlveda Pertence, Julgamento: 07/11/2006, Órgão Julgador: Primeira Turma – Supremo Tribunal Federal).

[386] Não cabe Reclamação quando já houver transitado em julgado o ato judicial que se alega tenha desrespeitado decisão do Supremo Tribunal.

[387] Sobre o tema, elucidativas as seguintes ementas de julgamentos do Supremo Tribunal Federal: RECLAMAÇÃO. ICMS. PRODUTO SEMI-ELABORADO. AÇÚCAR DEMERARA. DISPOSITIVOS CONFLITANTES DA DECISÃO IMPUGNADA E DO ACÓRDÃO DO STF. PROCEDÊNCIA. Ainda que diversos os fundamentos, se as partes dispositivas das decisões em confronto são diametralmente opostas, a reclamação é parcialmente procedente. Rcl 2301/Al – Alagoas, Reclamação Relator(a): Min. Ellen Gracie, Julgamento: 18/02/2004, Órgão Julgador: Tribunal Pleno. EMENTA: Reclamação:

afronta à tese utilizada pela Corte Superior[388] – visto que os fundamentos no Processo Civil brasileiro não restam acobertados pela coisa julgada[389] –, mas sim "que o ato violador tenha infringido a *conclusão* da decisão (o *decisum*) da Corte Superior desacatada".[390] No entanto, em nova formulação no STJ, que não está-se a tratar aqui, a Reclamação está sendo utilizada como mecanismo de afirmação da jurisprudência daquela Corte, com mais eficácia do que o próprio Recurso Especial.

Podem-se verificar ainda equívocos na interpretação do julgamento a ser cumprido. Se isso ocorrer em decorrência do exercício da atividade interpretativa do Magistrado, não se deve falar em desacato à autoridade do julgado, quando o Juiz realiza integração ou atividade interpretativa para o cumprimento de acórdão,[391] como por exemplo, na forma de fixação de juros, quando o decidido não deixa claro quais os critérios adotados.

---

alegação de desrespeito do julgado do Supremo Tribunal na ADIn 1662 (Pleno, Maurício Corrêa, DJ 19.9.03): improcedência. Os fundamentos do ato reclamado, que determinou o seqüestro de rendas do Estado do Espírito Santo, no valor de 30% do crédito exeqüendo referente a precatório oriundo de reclamação trabalhista, não guardam identidade com o ato normativo invalidado pelo acórdão da ADIn 1662 (Instrução Normativa 11/97, aprovada pela Resolução 67/97, do Tribunal Superior do Trabalho), o que inviabiliza o exame da matéria na via estreita da reclamação. Rcl-AgR 4070 / ES – Espírito Santo, Ag.Reg. na Reclamação, Relator(a): Min. Sepúlveda Pertence, Julgamento: 09/08/2006, Órgão Julgador: Tribunal Pleno

[388] Sobre isso, apenas podemos verificar a questão no chamado processo objetivo de controle de constitucionalidade, em que vimos se sustenta a ocorrência da transcedência dos Motivos Determinantes da decisão em abstrato, como se pode constatar: 2. Seqüestro de recursos do Município de Capitão Poço. Débitos trabalhistas. 3. Afronta à autoridade da decisão proferida na ADI 1662. 4. Admissão de seqüestro de verbas públicas somente na hipótese de quebra da ordem cronológica. Não equiparação às situações de não inclusão da despesa no Orçamento. 5. Efeito vinculante das decisões proferidas em ação direta de inconstitucionalidade. 6. Eficácia que transcende o caso singular. 7. Alcance do Efeito Vinculante que não se limita à parte dispositiva da decisão. 8. Aplicação das razões determinantes da decisão proferida na ADI 1662. 9. Reclamação que se julga procedente. (Rcl 2363/PA –PARÁ RECLAMAÇÃO Relator(a): Min. GILMAR MENDES; Julgamento: 23/10/2003, Órgão Julgador: Tribunal Pleno – Supremo Tribunal Federal.) ou da extensão do julgamento nos crimes hediondos já mencionada anteriormente: Min. Gilmar Mendes findou por estender à Recl. N. 4335 os efeitos da decisão do HC n. 82.959-SP, no qual fora reconhecida a inconstitucionalidade da vedação à progressão de regime relativamente aos condenados pela prática de crimes hediondos (art. 2º, § 1º, da Lei 8.072/90). Íntegra do voto disponível em: <http://www.stf.gov.br/imprensa/pdf/RCL4335gm.pdf>. Acesso em: 13 abr. 2007.

[389] Código de Processo Civil: art. 469. Não fazem coisa julgada: I – os motivos, ainda que importantes para determinar o alcance da parte dispositiva da sentença; (...)

[390] MORATO, 2007, op. cit., p. 152.

[391] Esmiuçando esse pensamento, interessa trazer à baila o julgamento da Recl. 204/PA, no qual o Supremo Tribunal Federal não conheceu da Reclamação, tendo em vista a compreensão de que não havia se verificado "violação frontal da decisão" da Corte Suprema, mas sim o exercício de legítima função interpretativa do Magistrado na interpretação do acórdão. A decisão restou assim ementada: "Reclamação. Apuração de haveres do sócio pré-morto, em Processo de dissolução parcial da sociedade. Fiscalização, pela inventariante, autorizada em decisão do STF. Razoável e prudente aplicação pelo Juiz, do *'decisum'* da suprema Corte, no interesse do espólio e da preservação e continuidade da empresa, não pode ser confundida com o desrespeito frontal ensejadora da Reclamação. Não-Conhecimento". (Rcl 204 / PA – Pará, Reclamação Relator(A): Min. Célio Borja Julgamento: 01/08/1986, Órgão Julgador: Tribunal Pleno.)

Nos Processos em que não envolvam ações diretas de controle de constitucionalidade "Estão abrangidos (...) aqueles que foram partes no feito em que proferida a decisão judicial que, depois, vem a ser desacatada; aqueles que, embora não tenham sido partes, foram atingidos, juridicamente, pelos efeitos da mesma decisão judicial; ou aqueles a quem se refere a norma competencial desrespeitada. Tem-se caracterizada, aqui, a parte ativa da reclamação, prevista no art. 13 da Lei 8.038/90".[392]

A regra é que se utilize a Reclamação entre os que tenham sido parte da relação processual, não se prestando em si ao cumprimento da jurisprudência do STF.[393]

No que concerne à autoridade nos Processos de controle de constitucionalidade, far-se-á exposição própria adiante.

3.6. A Reclamação para a preservação da competência do STF

A manutenção da competência[394] do STF constitui-se em elemento apropriado, em *ultima ratio*, para a própria garantia da autoridade de suas decisões, buscando-se resguardar da invasão de outros órgãos jurisdicionais (ou mesmo administrativos) de sua esfera de atuação, nas inúmeras hipóteses de competência[395]originária e recursal,[396] ou mesmo de Inquérito

---

[392] MORATO, 2007, op. cit., p. 119.

[393] Ibid., p. 189.

[394] A concepção teórica do conceito está bem delineada na expressão de Chiovenda, segundo o qual a competência consiste no "conjunto das causas nas quais pode ele exercer, segundo a lei, sua jurisdição; e, em um segundo sentido, entende-se por competência essa faculdade do Tribunal considerada nos limites em que lhe é atribuída". Ver: CHIOVENDA *apud* PIZZOL, Patrícia Miranda. *A competência no Processo Civil*. São Paulo: Revista dos Tribunais, 2003. p. 120.

[395] Deste modo, importa destacar alguns julgamentos de maior relevância, sendo possível citar dentre os casos em que fora admitida a Reclamação, especialmente aquelas hipóteses em que é cabível o recurso extraordinário, isto é, considerado instrumento recursal de fundamentação vinculada e que concerne à competência do Supremo, nenhum outro Tribunal lhe pode apreciar, como se verifica nas Recl. n. 529/SP (*DJ* 24.04.1996) e n. 229 (*DJ* 07.06.1996). Ver: MORATO, 2007, op. cit., p. 176-177. Ainda, as hipóteses de processos em que se busca a desconstituição e a sentença homologatória proferida pelo Supremo Tribunal Federal, cuja competência somente assiste ao próprio prolator da decisão. Por outro lado, destaca-se como insuscetível de aviamento de Reclamação para a preservação da competência ações que visem à declaração de inconstitucionalidade de lei municipal em face da Constituição Estadual, sob o fundamento de inconstitucionalidade material em relação à Carta Federal, quando se trata de normas de reprodução, visto que possuem eficácia jurídica própria e independente das normas originais. Igualmente, não é o mero fato de o Superior Tribunal de Justiça fundamentar o seu julgamento em dispositivo constitucional que conduz à competência da lide ao Supremo Tribunal Federal (*e.g.* Rcl. 324/DF). Ibid., p.177-179. Ao final, digno de nota é a compreensão no sentido do não cabimento de Reclamação em situação na qual "pelo fato de se tratar de questão constitucional que poderá chegar, depois de exauridas as instâncias ordinárias, a esta Corte por via de recurso extraordinário que acaso venha a ser interposto, não é possível configurar-se ocorra, por causa da demora da tramitação do Mandado de Segurança na primeira instância (e o mesmo ocorre com a demora da tramitação da representação junto ao Conselho da Magistratura), o cabimento da presente reclamação para a preservação da competência desta Corte se futuramente vier a ser interposto recurso extraordinário para

Policial, para apurar a responsabilidade penal de indivíduo detentor de foro privilegiado.

A Reclamação, para atacar ato administrativo que desrespeite Súmula Vinculante, será vista em momento próprio.

3.7. Aspectos procedimentais da Reclamação

A Reclamação encontra disciplina no RISTF, entre os arts. 156 e 168, assim como na Lei n. 8.038/90 (arts. 13 a 18) e, ainda, mais recentemente, pela Lei n. 11.417/06, em seu art. 7º.

Esses dispositivos estabelecem como legitimados à sua propositura o Procurador-Geral da República ou o interessado na causa, quando estes buscarem a preservação da competência do Tribunal ou a garantia da autoridade de suas decisões, impondo-se que venha aquela instruída com prova documental. Seu endereçamento será para o Presidente do Tribunal e a distribuição, sempre que possível, será feita ao Relator da causa principal.

Apresentada a Reclamação, o Relator requisitará informações à autoridade cujo ato fora impugnado, cumprindo-lhe prestá-las em dez dias.[397] Em sequência, poderá o Relator determinar a suspensão do curso do Processo em que se tenha verificado o ato reclamado ou ainda solicitar a sua remessa ao Supremo.

---

ela", conforme Recl. n. 1203/BA, da lavra do Ministro Moreira Alves: "Agravo regimental contra despacho que negou seguimento a reclamação. – Como salientado no despacho agravado, por mais elástico que seja o entendimento razoável que se dê ao âmbito da reclamação para a preservação da competência desta Corte, não é ela cabível 'pelo fato de se tratar de questão constitucional que poderá chegar, depois de exauridas as instâncias ordinárias, a esta Corte por via de recurso extraordinário que acaso venha a ser interposto, não é possível configurar-se ocorra, por causa da demora da tramitação do Mandado de Segurança na primeira instância (e o mesmo ocorre com a demora da tramitação da representação junto ao Conselho da Magistratura), o cabimento da presente reclamação para a preservação da competência desta Corte se futuramente vier a ser interposto recurso extraordinário para ela'. Ademais, não é a reclamação a esta Corte a medida judicial cabível quando se alega que, com as demoras apontadas, possa a parte ficar privada da completa Jurisdição Constitucional. Agravo a que se nega provimento". (Rcl-AgR 1203/BA – BAHIA – AG.REG.NA RECLAMAÇÃO, Relator(a): Min. MOREIRA ALVES Julgamento: 27/09/2000, Órgão Julgador: Tribunal Pleno).

[396] Acerca de casos em que sequer haja Processo instaurado, exemplifica Morato com a instauração de inquérito para investigação de autoridade que possa desfrutar de foro privilegiado perante as Cortes Superiores. Ver: MORATO, 2007, op. cit., p. 185.

[397] Consigne-se a existência de antinomia legal com relação ao prazo de prestação das informações, haja vista que o art. 14, inciso II da Lei n. 8.038/90 prescreve o prazo de 10(dez) dias e o do RISTF, em seu art. 157, o qual prescreve o prazo de 05(cinco) dias. De qualquer modo, penso que deva prevalecer o lapso mais dilatado (10 dias), tendo em vista o caráter de hierarquia da lei ordinária em relação ao Regimento Interno do Supremo.

Ressalte-se que o Regimento Interno do STF prevê a possibilidade de "qualquer interessado" impugnar o pedido do reclamante até o trânsito em julgado da questão,[398] de acordo com o art. 159 do RISTF.

Expirado o prazo para informações, será oportunizada vista dos autos ao Procurador-Geral da República (quando não for ele próprio o reclamante), isto é, hipótese de vista obrigatória ao representante do Ministério Público, ainda que na condição de *custus legis*, pois, conforme consta no art. 103, § 1°, da CF: "O Procurador-Geral da República deverá ser previamente ouvido nas ações de inconstitucionalidade e em todos os processos de competência do Supremo Tribunal Federal".

Com o julgamento de procedência da Reclamação exarado pelo Supremo Tribunal Federal, apresentam-se as seguintes hipóteses diante do ato judicial:

a) avocação dos autos do Processo em que se verifica usurpação de sua competência ou ordenação de que lhe sejam remetidos os autos do recurso para ele interposto (art. 156, incisos I e II, do RISTF): tais medidas guardam consonância com a hipótese de usurpação de competência das Cortes Superiores, sendo que, como foi visto acima, nestas hipóteses, não necessariamente é preciso a existência de anterior decisão.

Assim, inobservada a competência do Supremo, serão os autos atraídos à respectiva Corte Superior a fim de que nesta se processe o feito ou que seja julgado o recurso que lhe é interposto.

b) cassação da decisão exorbitante de seu julgado ou determinação de medida adequada à observância de sua jurisdição (art. 156, inciso III, do RISTF): hipótese na qual se vislumbram alternativas tendentes à correção do desacato à autoridade do Pretório Excelso e que lhe permite a retirada da eficácia da decisão que extrapole do seu julgado ou que determine a realização de ato (*lato sensu*) que permita a adequada aplicação de sua jurisdição.

Com o escopo de dar célere tramitação ao feito, o Relator tem a possibilidade de ordenar a suspensão do Processo ou do ato impugnado, com o que se lhe autorizam amplos poderes, com o objetivo de preservar a eficácia do provimento jurisdicional que se busca (art. 14, inciso II, da Lei n. 8.038/90) ou, ainda, a determinação de remessa dos autos em que tenha ocorrido o ato impugnado ao STF (art. 158 do RISTF).

Também, quando se trata de ato administrativo, não há modificação das providências a serem tomadas pelo Supremo Tribunal Federal,

[398] Súmula 734 do STF: Não cabe reclamação quando já houver transitado em julgado o ato judicial que se alega tenha desrespeitado decisão do Supremo Tribunal Federal.

com certas ressalvas: a) a avocação dos autos do Processo em que se verifica usurpação de competência não se refere unicamente ao procedimento acusatório[399] – como, aliás, tem-se visto em julgados do Supremo;[400] b) não há recurso da via administrativa para o Supremo, motivo pelo qual é inaplicável a "remessa do recurso para ele interposto"; c) pode ser aplicada, especialmente nos Processos objetivos e na Súmula Vinculante, a cassação da decisão exorbitante de seu julgado ou determinação de medida adequada à observância de sua jurisdição (art. 156, inciso III do RISTF), com o fulcro de corrigir o desacato à autoridade das Cortes Superiores, com o que poderá exortar integral ou parcialmente a decisão administrativa que extrapole do seu julgado ou que determine a realização de ato (*lato sensu*) que permita a adequada aplicação de sua jurisdição.

Observe-se que, na linha do inserto no art. 557 e no seu § 1°-A, poderá o Relator "julgar a Reclamação quando for objeto de jurisprudência consolidada do Tribunal" (a teor do art. 161, parágrafo único do RISTF). O Presidente do Tribunal ou da Turma determinará o imediato cumprimento da decisão, lavrando-se o acórdão posteriormente.

Por derradeiro, observe-se que com o advento da Lei n. 11.417, de 19 de dezembro de 2006, bem como do Verbete 734 da Súmula do Supremo Tribunal Federal, outros dois requisitos se impõem ao processamento da Reclamação: a) tratando-se de impugnação a ato ou à omissão da Administração Pública, o uso da Reclamação só será admitido após o esgotamento das vias administrativas; b) tratando-se de impugnação a ato judicial, não se poderá ter verificado o trânsito em julgado da decisão que se alega que tenha desrespeitado a autoridade do Supremo Tribunal Federal, elemento que, como já foi visto, estabelece delimitação temporal/circunstancial para a propositura da Reclamação.

---

[399] Observe-se que compreensão diversa, no sentido de que unicamente processos de índole acusatória poderiam ser avocados pelas Cortes Superiores, constituiria uma interpretação de literal e restritiva do instituto, que não se coaduna com a sua exegese, e resultaria em fragilizar – injustificadamente, diga-se de passagem – o instrumento de controle conferido aos Tribunais mais elevados do País.

[400] A título de exemplo, verificado em julgamento do Supremo, veja-se a seguinte ementa: Reclamação. 2. Inquérito em que se investiga a suposta prática de crime por Senador da República. 3. A Constituição, em seu art. 102, I, "b", define expressamente a competência do Supremo Tribunal Federal para processar e julgar, quanto aos crimes comuns, os membros do Congresso Nacional. Referida regra representa direta concretização do Princípio Constitucional Do Juiz Natural. 4. Reclamação Que Se Julga Procedente. (Rcl 1150/PR – PARANÁ, RECLAMAÇÃO Relator(A): Min. GILMAR MENDES, Julgamento: 14/11/2002 – Órgão Julgador: Tribunal Pleno).

3.8. Do uso da Reclamação como instrumento do Efeito Vinculante

3.8.1. Da Reclamação para a preservação do Efeito Vinculante do controle concentrado

Ao examinar a evolução do cabimento da Reclamação no Processo objetivo do STF, observa-se que, na égide da Constituição de 1967 que trata da representação de inconstitucionalidade (Ação Direta Genérica) no ordenamento jurídico brasileiro[401] discutia-se se o Senado Federal deveria ainda atuar no controle de constitucionalidade. Ficou estabelecido que era dispensável a sua atuação nestas ações, pois a eficácia *erga omnes* ocorreria independentemente da sua atuação. Apesar de aceitar os efeitos gerais, o STF não aceitava a Reclamação relativa ao acórdão do STF, proferido em representação por quem não fosse parte daquela. Paradigmática é, pois, a decisão proferida na Reclamação 136-9, Relator Oscar Corrêa, Relator para o acórdão, 26/05/1982: "Reclamação relativa ao cumprimento de acórdão do STF proferida em representação. Falta de legitimidade do reclamante que não interveio na causa originária. (Regimento Interno do STF, art. 156)".[402] No voto do Ministro Moreira Alves, encontram-se os fundamentos que a Corte exarou na oportunidade: "Não pode, portanto, um particular – que, aliás, sequer participou da relação processual, vir reclamar contra a falta de execução do acórdão que declarou a inconstitucionalidade de uma lei, porque alega que se continua a aplicar o diploma legal declarado inconstitucional ao seu caso particular". Moreira Alves sustenta o não cabimento em face da natureza declaratória da sentença de inconstitucionalidade que

> É insusceptível de execução em sentido processual. Se alguma autoridade continuar a aplicar a lei, estará ela aplicando lei que inexiste juridicamente, e contra seu ato caberá ao

---

[401] O termo *Representação* foi utilizado para o que hoje denomina-se *Ação Direta de Inconstitucionalidade.* Foi introduzido no ordenamento constitucional brasileiro pela Emenda n. 16 de 1965 (De acordo com a emenda constitucional citada a redação do art. 101, inc. I, ficou assim redigida: "Ao Supremo Tribunal Federal Compete: I – processar e julgar originariamente: (...) a representação contra inconstitucionalidade de lei ou ato de natureza normativa, federal ou estadual, encaminhada pelo Procurador-Geral da República".). Preenchia uma função supletiva e uma função corretiva do *modelo incidente* ou difuso, pois possibilitava a aferição direta da constitucionalidade de leis que não se mostravam aptas, em princípio, a ser submetidas, como questão preliminar, em uma controvérsia concreta. Ainda, uma função corretiva, já que, mediante decisão direta e definitiva, permitia superar a situação de insegurança jurídica e corrigir determinadas injustiças decorrentes da multiplicidade e da contraditoriedade dos julgados proferidos pelos diferentes Juízes ou Tribunais sobre a mesma matéria. Ver: MENDES, Gilmar Ferreira. *Controle de constitucionalidade*: aspectos jurídicos e políticos. São Paulo: Saraiva, 1990. p. 77.

[402] A questão era pertinente a um suplente de Deputado, Jacy de Campos Netto, que, em decorrência da declaração de inconstitucionalidade de uma lei estadual que permitia a cumulação de cargo de Deputado e Prefeito nomeado. O STF não aceitou a legitimidade do suplente por este não ter feito parte da relação jurídica originária.

prejudicado lançar mão dos meios processuais adequados – como, por exemplo, o Mandado de Segurança – em casos em que se aplica lei que inexiste.

Aliás, não fora assim, e se teria que, por haver este Tribunal declarado a inconstitucionalidade de uma lei que instituiu determinada taxa, qualquer contribuinte, diante da persistência do Poder Público em cobrar a taxa inconstitucional, poderia via a esta Corte com uma reclamação pelo descumprimento de seu acórdão. E teríamos milhares e milhares de reclamações.

Ademais, é de se notar-se que o nosso Regimento Interno, em seu art. 161, declara que "caberá reclamação do Procurador-Geral da República, ou do interessado na causa, e, no caso, o reclamante não tem nenhuma dessas duas qualidades, até porque o interesse na causa é um interesse juridicamente qualificado e não o interesse genérico de qualquer cidadão".

O manejo da Reclamação, na oportunidade, era bem menos ampla se considerados os atuais parâmetros. Os efeitos anexos não produziam interesse jurídico apto a seu manejo, ficando aquela restrita apenas às partes. Igual concepção foi reiterada na Reclamação n. 235[403] e Reclamação n. 479,[404] em que se reconhecia uma preocupação com a enxurrada de Processos que pudessem atrapalhar o STF. Por isso, buscava-se evitar a extensão para qualquer "interessado-prejudicado". Posteriormente, o STF foi admitindo o cabimento da Reclamação também para a preservação dos efeitos cautelares. A respeito disso, há uma série de precedentes

[403] Rcl 235 QO / MA – Maranhão – Questão De Ordem Na Reclamação , Relator(a): Min. Néri Da Silveira Julgamento: 01/10/1987 Órgão Julgador: Tribunal Pleno Reclamação. Decisão, em representação, declaratória de inconstitucionalidade, em tese, de lei ou ato normativo. Reclamação para garantir a autoridade da decisão do STF (RISTF, art. 156). Natureza do julgamento em representação. Admissibilidade da reclamação, para garantir a autoridade da decisão, tão só, quando se cuidar de atos de índole política a serem praticados pelo representando, necessários à imediata eficácia do acórdão, ou em ordem a afastar eventuais obstáculos opostos pelo representado contra a produção dos efeitos do decisum. Deve o reclamado deter, ao mesmo tempo, a posição processual de representado, reservando-se, outrossim, legitimidade ativa, para a reclamação, ao autor da representação. No que concerne, porém, às situações resultantes da irradiação dos efeitos do julgado do STF, em representação, no plano de direitos ou interesses jurídicos, de particulares ou de pessoas jurídicas de Direito público, cabe delas trata-se, nas vias adequadas de defesa desses diretos ou interesses. Hipótese em que a reclamação não é cabível, porque o Estado reclamante não é autor da representação e o Tribunal reclamado não é o representado, no feito de inconstitucionalidade. Se o Tribunal concedeu Mandado de Segurança a particulares, aplicando lei estadual, cujos efeitos estavam suspensos, em medida cautelar, em representação aforada pelo Procurador-Geral da República, o Estado deve adotar as medidas judiciais próprias para tentar suspender os efeitos do writ ou para cassá-lo. Reclamação não conhecida.

[404] Relator(a): Min. Marco Aurélio, Tribunal Pleno, julgado em 17/08/1994, DJ 24-08-2001, p. 46 EMENT, Vol. 2040-01, p. 78): "Reclamação – Ação Direta de Inconstitucionalidade. Na dicção da ilustrada maioria, em relação a qual guardo reservas, a reclamação é cabível, visando a preservar a autoridade de provimento relativo a ação direta de inconstitucionalidade, quando o ato que se diz discrepante haja sido praticado pelo próprio autor do normativo que restou fulminado. TRIBUNAIS DE JUSTIÇA – VAGAS DO QUINTO – PREENCHIMENTO. O preenchimento das vagas concernentes ao quinto constitucional, mediante consideração da clientela formada pelos egressos da advocacia e do Ministério Público, harmoniza-se com o alcance dos arts. 93, inciso III, e 94 da Constituição Federal, revelado pelo Supremo Tribunal Federal no julgamento da ação direta de inconstitucionalidade n. 813-SP, relatada pelo Ministro Carlos Velloso, em Sessão Plenária de 09 de junho de 1994, cuja decisão foi publicada no Diário da Justiça de 17 de junho de 1994".

em Reclamação no STF, embora estes não contassem com o beneplácito de todos, como se pode constatar no voto do Ministro Marco Aurélio na Reclamação n. 1.722.

Na Reclamação n. 2.143 AgR, Relator(a): Min. Celso de Mello, Tribunal Pleno, julgado em 12/03/2003, DJ 06-06-2003, tal posição foi consolidada em Reclamação em que se alegou desrespeito à decisão, proferido na ADI 1.662/SP. Segundo a concepção emanada deste julgamento:

> (...) desrespeito à eficácia vinculante, derivada de decisão emanada do Plenário da Suprema Corte, autoriza o uso da Reclamação. – O descumprimento, por quaisquer Juízes ou Tribunais, de decisões proferidas com Efeito Vinculante, pelo Plenário do Supremo Tribunal Federal, em sede de ação direta de inconstitucionalidade ou de ação declaratória de constitucionalidade, autoriza a utilização da via reclamatória, também vocacionada, em sua específica função processual, a resguardar e a fazer prevalecer, no que concerne à Suprema Corte, a integridade, a autoridade e a eficácia subordinante dos comandos que emergem de seus atos decisórios. Precedente: Rcl 1.722/RJ, Rel. Min. Celso de Mello.

E quanto à legitimidade ativa para a Reclamação, dispôs o acórdão:

> na hipótese de inobservância do Efeito Vinculante. – Assiste plena legitimidade ativa, em sede de reclamação , àquele – particular ou não – que venha a ser afetado, em sua esfera jurídica, por decisões de outros magistrados ou Tribunais que se revelem contrárias ao entendimento fixado, em caráter vinculante, pelo Supremo Tribunal Federal, no julgamento dos processos objetivos de controle normativo abstrato instaurados mediante ajuizamento, quer de ação direta de inconstitucionalidade, quer de ação declaratória de constitucionalidade. Precedente. ADI 1.662/SP (...).

A questão foi reiterada na Reclamação n. 1880, já mencionada anteriormente. O julgamento culminou por alargar o cabimento a todos aqueles que possuírem interesse de agir – assim consta, como "legitimado para a reclamação aquele que tenha contra si provimento diverso do entendimento fixado por este Tribunal (...) alcançando todos aqueles que comprovem prejuízo em razão de pronunciamento dos demais órgãos do Poder Judiciário, desde que manifestamente contrário ao julgamento da Corte".[405]

Embora sempre recebendo críticas de parte da doutrina e mesmo de Ministros do STF[406] no sentido de que na liminar não há Efeitos Vin-

---

[405] Conforme se extrai do voto Min. Maurício Corrêa, no julgamento da Rcl. N. 1880-6, datada de 6.11.2002, em que sentenciou: "Ante essas circunstâncias, fixo a exegese de que, em se tratando de reclamação destinada a assegurar a autoridade de decisão desta Corte proferida em sede de controle concentrado de constitucionalidade, com eficácia vinculante, estão legitimados todos aqueles que demonstrem regular interesse de agir".

[406] Neste sentido, o voto do Ministro Marco Aurélio, proferido na Rec. 1.722-2 RJ, embora com uma abordagem mais abrangente sobre a própria questão da antecipação de tutela contra a Fazenda Pública: "Em primeiro lugar, ressalte-se, mais uma vez, estar em pleno vigor o preceito do § 2º da Carta da República que, excepcionando a liberdade dos órgãos investidos do ofício judicante, prevê o efeito maior, a vinculá-los, das decisões definitivas de mérito. O Direito, sendo ciência, conta com institutos, expressões e vocábulos com sentido próprio, descabendo confundir decisão definitiva de mérito, a

culantes, o STF entendeu que, tendo em vista a busca de um provimento efetivo, o seu desacato merece o amparo instrumental pela via da Reclamação,[407] o que não inundaria o STF, levando-se em consideração os Poderes do Relator.[408]

3.8.2. *A Reclamação não é sucedâneo do controle abstrato de constitucionalidade*

Outra questão que merece consideração, especialmente pela amplitude que dará a Reclamação caso esta seja aceita, é a da sua utilização como instrumento direto de controle de constitucionalidade, transformando-a como um sucedâneo de ações diretas de controle de constitucionalidade.

Quando se tratou do Efeito Vinculante, foi mencionada a questão de leis de idêntico teor, apresentada pelo Ministro Gilmar Mendes como uma das variantes dos Motivos Determinantes, justamente para se de-

---

pressupor, portanto, julgamento final, com algo de natureza precária e de efêmera, como é a liminar. Por outro lado, ao dirigir a Questão de Ordem na Declaratória de Constitucionalidade nº 1, a Corte proclamou – aí, sim, em definitivo – estar o Efeito Vinculante jungido ao julgamento final da declaratória e não à liminar. Soma-se a esta visão outro aspecto. É que a liminar concedida na Declaratória n. 4 ficou restrita ao disposto no art. 1º da Lei n. 9.494, de 10 de setembro de 1997, e, portanto, às situações em que vedada a concessão de liminar em Mandado de Segurança, mais precisamente, àquelas relativas a vencimentos. No caso, o tema veiculado diz respeito a pedágio. Ademais, considerada a organicidade do Direito, a tutela antecipada importa na existência, nos autos, de decisão interlocutória, cuja impugnação dá-se mediante agravo de instrumento para o próprio Tribunal a que esteja vinculado o autor respectivo, consoante dispõe o art. 522 do Código de Processo Civil, valendo notar a possibilidade, inclusive, de o Relator no Tribunal vir a imprimir ao citado recurso o efeito suspensivo (inciso II do art. 527 do mesmo Código) (Decisão liminar proferida na Reclamação n. 997-5/RJ, por mim relatada, publicada no Diário da Justiça de 18 de dezembro de 1998).

[407] Podemos citar vários precedentes que o STF acatou a Reclamação em função da ADC 4/DF (Rcl 759/RJ, Rel Min. Ellen Gracie - Rcl 777/DF, Rel. Min. Moreira Alves – Rcl. 778/DF, Rel. Min. Néri da Silveira – Rcl 833/RJ, Rel. Min. Moreira Alves – Rcl. 838/SP, Rel. Min. Ellen Gracie – Rcl 846/SP, Red. p/o Acórdão Min. Ellen Gracie – Rcl 853/DF, Red. p/o acórdão Min. Ellen Gracie – Rcl. 855/BA, Rel. Min. Néri da Silveira – Rcl 866/SP, Rel. Min. Moreira Alves – Rcl 896/SP, Rel. Min. Moreira Alves – Rcl. 920/DF, Rel. Min. Néri da Silveira – Rcl 980/DF, Rel. Min. Ellen Gracie – Rcl 983/SP, Rel. Min. Moreira Alves – Rcl 1.032/SP, Rel. Min. Ellen Gracie – Rcl. 1.135/RS, Rel. Min. Ellen Gracie – Rcl 1.196/PB, Rel. Min. Ellen Gracie – Rcl 1.214/SP, Rel. Min. Ellen Gracie – Rcl 1.282/CE, Rel. Min. Néri da Silveira – Rcl 1.600/ES, Rel. Min. Néri da Silveira – Rcl 1623/ES, Rel. Min. Ellen Gracie – Rcl 1.694/ES, Rel. Min. Ellen Gracie – Rcl. 1840/RN, Rel. Min. Ellen Gracie. No mesmo sentido, ver: MORATO, 2007, op. cit., p. 222.

[408] Uma das questões interessantes e que são elencadas como razões de decidir na Reclamação 1880 é a assunção dos poderes do Relator como fundamento à extensão da Reclamação, como se pode constatar no voto do Ministro Relator Maurício Corrêa: "Por outro lado, à medida que o Pleno for consolidando entendimento sobre as situações incidentes surgidas nas reclamações, julgando um exemplar, poderão os casos repetitivos ser apreciados monocraticamente, consoante autorizado pelos arts. 21, § 1º, do RISTF e 38 da Lei 8.038/90. Para os Casos de reclamação procedente, afigura-se-me também possível a decisão isolada do Relator, pela aplicação do art. 557, § 1º. A, do CPC, que permite o provimento do recurso quando o *decisum* estiver em manifesto confronto com a jurisprudência dominante do Tribunal".

fender um tratamento especial à questão. Pode-se verificar tal sistemática na liminar proferida na Reclamação n. 4987.[409] Tal Reclamação, cujo mérito acabou sendo julgado prejudicado, merece que a tese alicerçada na decisão monocrática do Ministro Gilmar Mendes tenha o devido exame e crítica, diante da possibilidade de novos julgamentos pelo STF.

A Reclamação n. 4.987, com pedido de liminar, foi ajuizada pelo Município de Petrolina/PE, em face de decisão do Juiz da 1ª Vara do Trabalho da Comarca de Petrolina/PE, proferida nos autos da Reclamação Trabalhista, que narra que a Lei Municipal n. 1.899, de 19 de dezembro de 2006, estabeleceu em R$ 900,00 (novecentos reais) o referencial de pequeno valor para fins de aplicação do art. 100, § 3º, da Constituição Federal, em conformidade com o art. 87 do Ato das Disposições Constitucionais Transitórias. A autoridade reclamada teria afastado a aplicação dessa norma municipal e, em sede de reclamação trabalhista, considerado como de pequeno valor uma condenação de R$ 4.217,69 (quatro mil, duzentos e dezessete reais e sessenta e nove centavos).

De acordo com informativo do STF, após, em 30 de janeiro de 2007, o Município reclamante peticionou ao juízo reclamado, informando a existência da Lei Municipal n. 1.899/2006. A seguinte decisão foi então proferida (fl. 24): "A matéria trabalhista é regida por lei federal. Portanto, o teto legal para execução independe de precatório; é fixado por lei desta natureza. Assim, considerando-se que a lei federal (art. 87 do Ato das Disposições Constitucionais Transitórias, acrescido pela Emenda Constitucional n. 37/2002) fixou o teto em 30 salários mínimos, deve este ser observado. A lei municipal não pode disciplinar matéria de atribuição privativa de lei federal. Cumpra-se, pois, a ordem exarada para pagamento".

A questão para a aplicação dos Motivos Determinantes, que Gilmar Mendes aqui denomina de leis de idêntico teor, é o decidido na ADI n. 2.868/PI, Rel. Min. Carlos Britto, Redator para o acórdão Min. Joaquim Barbosa, DJ 12.11.2004, em que se declarou a constitucionalidade de tal possibilidade em decorrência da autorização expressa do art. 87 da CF/88.[410] Citam-se ainda liminares proferidas na Rcl n. 2.986/SE (DJ 18.3.2005) e pelo Ministro Cezar Peluso na Rcl n. 4.250/PE (DJ 22.5.2006) como precedentes favoráveis à sua pretensão. Para Mendes "tal controvérsia reside não na concessão de Efeito Vinculante aos motivos determinantes das decisões em controle abstrato de constitucionalidade, mas

[409] Ver Informativo 458 do STF.

[410] "Ação Direta de Inconstitucionalidade. Lei n. 5.250/2002 do Estado do Piauí. Precatórios. Obrigações de Pequeno Valor. Cf, art. 100, § 3º ADCT, art. 87. Possibilidade de fixação, pelos estados-membros, de valor referencial inferior ao do art. 87 do ADCT, com a redação dada pela Emenda Constitucional 37/2002. Ação direta julgada improcedente".

na possibilidade de se analisar, em sede de reclamação, a constitucionalidade de lei de teor idêntico ou semelhante à lei que já foi objeto da fiscalização abstrata de constitucionalidade perante o Supremo Tribunal Federal".

Dito de outro modo, Mendes claramente defende a Reclamação como sucedâneo da ADI ou mesmo da ADPF, pois poderá o STF "declarar, incidentalmente, a inconstitucionalidade da lei ainda não atingida pelo juízo de inconstitucionalidade".

Gilmar Mendes sustenta como fundamentos (a) o precedente na Rcl n. 595 (Rel. Min. Sydney Sanches) em que o Tribunal declarou a inconstitucionalidade de expressão contida na alínea "c" do inciso I do art. 106 da Constituição do Estado de Sergipe, que outorgava competência ao respectivo Tribunal de Justiça para processar e para julgar ação direta de inconstitucionalidade de normas municipais em face da Constituição Federal; e b) no papel desenvolvido pela Reclamação. Neste sentido, conclui pela possibilidade de se utilizar a Reclamação para "fiscalizar incidentalmente a constitucionalidade das leis e dos atos normativos. E esse poder é realçado quando a Corte se depara com leis de teor idêntico àquelas já submetidas ao seu crivo no âmbito do controle abstrato de constitucionalidade. Assim, em relação à lei de teor idêntico àquela que já foi objeto do controle de constitucionalidade no STF, poder-se-á, por meio da reclamação, impugnar a sua aplicação ou rejeição por parte da Administração ou do Judiciário, requerendo-se a declaração incidental de sua inconstitucionalidade, ou de sua constitucionalidade, conforme o caso".

Então o que propugna o Ministro, em havendo precedentes do STF, é a utilização da Reclamação como sucedâneo das ações abstratas de inconstitucionalidade. Ele olvida o fato de que o precedente que cita em seu favor tratava de uma questão de usurpação de competência e, por isso, para julgar a usurpação, é que o Tribunal incidentalmente declarou inconstitucional norma do Estado de Sergipe. A referida decisão resolvia um problema da competência do STF, tanto que determina que se oficie ao Senado, visto que se trata de uma declaração incidental com todos os seus efeitos:

> Direito Constitucional e Processual Civil. Ação Direta de Inconstitucionalidade de Lei Municipal, em curso no Tribunal de Justiça de Sergipe, com liminar deferida. Reclamação para o Supremo Tribunal Federal. Procedência. 1. Dispõe o art. 106, I, "c", da Constituição do Estado de Sergipe: "art. 106. compete, ainda, ao Tribunal de Justiça: I – processar e julgar originariamente: ... "c" – a ação direta de inconstitucionalidade de lei ou atos normativos estaduais em face da Constituição Estadual e de lei ou de ato normativo municipal em face da Constituição Federal ou da Estadual". 2. Com base nessa norma, o Tribunal de Justiça do Estado de Sergipe tem julgado Ações Diretas de Inconstitucionalidade de leis

municipais, mesmo em face da Constituição Federal. 3. Sucede que esta Corte, a 13 de março de 2002, tratando de norma constitucional semelhante do Estado do Rio Grande do Sul, no julgamento da ADI n. 409, Relator Ministro SEPÚLVEDA PERTENCE (DJ de 26.04.2002, Ementário n. 2066-1), decidiu: "Controle abstrato de constitucionalidade de leis locais (CF, art. 125, § 2º): cabimento restrito à fiscalização da validade de leis ou atos normativos locais – sejam estaduais ou municipais – , em face da Constituição estadual: invalidade da disposição constitucional estadual que outorga competência ao respectivo Tribunal de Justiça para processar e julgar ação direta de inconstitucionalidade de normas municipais em face também da Constituição Federal: precedentes". 4. Adotados os fundamentos apresentados nesse aresto unânime do Plenário e em cada um dos precedentes neles referidos, a presente reclamação é julgada procedente, para se extinguir, sem exame do mérito, o processo da Ação Direta de Inconstitucionalidade n. 02/96, proposta perante o Tribunal de Justiça do Estado Sergipe, por falta de possibilidade jurídica do pedido, cassada definitivamente a medida liminar nele concedida. 5. Incidentalmente, o S.T.F declara a inconstitucionalidade das expressões "Federal ou da", constantes da alínea "c" do inciso I do art. 106 da Constituição do Estado de Sergipe. 6. A esse respeito, será feita comunicação ao Senado Federal, para os fins do art. 52, X, da Constituição Federal. E também ao Tribunal de Justiça de Sergipe. (STF, Rcl n. 595, Rel. Min. Sydney Sanches, DJU 23.05.2003).

Deve-se ressaltar que a Reclamação Constitucional tem uma cognição limitada e não pode servir como instrumento de controle abstrato de constitucionalidade, no qual existe um procedimento minuciosamente regulado pelo legislador para garantir o amplo debate constitucional, para ouvir os interessados e as autoridades e no qual podem ser produzidas provas nos limites daquela cognição.[411] Por isso, o fundamento do pedido da reclamação pode não ser totalmente fechado, porém está adstrito às hipóteses constitucionais, sob pena de se ampliar demasiadamente o instituto. Para demonstrar inapropriada a pretendida utilização da Reclamação, é necessário fazer um cotejo entre a Reclamação que se está apreciando e o que foi decidido na ADI 2868 que permitiu que fosse estabelecido um valor menor, em consonância com o art. 87 do ADCT.

No Piauí, por exemplo, o valor estabelecido pela Lei n. 5.250 foi de 5 (cinco) salários mínimos. A questão é saber se os R$ 900,00 (novecentos reais) estabelecidos pela Lei de Petrolina/PE é lei idêntico ao valor da Lei do Piauí. Podemos admitir inicialmente que se trate de lei idêntica, pois a questão estaria na *ratio* de se estabelecer um valor menor do que o

[411] Na ADI e na ADC, conforme se pode verificar na Lei n. 9868/99, permite-se o alargamento da cognição de várias maneiras: escutam-se as autoridades dos quais o ato emanou, prova-se a controvérsia judicial relevante (ADC) e, conforme o art. 9º, § 1º. Em caso de necessidade de esclarecimento de matéria ou circunstância de fato ou de notória insuficiência das informações existentes nos autos, poderá o Relator requisitar informações adicionais, designar perito ou comissão de peritos para que emita parecer sobre a questão, ou fixar data para, em audiência pública, ouvir depoimentos de pessoas com experiência e autoridade na matéria.

art. 87 ou não. Entretanto, há uma grande diferença de valores, o que pode, inclusive, sem embargo de maiores problemas, representar uma fraude à regra constitucional. Para estabelecermos o raciocínio *ad absurdum*, vejamos o seguinte: se o valor fosse de R$ 50,00 (cinquenta reais), estaria cumprido o mandamento constitucional? E haveria identidade dessa hipótese com a Lei do Piauí? Essa questão volta-se para se estabelecer que é necessário, antes de mais nada, fazer a averiguação de constitucionalidade, inclusive um juízo de proporcionalidade do referido dispositivo. É certo que a racionalidade do sistema quer nos levar a uma maior autonomia do ente federativo, porém as especificidades orçamentárias de cada ente da Federação deverão ser analisadas, sob pena de infringência ao princípio constitucional que se quer preservar. E isso só pode ser feito na seara própria do controle de constitucionalidade, que exige alargamento. Contudo, não foi essa a solução dada pelo Ministro Gilmar Mendes que, em função de uma ideia de que a Reclamação faz parte de um Processo Objetivo, fez o controle incidentalmente para chegar a uma resposta positiva, sem sequer ter dados mais efetivos sobre o orçamento.[412] Vamos reproduzir agora as palavras do Ministro:

> Parece claro, da mesma forma, que essa autonomia do ente federativo deverá respeitar o princípio da proporcionalidade. É dizer: não poderá o Estado ou o Município estabelecer um valor demasiado além, ou aquém, do que seria o valor razoável de "pequeno valor" conforme as suas disponibilidades financeiras. Cada caso é um caso, cujo juízo de proporcionalidade pressupõe a análise dos orçamentos de cada ente federativo.
>
> A Lei do Município de Petrolina-PE fixou um valor de R$ 900,00 (novecentos reais), que me parece bastante razoável, mesmo se comparado com os parâmetros do art. 87 do ADCT. Recordo, neste ponto, que, no julgamento da ADI n. 2.868/PI, o Tribunal considerou razoável valor no montante de 5 (cinco) salários mínimos.
>
> Ademais, ainda que o Tribunal não tenha se pronunciado expressamente sobre este tópico, a autonomia conferida aos entes federativos pelo art. 100, § 5º, da Constituição e pelo art. 87 do ADCT, abrange, inclusive, a possibilidade de que o referencial de pequeno valor não seja necessariamente fixado em quantidade de salários mínimos. O art. 87 do ADCT deixa claro que os valores nele estabelecidos têm vigência "até que se dê a publicação oficial das respectivas leis definidoras pelos entes da Federação". A lei de cada ente da Federação poderá fixar outros valores não-vinculados ao salário mínimo.
>
> Portanto, o referencial de pequeno valor – R$ 900,00 (novecentos reais) – fixado pela Lei Municipal n. 1.899/2006, para fins de aplicação do art. 100, § 3º, da Constituição Federal, deve ser respeitado pelo Juízo da 1ª Vara do Trabalho da Comarca de Petrolina/PE.

---

[412] A falta de dados se extrai da própria argumentação desenvolvida pelo Ministro, além do fato de que se trata de uma apreciação liminar do processo.

Trata-se de pensar a questão pelo prisma de um Processo justo ou adequado, ou seja, "informado pelos direitos fundamentais, expressos e implícitos na Constituição[413] – dito de outro modo, deve-se perquirir da adequação do procedimento, que não fica ao alvedrio do legislador, muito menos do aplicador. O contraditório fica solenemente prejudicada pelo atalho realizado, transformando a Reclamação em ação popular, com o único pressuposto de a tese ter sido debatida anteriormente, em julgamento de uma lei. Temos que, neste caso, a extensão da Reclamação infringe uma regra procedimental extremamente importante e cara para a Jurisdição Constitucional: o devido acesso ao STF.

3.8.3. A reclamação na Súmula Vinculante

A Súmula Vinculante obriga os aplicadores – os (demais) membros do Poder Judiciário e a Administração Pública – ao seu cumprimento. A Constituição assim preceitua:" § 3º Do ato administrativo ou decisão judicial que contrariar a súmula aplicável ou que indevidamente a aplicar, caberá reclamação ao Supremo Tribunal Federal que, julgando-a procedente, anulará o ato administrativo ou cassará a decisão judicial reclamada, e determinará que outra seja proferida com ou sem a aplicação da súmula, conforme o caso".

Constam aqui dois termos chaves: *contrariedade* ou *aplicação indevida*. A LSV precisou ainda mais os termos, ao acrescentar a expressão *negar-lhe vigência* "7º. – Da decisão judicial ou do ato administrativo que *contrariar* Enunciado de súmula vinculante, *negar-lhe vigência* ou *aplicá-lo indevidamente* caberá reclamação ao Supremo Tribunal Federal, sem prejuízo dos recursos ou outros meios admissíveis de impugnação" (grifo nosso). Portanto, a ideia é a mais ampla possível: contrariar e descumprir significa "contrariar, ignorar, negar vigência, aplicar ou interpretar indevidamente o Enunciado da súmula vinculante".[414]

Não é apenas o fato de contrariar, de negar vigência que permite desafiar a Reclamação, mas sim o de realizar uma aplicação indevida, ou seja, uma aplicação extensiva em situação na qual a Súmula Vinculante não deveria ter sido aplicada. Trata-se, pois, de um grande atalho para se chegar até o STF, para fazer valer a interpretação do expedidor da Súmu-

[413] Ver: WETZEL DE MATTOS, Sérgio Luís. *Devido Processo Legal e proteção de direitos*. Porto Alegre: Livraria do Advogado, 2009. p. 195.

[414] TAVARES, 2009, op. cit., p. 15.

la Vinculante, ou ao menos, usar da via da Reclamação para alegar que a situação apresentada não permite aplicar a Súmula.[415]

A extensão desse cabimento pode ser analisada em confronto com o impedimento ao recurso e, de modo geral, com a proposta de Súmula Impeditiva de Recursos que se encontra em análise na continuidade da chamada Reforma do Judiciário.[416] No primeiro caso, o Juiz, em decorrência do sistema, não estaria impedido de não aplicar a Súmula; mas em caso da sua aplicação, contudo, estaria afetado o interesse processual da parte que ficaria impedida de "recorrer". O modelo da Súmula Impeditiva coloca um entrave recursal, ao determinar que " são insuscetíveis de recurso e de quaisquer meios de impugnação e incidentes as decisões judiciais,

---

[415] Para Sérgio Bermudes (Bermudes, Sérgio. *A Reforma do Judiciário pela Emenda Constitucional n. 45.* Rio de Janeiro: Forense, 2005, p. 105), a Constituição não precisaria ter reforçado as hipóteses de cabimento: "a oração coordenada alternativa 'ou que indevidamente a aplicar' é expletiva. Por óbvio, a aplicação indevida é contrária. Contrária à súmula será, em termos objetivos, a decisão judicial ou o ato administrativo que negar o que ela dá, ou conceder o que nega. A doutrina e a jurisprudência do inciso V do art. 485 do Código de Processo Civil, que permite a ação rescisória da sentença de mérito proferida contra literal disposição de lei, oferecerão ricos subsídios de interpretação do § 3°, aqui examinado". No entanto, do nosso ponto de vista, a Constituição foi sábia em precisar as duas situações, evitando debates sobre o alcance da Reclamação. A negativa de vigência, infraconstitucionalmente prevista, é subsumida nas duas hipóteses anteriores. De fato, o legislador ali foi apenas didático, explicitando o que já estava contido na Constituição.

[416] Em continuidade à chamada Reforma do Judiciário, temos que a PEC 358-A, de 2005 – Reforma do Judiciário – Comissão Especial destinada a proferir parecer à Proposta de Emenda à Constituição N. 358-A, de 2005, do Senado Federal, que "altera dispositivos dos arts. 21, 22, 29, 48, 93, 95, 96, 98, 102, 103-b, 104, 105, 107, 111-a, 114, 115, 120, 123, 124, 125, 128, 129, 130-a e 134 da Constituição Federal, acrescenta os arts. 97-a, 105-a 111-b e 116-a e dá outras providências que estabelece a chamada súmula impeditiva de Recurso: "art. 105-A. O Superior Tribunal de Justiça poderá, de ofício ou por provocação, mediante decisão de dois terços dos seus membros, após reiteradas decisões sobre a matéria, aprovar súmula que, a partir de sua publicação, constituir-se-á em impedimento à interposição de quaisquer recursos contra a decisão que a houver aplicado, bem como proceder à sua revisão ou cancelamento, na forma estabelecida em lei.

§ 1° A súmula terá por objetivo a validade, a interpretação e a eficácia de normas determinadas, acerca das quais haja controvérsia atual entre órgãos judiciários ou entre esses e a administração pública que acarrete grave insegurança jurídica e relevante multiplicação de processos sobre questão idêntica.

§ 2° Sem prejuízo do que vier a ser estabelecido em lei, a aprovação, revisão ou cancelamento de súmula poderá ser provocada originariamente perante o Superior Tribunal de Justiça por aqueles que podem propor a ação direta de inconstitucionalidade. § 3° São insuscetíveis de recurso e de quaisquer meios de impugnação e incidentes as decisões judiciais, em qualquer instância, que dêem a tratado ou lei federal a interpretação determinada pela súmula impeditiva de recurso." "Art. 111-B. O Tribunal Superior do Trabalho poderá, de ofício ou por provocação, mediante decisão de dois terços dos seus membros, após reiteradas decisões sobre a matéria, aprovar súmula que, a partir de sua publicação, constituir-se-á em impedimento à interposição de quaisquer recursos contra decisão que a houver aplicado, bem como proceder à sua revisão ou cancelamento, na forma estabelecida em lei. § 1° A súmula terá por objetivo a validade, a interpretação e a eficácia de normas determinadas, acerca das quais haja controvérsia atual entre órgãos judiciários ou entre esses e a administração pública que acarrete grave insegurança jurídica e relevante multiplicação de processos sobre questão idêntica. § 2° Sem prejuízo do que vier a ser estabelecido em lei, a aprovação, revisão ou cancelamento de súmula poderá ser provocada originariamente perante o Tribunal Superior do Trabalho por aqueles que podem propor a ação direta de inconstitucionalidade. § 3° São insuscetíveis de recurso e de quaisquer meios de impugnação e incidentes as decisões judiciais, em qualquer instância, que dêem à legislação trabalhista a interpretação determinada pela súmula impeditiva de recurso".

em qualquer instância, que deem a tratado ou lei federal a interpretação determinada pela súmula impeditiva de recurso". A escolha da Súmula impeditiva para o caso é feita pelo julgador que decide que naquele caso se aplica a Súmula. No entanto, pode ocorrer da parte prejudicada sustentar que a Súmula não se aplica ao caso ou que a interpretação da Súmula ao caso foi diversa daquela que deveria ser, ou seja, sustentar a aplicação indevida da Súmula, que ela não se não se aplica à situação "b", mas apenas à situação "a". A situação, em extremos, pode-se dar pela ocorrência de um erro, em virtude da má compreensão da linguagem da Súmula, ou por qualquer motivo, ocorrendo o fechamento da via recursal – pois a aplicação da Súmula seria impeditiva de recursos.

No caso da Súmula Vinculante, tem-se a possibilidade de que seja manejada a Reclamação no STF, que se constitui em importante fator de abertura, próprio das questões constitucionais. É claro que não se pode, no entanto, deixar de visualizar a possibilidade recursal também para a chamada Súmula Impeditiva de Recursos, para os casos em que se deduza a sua não correta aplicação, em consonância com a ampla defesa e com o devido processo legal.[417] Neste caso, quando há alegação de que a Súmula não deva ser aplicada ao caso, por indevida, recebe-se o recurso e, caso isso não seja feito, possibilita-se à parte que tenha acesso, por exemplo, ao agravo, quando se tratar de decisão de primeiro grau.

Neste sentido, é altamente salutar a abertura respiratória do sistema, ao possibilitar o amplo manejo da Reclamação, que incidentalmente permite, ao menos conforme a sensibilidade dos intérpretes, que não ocorra um engessamento e um emperramento do Direito e, especialmente, uma má utilização das Súmulas, que sempre exigirá "identidade ou mesmo similitude de objetos entre o ato impugnado e a decisão tomada".[418]

De fato, a Reclamação de competência do STF não retira os demais meios de impugnação da parte interessada. A LSV reforça o preceito de que se faz "sem prejuízo dos recursos ou outros meios admissíveis de impugnação". Isso significa a possibilidade de utilização do sistema recursal e, no que tange à Administração Pública, a utilização dos demais instrumentos jurisdicionais, quando cabível a Reclamação. Essa regra coaduna-se com os princípios do devido processo legal, do acesso ao Judiciário e o da ampla defesa, pois pode ser extremamente custoso para a parte, especialmente aquela longe da sede do STF, ter que constituir Procurador

[417] A possibilidade de impedimento do recurso dá-se atualmente, no plano infraconstitucional, por dois instrumentos que são combinados: o não recebimento da apelação e os poderes do Relator.

[418] Rcl 5422, Relator(a): Min. Eros Grau, julgado em 16/08/2007, publicado em DJ 24/08/2007

para interpor a Reclamação, mesmo com a facilidade de acesso eletrônico existente atualmente.

Há duas hipóteses de cabimento da Reclamação: a) para o ato administrativo e consequentemente para a vinculação do administrador; (b) a dos órgãos judiciais e a vinculação dos (demais) órgãos judiciários. A verificação, em última instância, da obediência e da correta aplicação da Súmula (por contrariedade ou por ser indevida) será realizada pelo STF. Procedente a Reclamação – ou seja, constatada a contrariedade ou uso indevido –, o referido Tribunal "cassará" a decisão reclamada, isto é, retirará a eficácia de tal decisão, deixá-la-á sem efeito. É consequência da cassação e da anulação a simples retirada da eficácia da decisão e o comando de que nova decisão seja proferida. Cassar e anular são aqui termos que abrigam sinonímia, porque ambos significam retirar os efeitos[419] ou invalidar.[420]

Agregue-se a concepção cassatória a possibilidade de um comando mandamental, que deixe claro como o órgão aplicador deva se comportar para aquele caso. Pode ser que o STF apenas determine as diretrizes de aplicação da Súmula, pois, para a completude do julgamento, ainda se depende da análise de matéria de fato ou de se aferir outros requisitos para que seja alcançado o direito à parte.

Para Sérgio Bermundes,[421] "o provimento da reclamação interposta contra ato administrativo contrário à súmula vinculante limitar-se-á, conforme o parágrafo, à anulação. Apagado o ato, fica a critério da Administração praticar outro, obediente da súmula, ou optar por critério diferente, da escolha dela, como, v.g., pura e simplesmente deixar de praticar o ato".

Para o referido autor, o pronome *outra* se refere à decisão judicial. Entretanto, deve-se ter uma proposta expansiva, de avaliação do caráter do ato administrativo, ou seja, se é daqueles atos administrativos que devem ser emitidos obrigatoriamente, vinculados, e que, neste caso, o STF deve determinar que ele seja expedido com o caráter de integração, para evitar uma nova demanda judicial. Tanto no caso da decisão judicial como do ato administrativo, os efeitos cassatórios e de anulação podem ser suficientes. Nestes casos não haverá necessidade de determinação de um novo ato administrativo ou de uma nova decisão. Contudo, quando

---

[419] Pode-se reconhecer isso no que concerne ao nosso sistema recursal. Veja a linguagem utilizada por Barbosa Moreira (BARBOSA MOREIRA, 2001, op. cit., p. 128) que utiliza indistintamente os termos *cassar e anular*.

[420] Neste sentido, ver: THEODORO JÚNIOR, Humberto. *Curso de Direito Processual Civil*. v.1. 39. ed. Rio de Janeiro: Editora Forense, 2003. p. 503.

[421] BERMUDES, 2005, op. cit., p. 125.

não forem suficientes, em função da autoridade da Súmula Vinculante, o STF deve, apesar da redação literal do Texto Constitucional, determinar que outro ato administrativo seja proferido com ou sem aplicação da Súmula.[422]

A *ratio* é o respeito à autoridade do STF, o respeito à Súmula Vinculante.[423] Quando não for o caso de aplicação da referida Súmula Vinculante, o STF dirá que não se pode aplicar a Súmula, mas não poderá ultimar o julgamento, sob pena de suprimir graus de jurisdição.[424] E talvez a dicção da LSV seja extremamente importante porquanto, na introdução ao art. 64-B, dispôs-se que "acolhida pelo Supremo Tribunal Federal a reclamação fundada em violação de Enunciado da súmula vinculante, dar-se-á ciência à autoridade prolatora e ao órgão competente para o julgamento do recurso, que deverão adequar as futuras decisões administrativas em casos semelhantes, sob pena de responsabilização pessoal nas esferas cível, administrativa e penal". Ora, se a autoridade administrativa deve adequar as futuras decisões aos casos semelhantes, deverá adequar a atual decisão também, ou seja, expedir um ato administrativo adequado à Súmula Vinculante.

Em uma primeira leitura literal, pode parecer que a determinação para a Administração seja apenas "anulatória". No entanto, no sistema, temos que ter como ínsito o poder de ensejar o cumprimento da Súmula. Assim, o administrador deve adequar-se ao cumprimento da Súmula, e o STF deve dar a diretriz quanto a isso, porque em decorrência da hierarquia do Direito administrativo, há vinculação de toda a Administração.

É, pois, no Processo de Reclamação que o STF analisará incidentalmente a ocorrência da distinção e da superação na aplicação da Súmula. O Tribunal remeterá a questão ao juízo competente, para que se analisem pontos de prova, devido à limitação probatória e à cognição presentes na Reclamação.

Vale ressaltar também que existe um vácuo normativo no que concerne ao cabimento da Reclamação na decisão judicial. De acordo com a Súmula 734, já referida anteriormente, não seria cabível o ajuizamento da

---

[422] Márcia Regina Lusa Cadore (LUSA CADORE, 2007, op. cit., p. 142-143) corrobora a opinião de Bermudes. Para a autora: "Nos termos da redação inserida pela Emenda Constitucional n. 45/2004, não é dado ao Poder Judiciário substituir-se ao administrador na prática de novo ato em conformidade com a súmula. Mas é certo que o sistema jurídico possui outras formas de efetivá-lo como, por exemplo, a sanção prevista no art. 14, parágrafo único, do Código de Processo Civil, cujo pagamento será feito, se for o caso, pela autoridade que resiste à prática do ato".

[423] No mesmo sentido: MORATO, 2007, op. cit., p. 226.

[424] MORATO, 2007, op. cit., p. 227.

Reclamação quando ocorrer o trânsito em julgado.[425] No entanto, parece sustenta-se que a Reclamação, para garantir a boa aplicação da Súmula Vinculante, exige um repensar de tal sistema, ou seja, o ajuizamento da Reclamação deve obstar o trânsito em julgado: "do ato administrativo ou decisão judicial que contrariar a súmula aplicável ou que indevidamente a aplicar, caberá reclamação ao Supremo Tribunal Federal que, julgando-a procedente, anulará o ato administrativo ou cassará a decisão judicial reclamada, e determinará que outra seja proferida com ou sem a aplicação da súmula, conforme o caso".

Ora, diferentemente das hipóteses genéricas do cabimento da Reclamação, o STF é expresso neste caso, a respeito do seu cabimento. Então o que se sustenta aqui é que, se dentro do prazo recursal houve o manejo da Reclamação, não se deve falar em coisa julgada, ou seja, não existe a necessidade de se manejar o Recurso. Nos precedentes que deram origem à referida Súmula n. 734 já havia uma pretensão rescisória, visto que a ação já teria transitado em julgado. Portanto, os precedentes que deram origem à Súmula 734 autorizam a interpretação de que basta ajuizar a Reclamação, cabendo noticiar no juízo o ajuizamento da ação.[426]

No que diz respeito à Administração Pública, a LSV exigiu o esgotamento das vias administrativas, mesmo no que tange ao ato omissivo. Não se tem dúvida a respeito do papel político de tal exigência, tendo em vista a cultura de recalcitrância dos órgãos administrativos, que agora finalmente começa a amainar, de não seguir a Jurisprudência dominante, de contar com a desistência e com o cansaço dos daqueles que têm pleitos contra a administração. Este é um dos fatores de entupimento dos Tribunais e explica em grande medida o grande número de Súmulas expedidas em matéria de Direito Público. A LSV quis evitar uma proliferação de Reclamações no STF.

[425] Nos precedentes da referida Súmula, pode-se observar que elas dizem respeito a casos de não recebimento de recurso extraordinário, como é o caso da Rcl 365 / MG – Relator(a): Min. MOREIRA ALVES, "Ementa: Reclamação, que, no caso, se destina a preservação da competência do STF – Essa reclamação só e cabível se a decisão objeto dela – na hipótese, despacho que julgou deserto agravo de instrumento contra a decisão que não admitiu recurso extraordinário – ainda não transitou em julgado, pois a reclamação não é sucedâneo de ação rescisória. – Ademais, como julgado pelo Plenário na reclamação 87 (RTJ 87/720 e segs.), a competência para decretar a deserção de agravo dessa natureza e do Presidente do Tribunal perante o qual foi interposto o recurso extraordinário, cabendo dessa decisão agravo de instrumento para esta Corte, e não reclamação. Reclamação não conhecida. (Rcl 365, Rel. Min. Moreira Alves, Tribunal Pleno, DJ 07/8/1992)".

[426] É claro que, para os Procuradores, sempre há o risco da tese em contrário – por isso, sugere-se como cautela o manejo em conjunto dos recursos pertinentes. Sobre o assunto, ver: LUSA CADORE, 2007, op. cit., p. 143.

Isso fará com que, contra a Administração Pública, a via da Reclamação não seja utilizada *prima facie*, ou seja, ela será utilizada somente após o périplo nas escalas recursais internas do Processo Administrativo, o que poderá ainda judicializar a questão através de outros instrumentos de impugnação (ação ordinária, mandado de segurança, ação popular). Com a judicialização caberá utilizar a Reclamação, caso continue o desrespeito ou a aplicação indevida da Súmula. A diretriz predominante era, pois, não sobrecarregar o STF com um grande número de Reclamações.[427]

Sustenta-se que, em caso de demora excessiva do administrador, possa-se utilizar da Reclamação sem o esgotamento da via administrativa,[428] o que se apresenta plausível, mas isso pode trazer o inconveniente de levar a matéria ao STF, ocasionando aquilo que o referido Tribunal quisera evitar. Talvez, a não ser que se sustente que o caso tenha muita amplitude, devam-se dirigir às instâncias ordinárias da esfera judicial. O STF concedeu liminar na Reclamação 7.873 em que a parte alegou desrespeito à Súmula 14, cujo polo passivo seria uma autoridade administrativa, Delegada de Polícia (da 9ª Delegacia de Polícia do Estado do Rio de Janeiro).[429] Este caso também seria de se remeter as partes à via ordinária, eis que não fora esgotada a via administrativa, pois, apesar da Presidência do inquérito policial pela Delegada, esta última encontra-se vinculada aos seus superiores hierárquicos. A referida Reclamação foi julgada prejudicada, mas se pode sustentar aqui a utilização da Reclamação sempre que houver fundado perigo de dano irreparável, o que desprestigiaria as vias ordinárias para a aplicação da própria Súmula, no que tange à autoridade administrativa ou que, no caso do inquérito, não há autoridade administrativa superior ao Delegado de Polícia. Se o STF for flexível com a exigência da LSV, receberá todas as Reclamações em que houver conflito de interesses entre a defesa e a Polícia, inclusive naquelas em que se discute a suposta documentação da prova, documentação realizada e não

[427] "A adoção da súmula vinculante para a administração pública vai exigir a promulgação de normas de organização e procedimento que permitam assegurar a observância por parte desta dos ditames contidos na súmula sem que se verifique uma nova e adicional sobrecarga de processos – agora de reclamações – para o Supremo Tribunal Federal. (...) É que não se pode substituir a crise numérica, ocasionada pelo Recurso extraordinário, pela multiplicação de reclamações formulada diretamente contra a Administração perante o Supremo Tribunal Federal". Ver: MENDES; COELHO; GONET BRANCO, 2008, op. cit., p. 970.

[428] Neste sentido,: "Mas se a autoridade administrativa demorar de forma demasiada a decidir o pleito de aplicação da Súmula Vinculante, fica autorizado o ajuizamento de reclamação, considerando a aplicação do princípio da acessibilidade ao Poder Judiciário e da garantia da razoável duração do Processo, previstos na Lei Maior (art. 5º , incisos XXXV e LXXVIII)". Ver: LUSA CADORE, 2007, op. cit., p. 143.

[429] Rcl/7873/RJ, Rel, Min. Celso de Mello.

juntada, direito de terceiros e outros – aqui deve passar o primeiro filtro que é o das outras vias jurisdicionais.

O art. 8º da Lei das Súmulas Vinculantes inseriu o § 3º na Lei n. 9.784, de 29 de janeiro de 1999, que passa a vigorar com a seguinte redação:

> Art. 56. Das decisões administrativas cabe recurso, em face de razões de legalidade e de mérito.
>
> § 1º O recurso será dirigido à autoridade que proferiu a decisão, a qual, se não a reconsiderar no prazo de cinco dias, o encaminhará à autoridade superior.
>
> § 2º Salvo exigência legal, a interposição de recurso administrativo independe de caução.
>
> § 3º Se o recorrente alegar que a decisão administrativa contraria Enunciado da súmula vinculante, caberá à autoridade prolatora da decisão impugnada, se não a reconsiderar, explicitar, antes de encaminhar o recurso à autoridade superior, as razões da aplicabilidade ou inaplicabilidade da súmula, conforme o caso. (Incluído pela Lei n. 11.417, de 2006).

Há exigência de que no julgamento de uma questão seja abordado a aplicabilidade da SV, e, se não for feito, o que Tavares chama de dupla fundamentação,[430] deve fundamentar a respeito disto antes de enviá-la para a autoridade superior. A Súmula deve ser invocada, por óbvio, como razão de sua aplicação, para que a autoridade administrativa possa se pronunciar. Se a autoridade administrativa já se pronunciou, não é mais necessário que seja feita nova apreciação.

De fato, o administrador tem um dever, segundo a lei, de revisar as decisões contra as quais se invoque Súmula Vinculante:

> Art. 64. O órgão competente para decidir o recurso poderá confirmar, modificar, anular ou revogar, total ou parcialmente, a decisão recorrida, se a matéria for de sua competência.
>
> Parágrafo único. Se da aplicação do disposto neste artigo puder decorrer gravame à situação do recorrente, este deverá ser cientificado para que formule suas alegações antes da decisão.
>
> Art. 64-A. Se o recorrente alegar violação de Enunciado da súmula vinculante, o órgão competente para decidir o recurso explicitará as razões da aplicabilidade ou inaplicabilidade da súmula, conforme o caso. (Incluído pela Lei n. 11.417, de 2006).
>
> Art. 64-B. Acolhida pelo Supremo Tribunal Federal a reclamação fundada em violação de Enunciado da súmula vinculante, dar-se-á ciência à autoridade prolatora e ao órgão competente para o julgamento do recurso, que deverão adequar as futuras decisões administrativas em casos semelhantes, sob pena de responsabilização pessoal nas esferas cível, administrativa e penal. (Incluído pela Lei n. 11.417, de 2006).
>
> Art. 65. Os processos administrativos de que resultem sanções poderão ser revistos, a qualquer tempo, a pedido ou de ofício, quando surgirem fatos novos ou circunstâncias relevantes suscetíveis de justificar a inadequação da sanção aplicada.
>
> Parágrafo único. Da revisão do processo não poderá resultar agravamento da sanção.

[430] TAVARES, 2007, op. cit., p. 89.

O art. 64-B coloca então como pressuposto que se atinja o ápice da esfera administrativa a autoridade hierarquicamente superior. É essa autoridade que, após o recurso administrativo, responderá à Reclamação, e esta deverá adequar no futuro as decisões administrativas em casos semelhantes (aqueles objeto de reclamação, e não de Súmula, sob pena de responsabilidade pessoal nas esferas cível, administrativa e penal), atribuindo efeitos transcendentais[431] à Súmula que atingirá toda a Administração Pública. Atinge, pois, a Administração Pública, justamente em decorrência da hierarquia constitucional.

É claro que tal responsabilidade não é automática: depende de a autoridade não ter tomado as providências para adequar a questão ao cumprimento da Súmula. A responsabilidade cível, capaz de gerar responsabilidade objetiva (o funcionário só responde regressivamente em caso de dolo ou culpa), responsabilidade funcional (administrativa, só responde se configurado ilícito administrativo próprio) e a responsabilidade penal depende de disposição típica, que descreva as ações que considere puníveis,[432] pois não se admitem tipos penais abertos.

O artigo mencionado acima foi inserido na Lei n. 9.784, de 29 de janeiro de 1999, que trata do Processo administrativo da União. Aplicar-se-ia isso para os demais entes federados? A lei federal que regula o Processo Administrativo Federal é dirigida à União e não para os Estados e Municípios.[433] No entanto, algumas considerações devem ser feitas: a) o fato topológico não determina a natureza da norma, ou seja, ela não deixa de ser uma norma dirigida a todos os entes federados;[434] b) em decorrên-

---

[431] TAVARES, 2007, op. cit., p. 96.

[432] Conforme esclarece Cezar Roberto Bitencourt, "Tipo é o conjunto dos elementos do fato punível descrito na lei penal. Ele exerce uma função limitadora e individualizadora das condutas humanas penalmente relevantes. É uma construção que surge da imaginação do legislador, que descreve legalmente as ações que considera, em tese, delitivas. Cada tipo possui características e elementos próprios que os distinguem uns dos outros, tornando-os todos especiais, no sentido de serem inconfundíveis, inadmitindo-se a adequação de uma conduta que não lhe corresponda perfeitamente. Cada tipo desempenha uma função particular, e sua ausência não pode ser suprida por analogia ou interpretação extensiva". Ver: BITENCOURT, Cezar Roberto. *Erro de tipo e erro de proibição*: uma análise comparativa. São Paulo: Saraiva, 2000. p. 9.

[433] "As disposições constantes da Lei do Processo Administrativo da União não se aplicam aos Estados e Municípios. A União, além disso, não tem competência constitucional para legislar sobre Processo administrativo das demais entidades que integram a Federação", conforme COUTO E SILVA, 2005, op. cit., p. 44.

[434] Neste sentido, é a lição de Eduardo Couture,referindo-se às normas processuais, cujo raciocínio se aplica também aqui: "Tratando de reduzir esse problema aos seus termos finais, pensamos acertado firmar a proposição de que a natureza processual de uma lei não depende do corpo de disposições em que esteja inserida, mas sim de seu conteúdo próprio. Consiste este na regulamentação de fenômenos estritamente processuais, isto é, na programação do debate judicial, no que s refere ao seu fim, que é a decisão de um conflito de interesses" Ver: COUTURE, Eduardo J. *Interpretação das leis processuais*. Trad. de Gilda Maciel Corrêa Meyer Russomano. 2. ed. Rio de janeiro: Forense, 1993. p. 36). Sem dúvida, aqui estamos diante de uma norma dirigida a todos os administradores.

cia disso, a inserção que se deve levar em conta é a de que foi realizada na lei que trata das Súmulas Vinculantes, na parte que aplica o Efeito Vinculante ao administrador, portanto, uma questão que é nacional (dirigido a todos os entes) e não federal; c) assim, decorre do Efeito Vinculante estabelecido no *caput* do art. 1º da Lei 11.417/05; d) o administrador está adstrito ao princípio da legalidade, que compreende a interpretação assentada em Súmula pelo STF, ou, como preferem outros, ao princípio da juridicidade,[435] que significa, antes de mais nada, um vínculo à Constituição.[436] Para se afastar do princípio, também se deve motivar reforçadamente.

Mais do que nunca, a necessidade de motivar diante da aplicação de uma Súmula é inerente ao sistema. As questões de Direito relevantes apresentadas devem ser enfrentadas pelo administrador; diante das Súmulas, há um dever adicional de motivação, que deve ser satisfeito pelo administrador. Faz parte da noção de legalidade (em sentido lato) que todas os argumentos normativos sejam suficientemente enfrentados.

De outra forma, igualmente, a questão da adequação das decisões resulta da concepção vinculante, da subordinação do administrador ao império da legalidade. O desrespeito a uma regra de Direito pode resultar em responsabilidade, e a lei da União, apenas, de forma pedagógica, relembra essa responsabilidade, já que ela é decorrência de diversos outros esquemas normativos e decorre do próprio sistema sumular.

Quem é o legitimado para ajuizar a Reclamação? O STF vem dando uma interpretação ampla para essa legitimidade, baseado nas mesmas teorias que se aplicam ao julgamento das ações objetivas de controle de constitucionalidade. Em recente questão que envolve a SV 4 e a expedição de outra Súmula pelo TST, ao menos, em caráter liminar, monocrático, foram aceitos sindicatos e confederações, tanto no polo ativo quanto no

---

[435] "Ao atingirem o ápice da pirâmide normativa, foi inevitável a constatação de que o princípio da legalidade deixou de ser o único elemento de legitimação e limitação da atividade estatal, isso porque dele não mais defluíam a totalidade das regras e princípios que a norteavam; pelo contrário, passaram a coexistir lado a lado. Com a constitucionalização dos princípios, a concepção de legalidade cedeu lugar à noção de juridicidade, segundo a qual a atuação do Estado deve estar em harmonia com o Direito, afastando a noção de legalidade estrita – com contornos superpostos à regra – passando a compreender regras e princípios". Ver: GARCIA, Emerson. A moralidade administrativa e sua densificação. *Revista de Informação Legislativa*, Brasília, v. 39, n. 155, p. 153-174, jul./set. 2002. Ver também: OHLWEILER, Leonel. Dos motivos à motivação dos atos administrativos como dever de ponderação: uma análise a partir da viragem hermenêutica. Revista da AJURIS, Porto Alegre: AJURIS, v.34, n.107, p. 157-170, set. 2007.

[436] "O poder público não está apenas limitado pelo Direito que cria, encontrando-se condicionado por normas e princípios cuja existência e respectiva força vinculativa não se encontra na disponibilidade deste mesmo poder. Neste sentido, a vinculação administrativa à lei transformou-se em uma verdadeira vinculação ao Direito, registrando-se aqui o abandono de uma concepção positivista-legalista". Ver: OTERO, Paulo. *Legalidade e Administração Pública*: o sentido da vinculação administrativa à juridicidade. Coimbra, 2003. p. 15.

polo passivo, como impugnante. Os argumentos que o STF utiliza para a ampla legitimidade são os mesmos exarados no Agravo Regimental na Reclamação n. 1.880/SP, Relator o Ministro Maurício Corrêa, do Plenário do Supremo Tribunal Federal. Naquela ocasião o STF reconheceu "a legitimidade ativa *ad causam* de todos que comprovem prejuízo oriundo de decisões dos órgãos do Poder Judiciário, bem como da Administração Pública de todos os níveis, contrárias ao julgado do Tribunal. Ampliação do conceito de parte interessada (Lei 8.038/90, art. 13). Reflexos processuais da eficácia vinculante do acórdão a ser preservado". Esta mesma amplidão se faz presente quando se trata de possibilitar a impugnação da Reclamação com base no art. 159 do Regimento Interno.[437]

[437] 1. INTERVENÇÃO DE TERCEIRO. Terceiro prejudicado ou interessado. Reclamação. Admissibilidade. Magistrado incluído em lista tríplice impugnada. Destinatário da eficácia gravosa de eventual decisão favorável à reclamante. Recepção da causa no estado em que a encontre. Poder de sustentação oral deferida. Aplicação do art. 15 da Lei nº 8.038/1990. Precedente. Admite-se, em reclamação, que intervenha terceiro juridicamente interessado ou prejudicado, com Direito de exercer poderes processuais a partir do momento da intervenção, entre os quais o de fazer sustentação oral. (...)" (Rcl 2.772/DF, Rel. Min. Cezar Peluso, Tribunal Pleno, DJ 5.5.2006). "EMENTA: RECLAMAÇÃO – POSSIBILIDADE DE INTERVENÇÃO ESPONTÂNEA DO INTERESSADO – DESNECESSIDADE DO CHAMAMENTO JUDICIAL – AUSÊNCIA DE OFENSA À GARANTIA DO CONTRADITÓRIO – INTERVENÇÃO QUE SE DÁ NO ESTADO EM QUE SE ENCONTRA O PROCESSO – AGRAVO IMPROVIDO. – A Lei n. 8.038/90 estabelece que qualquer interessado poderá impugnar o pedido do reclamante (art. 15). O interessado – vale dizer, aquela pessoa que dispõe de interesse jurídico na causa – qualifica-se como sujeito meramente eventual da relação processual formada com o ajuizamento da reclamação. A intervenção do interessado no Processo de reclamação é caracterizada pela nota da simples facultatividade. Isso significa que não se impõe, para efeito de integração necessária e de válida composição da relação processual, o chamamento formal do interessado, pois este, para ingressar no Processo de reclamação, deverá fazê-lo espontaneamente, recebendo a causa no estado em que se encontra. O interessado, uma vez admitido ao Processo de reclamação – e observada a fase procedimental em que este se acha –, tem o Direito de ser intimado dos atos e termos processuais, assistindo-lhes, ainda, a prerrogativa de fazer sustentação oral, quando do julgamento final da causa. Precedente" (Rcl 449-AgR/SP, Rel. Min. Celso de Mello, Tribunal Pleno, DJ 21.2.1997).

Conclusão

O presente trabalho, propôs-se a examinar as Súmulas Vinculantes de um ponto de vista da sua configuração normativa constitucional e infraconstitucional e de como o STF está aplicando o referido instituto. Deste exame apresenta-se a seguir os pontos conclusivos.

As Súmulas Vinculantes são, pois, Enunciados editados pelo STF que condensam um determinado programa normativo em seu Texto. As Súmulas Vinculantes são Textos que se originam da aplicação de normas (constitucionais e infraconstitucionais) a um caso, mas são transformadas em um novo programa normativo, que tem caráter geral e indeterminado. Os casos que deram origem à Súmula desempenham um papel essencial na interpretação destas, assumindo um papel especial na sua pré-compreensão. Elas possuem, ainda, um caráter dependente e acessório das normas de decisão das quais foram originadas; contudo, após a sua transformação em Súmulas, ou seja, quando são redigidas, assumem um papel de lei em sentido material, visto se propõem de forma geral a resolver os próximos casos.

As Súmulas Vinculantes são expedidas em matéria constitucional, compreendendo a validade (controle de constitucionalidade), a interpretação (sentido de uma norma constitucional) e a eficácia de normas determinadas. Para reconhecer se as Súmulas abrangem matéria constitucional, não basta um exame do Enunciado (do texto), mas deve-se recorrer à gênese da Súmula, ou seja, aos precedentes que lhe deram origem, a fim de se verificar qual é a matéria debatida. Então, para saber se a matéria pode ser objeto de Súmula, é necessário levar em conta o debate que a originou.

Para expedir as súmulas vinculantes, há um devido processo legal, ou seja, deve haver a obediência a requisitos para a sua expedição. Os requisitos podem ter um caráter vago (conceito jurídico indeterminado), o que não quer dizer, evidentemente, que sejam destituídas de concreção, de sentido e de controle jurídico.

Dentre estes pressupostos podemos destacar a necessidade de *reiteradas decisões* – isso exige identidade da matéria julgada ("mesmos casos") e um amadurecimento das decisões (momentos diferentes do julgamento). Estas reiteradas decisões são do Tribunal Pleno (todo o Tribunal) e dos órgãos fracionários (Turmas).

Ao se analisar o procedimento de expedição de algumas Súmulas Vinculantes, verificou-se que este critério não foi cumprido ou foi cumprido de forma mitigada. A Súmula Vinculante n. 5, por exemplo, foi editada logo após o julgamento de um caso com o fundamento de que haveria Súmula em sentido contrário do STJ (Súmula n. 343). As Súmulas Vinculantes 12 e 6 foram editadas em repercussão geral, tendo em vista um sistema de imbricação de julgamentos criados pela nova sistemática processual, o que apresenta um certo grau de plausibilidade, mas não permite um desejável amadurecimento.

Outro pressuposto que a Constituição estabelece (art. 103-A, § 1º, da CF) é que haja "controvérsia atual entre órgãos judiciários ou entre esses e a administração pública que acarrete grave insegurança jurídica e relevante multiplicação de processos sobre questão idêntica". Entende-se que, a rigor, a não ser em caso de grave quebra institucional, não se deve falar em controvérsia entre Judiciário e a Administração ou entre o Judiciário entre si. Então, o dispositivo deve ser lido como aqueles casos em que há a aplicação controvertida do Direito (entre órgãos do Judiciário e o Judiciário e a Administração), que causem grave insegurança jurídica e relevante multiplicação de Processos sobre questão idêntica.

A insegurança jurídica deve ser grave, que escapa ao ordinário, relevante. A expedição de Súmula, no que tange a segurança jurídica, abarca dois sentidos. O primeiro é dar previsibilidade, ou seja, acabar com a insegurança jurídica, ao tornar previsível a aplicação do Direito; a segunda é que ela tem a função de não gerar insegurança jurídica. Na Súmula n. 11 (Súmula das algemas), não se encontra justificativa suficiente nos debates e nos precedentes para a suposta gravidade da insegurança. Quanto ao aspecto de a Súmula Vinculante gerar segurança jurídica, devem-se evitar em sua redação expressões extremamente vagas que se distanciem do caso julgado (ao precedente) e que ocasionem incerteza aplicativa. A redação do Enunciado Sumular deve ser cuidadosa, sob pena de gerar sucessivas reclamações, questionando-se a aplicabilidade, como é o caso Súmula Vinculante n. 4, que ocasionou uma dúvida a respeito do percentual remuneratório da insalubridade e que, por isso, tem gerado fortes críticas pela insegurança jurídica causada.

Para a Súmula Vinculante foi adotado um procedimento direto para a sua edição, para a sua modificação ou para seu cancelamento que está previsto na Constituição e nas Lei das Súmulas Vinculantes. É, pois, um procedimento aberto (por isso, a inserção do *amicus curiae*), com muitas semelhanças com o processo de elaboração legislativa. É neste procedimento que deve ser demonstrada a obediência aos pressupostos constitucionais e uma preocupação com a redação do Enunciado, dado o seu caráter normativo para o futuro.

Neste procedimento, defende-se que não cabe a restrição em razão da chamada pertinência temática do controle abstrato de constitucionalidade aos legitimados para se propor a edição, a revisão e o cancelamento das Súmulas Vinculantes. Outro aspecto discutido é a questão de se saber se estão presentes os pressupostos para a edição das Súmulas, se há (a) um poder/dever ou (b) uma faculdade de o STF em expedi-las. Defendeu-se a segunda alternativa (b), embora pareça que a primeira (a) também possa encontrar argumentos a seu favor, no sistema brasileiro.

O *quorum* para se editar e para se revisar uma Súmula é de 2/3 (dois terços) dos membros do STF. O § 3º do art. 2º da LSV dispõe que, quanto ao cancelamento, o *quorum* será de 2/3 (dois terços) dos membros do STF – no entanto, aqui deve ser feita uma distinção. Quando o cancelamento se der em virtude de novo parâmetro legal ou constitucional relevante, não há necessidade de se atingir o *quorum* de 2/3 (dois terços) dos membros do STF, tendo em vista o caráter acessório e dependente do Enunciado Sumular e da hierarquia normativa das fontes. Esta hierarquia deve ser avaliada em cada caso, pois um Enunciado Sumular pode ocorrer em uma zona de intangibilidade como acontece em um âmbito de uma interpretação, de um núcleo duro de uma cláusula pétrea, caso em que poderá manter a sua perenidade, a despeito de uma Reforma Constitucional. No caso de revisão, por se dar um novo Enunciado, há a necessidade de atingir o *quorum* de 2/3 (dois terços). Portanto, propõe-se uma declaração parcial de inconstitucionalidade sem redução de texto do disposto para o § 3º do art. 2º da LSV, ou seja, que este não se aplica quando ocorre mudança no padrão legal ou constitucional que esteja na base da Súmula.

Na segunda parte do livro, discutiu-se o Efeito Vinculante. Expressou-se que se entende por Efeito Vinculante um reforço que se dirige ao cumprimento da norma (norma de decisão ou Norma Sumular), através da obrigação de que os Poderes Públicos, em sentido lato, têm em obedecer às decisões emanadas do STF, sob pena de Reclamação.

No Brasil, como se procurou demonstrar, sempre se fez a leitura de que apenas o dispositivo da decisão do controle de constitucionalidade está jungido ao Efeito Vinculante e não os chamados Motivos Determinantes da Decisão do Processo de Controle De Constitucionalidade. As chamadas "leis de idêntico teor", conforme posição expressada, nada mais são do que uma variante da questão dos Motivos Determinantes, no qual estão inseridos. Demonstrou-se a preocupação e a reserva que se deve ter em relação à aplicação do modelo da Eficácia Vinculante aos Motivos Determinantes como ocorre no sistema alemão, que pode levar a um enrijecimento da questão constitucional, que exige uma relativa abertura.

No que tange aos Motivos Determinantes, há uma imbricação do sistema sumular vinculante com o controle abstrato. É que as Súmulas podem ser redigidas de tal forma que alberguem – de forma expressa ou não – em sua redação o Motivo Determinante de julgamentos, inclusive *in abstracto*, do STF, como se pode constatar na Súmula Vinculante 2. A vantagem é que o sistema sumular vinculante, por paradoxal que isso possa parecer ao menos avisado, prevê aberturas para a sua renovação, através da revisão, do cancelamento e mesmo do abandono, na superação incidental, como pode ser discutido na Reclamação.

Vale referir que este Efeito Vinculante atinge a Administração e os demais órgãos do Poder Judiciário. O STF, embora se autovincule, tem a permissão reforçada no Texto Constitucional de poder modificar o seu entendimento ("terá Efeito Vinculante em relação aos demais órgãos do Poder Judiciário").

O legislador, ainda que não conste entre os diretamente vinculados, apresenta uma vinculação indireta. Há Súmulas que de forma indireta se dirigem ao legislador, como por exemplo a Súmula Vinculante 2, significando uma relativa obrigatoriedade, também ao legislador na sua esfera típica, apesar de sempre se afirmar o contrário na doutrina e na jurisprudência. Esta obrigatoriedade se dá quando se determina que o Judiciário deva declarar inconstitucional determinada norma, como é o efeito da SV 2 e, por isto, a introdução da expressão efeito vinculante indireto.

O Executivo, como administrador, não está obrigado a vetar um projeto de lei, quando contrário a uma Súmula Vinculante, por ser este um ato não jungido a esta espécie de controle.

O Efeito Vinculante ocorre a partir da publicação da Súmula no Diário Oficial e aplica-se a partir desse momento às decisões e aos atos administrativos que forem proferidos pelos órgãos judiciários e administrativos. Deste modo, o marco para a aplicação da lei não é o fato, mas sim quando se profere a decisão.

Certamente, o Efeito Vinculante não pode levar a uma estagnação aplicativa quando ocorrer a mudança dos padrões normativos (mudanças constitucionais e infraconstitucionais). Quando se considerar que eles são relevantes, autorizam o abandono ou uma introdução, desde logo, de uma exceção em relação à Súmula, sem que seja necessário proceder à sua revisão ou ao seu cancelamento de forma direta, como forma de preservar a supremacia destas fontes.

O modelo das Súmulas Vinculantes permite aproximações com o modelo da *Common Law*, especialmente o modelo norte-americano que também possui uma Constituição escrita e uma Suprema Corte. No modelo norte-americano há um Efeito Vinculante dos precedentes (*stare decisis*), que, quando semelhantes, são aplicados aos novos casos. No entanto, deve-se observar que são os Juízes das Cortes Inferiores que avaliam e que decidem quais são os casos que são precedentes para os novos casos, a partir das razões que são expressas nos casos julgados. Sem sombra de dúvida, o raciocínio judicial sempre avalia a semelhança (*analoginzing*) e a diferença relevante, a distinção (*distinguishing*). Há ampla possibilidade de se realizarem distinções quando se encontrarem diferenças razoáveis entre os casos. Também há possibilidade de se realizar uma *overruling*, uma superação do precedente, quando se entenda que novos fatos ou argumentos o superaram. Neste último caso, demonstrou-se que, culturalmente, o jurista da *Common Law* resiste em realizar *overruling*.

No Brasil, nas Súmulas Vinculantes, o STF, além de julgar os casos, redige a Súmula, diferenciando-se sobremaneira da *Common Law*, pois, aqui, o STF assume uma técnica legislativa de dizer como devem ser interpretados os seus precedentes. Atua, como se fosse legislador, por vezes realizando distinções no próprio Enunciado (SV 3); o fato de transformar as Súmulas em texto faz com que se devam recorrer aos casos que lhe deram origem – é uma volta ao elemento genético – para entender a sua aplicação e alcance.

De qualquer forma, as Súmulas também podem ser objeto de distinções, seja em função da razoabilidade e sempre que existirem diferenças relevantes. Foi observado que, no nosso sistema, as Súmulas podem assumir uma linguagem muito parecida com a da lei e serem interpretadas de uma forma semelhante.

O STF tem expressa permissão por parte do legislador para que sejam modulados os efeitos das Súmulas. Tal modulação não necessitava ser prevista em lei, visto que isso poderia ser feito no próprio Enunciado das Súmulas. Contudo, admita-se que se possa fazê-lo em separado, levando-se em conta os parâmetros estabelecidos na lei.

Finalmente, a Reclamação Constitucional – de origem jurisprudencial – é o grande instrumento de garantia das Súmulas Vinculantes. É uma ação constitucional que tem como objetivo preservar a competência e a autoridade das decisões do STF. Pode ser utilizada por quem tenha interesse processual – de forma ampla – nestes casos, ela dirige-se contra às autoridades administrativas e aos órgãos judiciais. A possibilidade de impugnação também é aberta aos interessados. A cognição é limitada aos elementos de prova pré-constituída (documental), sem ampla dilação probatória.

A Reclamação tem um procedimento especial regulado em lei que permite: a) a avocação dos autos do Processo em que foi verificada a usurpação de sua competência ou ordenação de que lhe sejam remetidos os autos do recurso; b) a cassação da decisão exorbitante de seu julgado ou da determinação de medida adequada à observância de sua jurisdição. Ela é, por excelência, o instrumento para a preservação do Efeito Vinculante do controle concentrado de constitucionalidade, mas não pode ser sucedâneo de ação direta de inconstitucionalidade, sob pena de ferir o devido processo legal, já que não possui a amplidão daquele instrumento e nem as garantias das ações de controle de constitucionalidade, com destinação diversa.

A Reclamação pode ser utilizada para a devida aplicação da Súmula Vinculante, seja quando a contraria, seja quando a aplica indevidamente. Neste sentido, faz com que o instituto das Súmulas Vinculantes apresente vantagens sobre a chamada Súmula Impeditiva de recursos, porquanto permite questionar se uma Súmula (a Vinculante) foi devidamente aplicada.

Do ato administrativo que contrariar Súmula aplicável ou que indevidamente a aplicar, cabe Reclamação, que exige – legalmente – o esgotamento da via administrativa, embora o STF venha permitindo a utilização de Reclamação contra Delegados de Polícia, sem o esgotamento da via administrativa, o que se pressupõe que (a) o delegado é a última autoridade administrativa no inquérito policial ou (b) de que o requisito não é seguido. O ato administrativo também pode, como se defendeu, ensejar disposições de caráter mandamental, tal qual a decisão judicial, para o expresso cumprimento da Súmula (determinar que outro seja proferido, quando for o caso, com ou sem aplicação da Súmula) – é claro que dependerá da análise da natureza do ato administrativo em questão.

Defendeu-se neste livro, numa readequação da Súmula n. 734 do STF, que a Reclamação obste o trânsito em julgado da decisão, sem a necessidade de outros meios de impugnação, especialmente o recursal.

Toda a Administração Pública e não apenas a da União está vinculada à Súmula e às Reclamações que forem ajuizadas, em decorrência do próprio sistema das Súmulas Vinculantes e do princípio da juridicidade.

Ao estabelecer estes pontos mais conclusivos da pesquisa, ainda, algumas considerações gerais serão realizadas para o futuro.

Mais do que nunca, as Súmulas Vinculantes não podem ser tomadas como remédio de todas as mazelas do Judiciário. Elas respondem a demandas de uma sociedade de massas, em que o Direito também passa a ser concebido um produto. O sistema jurídico pode ser comparado a um grande supermercado, em que muitos dos produtos já se encontram prontos e rotulados e, se não for assim, não haverá como atender a todos – o oferecimento artesanal não possibilitaria algo para tanto.

Na sociedade de massas, a utilização de novas técnicas de produção está a serviço da produtividade. Com o sistema judiciário (sistema jurídico), em alguma medida, dá-se o mesmo. As Súmulas Vinculantes permitem responder à "relevante multiplicação de processos sobre questão idêntica", ou seja, procuram dar uma resposta massiva, com um produto pronto. Sem sombra de dúvida, isto facilita o trabalho e pode acarretar ganho de tempo e que, em face da sobrecarga de trabalho, ainda não haja propriamente um espaço de ócio criativo, mas certamente dará maior tempo para a reflexão. A padronização, contudo, não pode levar a um exagero e a uma acomodação. Deve–se, pois, criar um espaço maior à subjetividade, fruto da eliminação (de parte) da sobrecarga do trabalho – ou apesar desta.

Não há contrariedade entre a subjetividade e a padronização, pois se permite os ajustes entre o padronizado e a individualidade de cada caso que entra no Judiciário. Assim, muitas vezes, como acontece no vestuário (na moda), permitem-se os ajustes necessários, para que cada indivíduo faça as combinações do vestuário, necessárias para a sua individualidade. Estas combinações são a extensa atividade que se exige dos operadores do Direito, para fazer a Justiça de acordo com as exigências de cada caso.

Tércio Sampaio Ferraz Junior[438] lembra que:

> Compreender o Direito não é um empreendimento que se reduz facilmente a conceituações lógicas e racionalmente sistematizadas. O encontro com o direito é diversificado, às vezes conflitivo e incoerente, às vezes linear e conseqüente. Estudar o é, assim, uma atividade difícil, que exige não só acuidade, inteligência, preparo, mas também encantamento, intuição, espontaneidade. Para compreendê-lo, é preciso, pois, saber e amar. Só o homem que sabe pode ter-lhe domínio. Mas só quem o ama é capaz de dominá-lo rendendo-se a ele.

Para esta atividade de conhecer o Direito, é preciso adquirir sabedoria: "pensar o Direito, refletir sobre as suas formas hodiernas de atuação, encontrar-lhe um sentido, para então vivê-lo com prudência, esta marca virtuosa do jurista, que os romanos nos legaram, e que não desapareceu de todo na face da Terra".[439]

Espera-se que esta obra contribua na reflexão deste papel do Direito, que não terminam os prudentes processos de adaptação deste último à realidade e nem deve ter como ideal tornar os julgadores e administra-

---

[438] FERRAZ JUNIOR, Tércio Sampaio. *Introdução ao estudo do Direito* – técnica, decisão, dominação. São Paulo: Atlas, 1988. p. 25.

[439] FERRAZ JUNIOR, loc. cit.

dores, simples aplicadores mecânicos do Direito ou ocorrer uma volta a um ideal que nunca funcionou, isto é, de serem a boca da lei – ou, agora, das Súmulas.

A Súmula Vinculante é apenas um importante instrumento de resolução dos casos, que causa – é verdade – algumas perplexidades, porém não acaba com a atividade jurisdicional, especialmente se não houver abuso aplicativo. Continua-se a exigir uma posição prudente e equilibrada do STF, com uma adequada concepção de sua função e com uma adequada concepção da separação dos poderes, e a prudência a todos os aplicadores do Direito.

Bibliografia

AARNIO, Aulis. *Lo racional como razonable*: un tratado sobre la justificación jurídica. Madrid: Centro de Estudios Constitucionales, 1991.

ALVARO DE OLIVEIRA, Carlos Alberto. *Comentários ao Código de Processo Civil* – Lei n. 5869, de 11 de janeiro de 1973. v. 8 (arts. 813 a 889). t. 2. Rio de Janeiro: Forense, 2005.

——. Os direitos fundamentais à efetividade e à segurança em perspectiva dinâmica, disponível em http://www.oab.org.br/oabeditora/[illegible].pdf.

——. Garantia do contraditório. *Revista Forense*, Rio de Janeiro, v. 346, p. 9-19, 1999.

ALVIM, Arruda. *Tratado de Direito Processual Civil*. 2. ed., refundida, do Código de Processo Civil Comentado (arts. 1° ao 6°). v. 1. São Paulo: Editora Revista dos Tribunais, 1990.

ANZON, Adele. *Il valore del precedente nel giudizio sulle leggi*: l´esperienza italiana alla luce di un´analise comparata sul regime del Richterrecht. Milano: Giuffrè Editore, 1995.

ARAÚJO CINTRA, Antônio Carlos de; GRINOVER, Ada Pellegrini; DINAMARCO, Cândido Rangel (coords.). *Teoria geral do Processo*. 8. ed. São Paulo: Editora Revista dos Tribunais, 1991.

ASSIS, Araken de. Introdução aos sucedâneos recursais. Direito e Justiça, Porto Alegre: EDIPUCRS, v.27, n.1, p. 13-56, 2003

ATALIBA. Geraldo. Ação declaratória de constitucionalidade. *Revista de Informação Legislativa*, n. 121, ano 31, p. 33-34, jan./ mar. 1994.

ATIENZA, Manuel. *As razões do Direito*: teorias da argumentação jurídica: Perelman, Toulmin, MacCormick, Alexy e outros. São Paulo: Landy Livraria e Editora, 2000.

ÁVILA, Ana Paula Oliveira. *A modulação de efeitos temporais pelo STF no controle de constitucionalidade*: ponderação e regras de argumentação para a interpretação conforme a Constituição do Artigo 27 da Lei n. 9.868/99. Porto Alegre: Livraria do Advogado, 2009.

——. *Stare Decisis e Efeito Vinculante das Súmulas no Brasil:* um paralelo esclarecedor, Conferência apresentada no VII Congresso Brasileiro de Direito de Estado, realizado em 20/04/2007 na cidade de Salvador, Bahia, *paper* não-publicado.

——. Razoabilidade, proteção do Direito fundamental. *Revista da Ajuris*, Porto Alegre, v.86, t.2, p. 361-374, , jun. 2002.

ÁVILA, Humberto. *Medida Provisória na Constituição de 1988*. Porto Alegre: Sergio Antonio Fabris Editor, 1997.

——. *Sistema constitucional tributário*: de acordo com a Emenda Constitucional n. 42, de 19.12.03. São Paulo: Saraiva, 2004.

——. *Teoria dos princípios:* da definição à aplicação dos princípios jurídicos. 2. ed. São Paulo: Malheiros, 2003

——. *Teoria dos princípios:* da definição à aplicação dos princípios jurídicos. 5. ed. São Paulo: Malheiros, 2006.

BARBI, Celso Agrícola. *Do Mandado de Segurança*. 7. ed. Rio de Janeiro: Forense, 1993.

BARBOSA MOREIRA, José Carlos. A motivação das decisões judiciais como garantia inerente ao Estado de Direito. *Revista Brasileira de Direito Processual*, Rio de Janeiro, v. 16, 4° trim. 1978.

——. Comentários ao Código de Processo Civil, Lei n. 5.869, de 11 de janeiro de 1973. v. 5: arts. 476 a 565. 7. ed. Rio de Janeiro: Forense, 2001.

——. Eficácia da sentença e coisa julgada. *Revista da Ajuris*, Porto Alegre, n. 28, ano 10, p. 15-31, jul. 1983.

——. Notas sobre o problema da "efetividade" do Processo. *Revista da Ajuris*, Porto Alegre, n. 29, p. 79, nov. 1983.

——. *O novo Processo Civil brasileiro*. 21. ed., rev. e atual. Rio de Janeiro: Forense, 2001.

——. *Temas de Direito Processual* (nona série). São Paulo: Saraiva, 2007.

BARKER, Robert. El control de constitucionalidad em los Estados Unidos de Norteamerica. In: BAZÁN, Víctor (coord.). *Desafios del control de constitucionalidade*. Buenos Aires: Depalma, 1996, p. 287-288.

BASTOS, Celso Ribeiro. *Emendas à Constituição de 1988*. São Paulo: Saraiva, 1996.

BENETI, Sidnei Agostinho. Doutrina de precedentes e organização judiciária. In: FUX, Luiz; NERY JR., Nelson; ALVIM WAMBIER, Tereza Arruda (coords.). *Processo e Constituição*: estudos em homenagem ao Professor José Carlos Barbosa Moreira. São Paulo: Editora Revista dos Tribunais, 2006.

BERMUDES, Sérgio. A Reforma do Judiciário pela Emenda Constitucional n. 45. Rio de Janeiro: Forense, 2005.

BITENCOURT, Cezar Roberto. *Erro de tipo e erro de proibição*: uma análise comparativa. São Paulo: Saraiva, 2000.

BONAVIDES, Paulo. *Curso de Direito Constitucional*. 15. ed. São Paulo: Malheiros Editores, 2005.

BOTTO MUSCARI, Marco Antonio. *Súmula Vinculante*. São Paulo: Editora Juarez Oliveira, 1999.

BULOS, Uadi Lammêgo. *Mutação Constitucional*, São Paulo: Saraiva, 1997

CAPPELLETTI, Mauro. *Juízes legisladores?* Trad. de Carlos Alberto Alvaro de Oliveira. Porto Alegre: Sergio Antonio Fabris Editor, 1999.

——. *O controle judicial de constitucionalidade das leis no Direito Comparado*. Porto Alegre: Sergio Antonio Fabris Editor, 1984.

CARNEIRO, Athos Gusmão. *Poderes do Relator e Agravo Interno*: Artigos 557, 544 e 545 do CPC. Revista da Ajuris, Porto Alegre, v.26, n.79, p. 19-43, set. 2000.

CARNEIRO DA CUNHA, Leonardo José. Natureza jurídica da Reclamação constitucional. In: NERY JR., Nelson; ALVIM WAMBIER, Teresa Arruda (coords.). *Aspectos polêmicos e atuais dos recursos cíveis e de outros meios de impugnação às decisões judiciais*. v. 8. São Paulo: Editora Revista dos Tribunais, 2005.

CARNELLUTTI, Francesco. *La Morte del Diritto*, em PALLIERI, g. Baladore *et alli*, Pádua CEDAM, 1963.

CARRIÓ, Genaro R. *Notas sobre Derecho y lenguaje*. 4. ed. corr. e aument. Buenos Aires: Abeledo-Perrot, 1994.

CARVALHO, Paulo de Barros. O princípio da segurança jurídica em matéria tributária. *Revista Diálogo Jurídico*, Salvador, n. 16, mai./jun./jul./ago. 2007. Disponível em:<http://www.direitopublico.com.br>. Acesso em: 10 mai. 2009.

CASTRO E COSTA, Flávio Dino de. Judiciário, qual Reforma. Disponível em:< http://www.mt.trf1.gov.br/judice/jud3/art2.html>.

CHIARINI JÚNIOR, Enéas Castilho. A inconstitucionalidade da Súmula de Efeito Vinculante no Direito brasileiro. *Jus Navigandi*, Teresina, ano 7, n. 91, 2 out. 2003. Disponível em: <http://jus2.uol.com.br/doutrina/Texto.asp?id=4248>. Acesso em: 23 jun. 2009.

CHIARLONI, Sergio. I compiti fondamentali della Corte suprema di cassazione, l'eterogenesi dei fini nascente dalla garanzia costituzionale del diritto al ricorso e le recenti riforme. Disponível em:< http://www.ordineavvocatitorino.it/UserFiles/File/convegni/atti/prof.chiarloni.pdf>. Acesso em: 20 jul. 2008.

CLÈVE, Clemerson Merlin. *A fiscalização abstrata da constitucionalidade no Direito brasileiro*. 2. ed., rev., atual. e ampl. São Paulo: Editora Revista dos Tribunais, 2000.

COELHO, Inocêncio Mártires. *Interpretação constitucional*. 2. ed. rev. e ampl. Porto Alegre: Sergio Antonio Fabris Editor, 2003.

COLE, Charles D. Precedente judicial: a experiência americana. *Revista de Processo*, São Paulo, v.23, n.92, p. 71-86, out./dez. 1998.

COSTA, Silvio Nazareno. *Súmula Vinculante e Reforma do Judiciário*. Rio de Janeiro: Forense, 2002.

COUTURE, Eduardo J.. *Interpretação das leis processuais*. Trad. de Gilda Maciel Corrêa Meyer Russomano. 2. ed. Rio de janeiro: Forense, 1993.

CRISCUOLI, Giovanni. *Introduzione allo studio del Diritto inglese*: le fonti. Milano: Giuffrè, 2000.

——. *Sintesi delle fonti del Diritto inglese*. Milano: Giuffrè Editore, 2001.

CRUZ E TUCCI, José Rogério. *Precedente judicial como fonte do Direito*. São Paulo: Editora Revista dos Tribunais, 2004.

CUNHA, Sérgio Sérvulo da. *O Efeito Vinculante e os poderes do Juiz*. São Paulo: Saraiva, 1999.

——. A arcaica Súmula Vinculante. In: BOTTINI, Pierpaolo; TAMM RENAULT, Sérgio Rabello (cords.). *Reforma do Judiciário*. São Paulo: Saraiva, 2005.

DAKOLIAS, Maria O setor judiciário na América Latina e no Caribe – elementos para Reforma. Disponível em: < http://www.anamatra.org.br/downloads/documento318.pdf>. Acesso em: 30 set. 2009.

DAVID, René. *Os grandes sistemas do Direito contemporâneo*. São Paulo: Martins Fontes, 1986.

DIAS DE SOUZA, Marcelo Alves. *Do precedente judicial à Súmula Vinculante*. Curitiba: Juruá Editora, 2006.

DICIONÁRIO DE LATIM. 2. ed. rev. e actual. pelo Departamento de Dicionários da Porto Editora. Porto: Porto Editora, 2001.

DINAMARCO, Cândido Rangel. *A instrumentalidade do Processo*. [illegible] ed. São Paulo: Malheiros, [illegible].

——. *A reforma da Reforma*. 3. ed. São Paulo: Malheiros, 2002.

——. *Fundamentos do Processo Civil moderno*. t. 2. São Paulo: Malheiros, 2001.

——. Decisões vinculantes. *Revista de Processo*, São Paulo, v.25, n.100, p. 166-185, out./dez. 2000.

——. A Reclamação no Processo Civil brasileiro. *Revista da Ajuris*, Porto Alegre, v.29, n.87, t.1, p. 27-36, set. 2002.

——. O Relator, a Jurisprudência e os Recursos. In: ALVIM WAMBIER, Teresa Arruda; NERY JR., Nelson (cords.). *Aspectos polêmicos e atuais dos Recursos Cíveis de acordo com a Lei n. 9.756/98*. São Paulo: Editora Revista dos Tribunais, 1999.

DONADEL, Adriane. A Reclamação no STF e no STJ. Disponível em : <http://www.tex.pro.br/wwwroot/curso/recursos/areclamacaonostfenostfadriane..htm#_ftnref9>. Acesso em: 19 dez. 2006.

ECO, Umberto. *Kant e o ornitorrinco*. Trad. de Ana Thereza B. Vieira. Rio de Janeiro: Record, 1998.

ENGISH, Karl. *Introdução ao pensamento jurídico*. Lisboa: Fundação Calouste Gulbenkian, 1983.

FABRÍCIO, Adroaldo Furtado. A coisa julgada nas ações de alimentos. *Revista da Ajuris*, n. 52, ano 18, 1991.

FACCHINI NETO, Eugênio. Estrutura e funcionamento da Justiça norte-americana. *Revista da Ajuris*, n. 113, p. 166-176, mar. 2009.

FARIA, José Eduardo. *Justiça e conflito*: os Juízes em face dos novos movimentos sociais. São Paulo: Editora Revista dos Tribunais, 1992

FAVOREU, Louis. *Los Tribunales Constitucionales*. Barcelona: Editorial Ariel, S.A, 1994.

FERCOT, Celine. La diversité des sources des droits fondamentaux : une caractéristique essentielle du Fédéralisme. Les exemples des Länder allemands, des cantons suisses et des Etats américains. Colloque A.I.D.C., Athènes, 11/15 juin 2007 Atelier: Constitutions infranationales dans les États fédéraux La diversité. Disponível em: <http://camlaw.rutgers.edu/statecon/workshop11greece07/workshop11/Fercot.pdf>, Acesso em: 22 mai.2008.

FERRAZ, Anna Cândida da Cunha. Processos Informais de Mudança da Constituição: Mutações Constitucionais e Mutações Inconstitucionais. São Paulo: Max Limonad, 1986.

FERRAZ JUNIOR, Tércio Sampaio. *Introdução ao estudo do Direito* – técnica, decisão, dominação. São Paulo, 1988.

FERREIRA, William Santos. Súmula Vinculante-solução concentrada: vantagens, riscos e a necessidade de um contraditório de natureza coletiva (*amicus curiae*). In: ALVIM WAMBIER, Teresa Arruda (coord.). *Reforma do Judiciário*. São Paulo: Revista dos Tribunais, 2005. p. 797-823.

FREITAS KIETZMANN, Luís Felipe de. Da uniformização de Jurisprudência no Direito brasileiro. *Jus Navigandi*, Teresina, ano 10, n. 1124, 30 jul. 2006. Disponível em: <http://jus2.uol.com.br/doutrina/Texto.asp?id=8701>. Acesso em: 26 set. 2006.

FUDOLI, Rodrigo de Abreu. Uso de algemas: a Súmula Vinculante n. 11, do STF. *Jus Navigandi*, Teresina, ano 12, n. 1875, 19 ago. 2008. Disponível em: <http://jus2.uol.com.br/doutrina/Texto.asp?id=11625>. Acesso em: 27 jul. 2009.

FUX, Luiz. *A Reforma do Processo Civil*: comentários e análise crítica da Reforma Infraconstitucional do Poder Judiciário e da Reforma do CPC. Rio de Janeiro: Impetus, 2006.

GADAMER, Hans-Georg. *Verdade e método I*: traços fundamentais de uma Hermenêutica filosófica. Rio de Janeiro: Vozes, 2004.

GARCIA, Emerson. A moralidade administrativa e sua densificação. *Revista de Informação Legislativa*, Brasília, v.39, n.155, jul./set. 2002.

GARCIA MEDINA, José Miguel; WAMBIER, Luiz Rodrigues; ALVIM WAMBIER, Teresa Arruda. Repercussão geral e Súmula Vinculante. In: ALVIM WAMBIER, Teresa Arruda (coord.). *Reforma do Judiciário: primeiras reflexões sobre a Emenda Constitucional n. 45/2004*. São Paulo: RT, 2005.

GOMES, Luiz Flávio. STF admite progressão de regime nos crimes hediondos . *Jus Navigandi*, Teresina, ano 10, n. 1003, 31 mar. 2006. Disponível em: <http://jus2.uol.com.br/doutrina/Texto.asp?id=8181>. Acesso em: 13 fev. 2007.

GOMES CANOTILHO, José Joaquim. *Direito Constitucional*. Coimbra: Livraria Almedina, 1993.

GRASSO, Eduardo. La collaborazione nel Processo Civile. *Rivista di Diritto Processuale*, v. 21, 1966.

——. *La pronuncia d´ufficio*. Milano: Giuffrè, 1967.

GRAU, Eros Roberto. Sobre a produção legislativa e sobre a produção normativa do Direito oficial: o chamado "Efeito vinculante". Revista da Escola Paulista da Magistratura, n. 3 p. 339- 342. Disponível em <http://www.apmbr.com.br/revista/livropubl3/livro3.htm>. Acesso em: 30 jul. 2009.

GRINOVER, Ada Pellegrini. A Reclamação para garantia da autoridade das decisões dos Tribunais. *Revista Jurídica Consulex*, ano 6, n. 127, 30 abr. 2002.

——. Deformalização do Processo e deformalização das controvérsias. *RIL*, v. 25 n. 97, jan./ mar. 1988.

GUASTINI, Riccardo. *Das fontes às normas*. São Paulo: Quartier Latin, 2005.

HÄBERLE, Peter. Role and impact of constitutional courts in comparative perspective. Disponível em: <http://www.ecln.net/elements/conferences/book_berlin/haeberle.pdf>.

HARADA, Kiyoshi. Eficácia imediata da Súmula Vinculante. *Jus Navigandi*, Teresina, ano 12, n. 1863, 7 ago. 2008. Disponível em: <http://jus2.uol.com.br/doutrina/Texto.asp?id=11577>. Acesso em: 31 jul. 2009.

HART, Herbert L.A.. *O conceito de Direito*. 21.ed. Lisboa: Fundação Calouste Gulbenkian, s. d.

HECK, Luís Afonso. *Jurisdição Constitucional e legislação pertinente no Direito Comparado*. Porto Alegre: Livraria do Advogado, 2006.

——. O controle normativo no Direito Constitucional brasileiro. *Revista do Tribunais*, n. 800, jun. 2002.

HESSE, Konrad. *Elementos de Direito Constitucional da República Federal da Alemanha*. Trad. de Luiz Afonso Heck. Porto Alegre: Sergio Antonio Fabris Editor, 1998.

HOLANDA FERREIRA, Aurélio Buarque de. *Dicionário Aurélio*. 2. ed. rev. e aument. Rio de Janeiro: Nova Fronteira, 1986.

KELSEN, Hans. *La Giustizia Constituzionale*. Milano: Giuffrè, 1981.

——. O controle judicial da constitucionalidade: um estudo comparado das Constituições austríaca e americana. Texto original sob o título: "A comparative study of the Austrian and the American Constitution", no Jornal of Politics, em maio de 1942, PP. 183-200, in Jurisdição Constitucional, São Paulo: Martins Fontes, 2003.

——. *Teoria pura do Direito*. Trad. de João Batista Machado. 3. ed. São Paulo: Martins Fontes, 1991.

LAMY, Marcelo; ARCARO CONCI, Luiz Guilherme. *Reflexões sobre as Súmulas Vinculantes*. São Paulo: Método, 2005.

LEAL, João José; DECOMAIN, Pedro Roberto. Súmula Vinculante, regras de reconhecimento e textura aberta do Direito. *Resenha Eleitoral*, v.11, n.1, p. 16-39, jan./jun. 2004.

LEAL, Roger Stiefelmann. *O Efeito Vinculante na Jurisdição Constitucional*. São Paulo: Saraiva, 2006.

LEAL, Victor Nunes. Passado e futuro da Súmula do S.T.F. *Revista da Ajuris*, Porto Alegre v. 9, n. 25, p. 46-67, jul. 1982.

LEITE SAMPAIO, José Adércio *A Constituição reinventada pela Jurisdição Constitucional*. Belo Horizonte: Del Rey, 2002.

LIEBMAN, Tullio. *Eficácia e autoridade da sentença*. Trad. de Alfredo Buzaid e Benvindo Aires. Trad. dos textos posteriores à edição de 1945 e notas relativas ao Direito brasileiro vigente, de Ada Pellegrini Grinover. 3. ed. Rio de Janeiro: Forense, 1954.

LLORENTE, Francisco Rubio. La Jurisdiccion Constitucional como forma de creacion de Derecho. *Revista Española de Derecho Constitucional*, ano 8, n. 22, jan./ abr. 1988.

LÚCIO BITTENCOURT, Carlos Alberto. *O controle jurisdicional da constitucionalidade das leis*. 2.ed. Brasília: Ministério da Justiça, 1999.

LUSA CADORE, Márcia Regina. *Súmula Vinculante e uniformização de Jurisprudência*. São Paulo: Atlas, 2007.

MACHADO, Guimarães. *Limites objetivos do Recurso de Apelação*. Rio de Janeiro: Instituto de Direito Processual, 1962.

MANCUSO, Rodolfo de Camargo. *Divergência jurisprudencial e Súmula Vinculante*. 3. ed. São Paulo: RT, 2007.

——. Súmula Vinculante e a EC n. 45/2004. In: ALVIM WAMBIER, Teresa Arruda (coord.). *Reforma do Judiciário*: primeiros ensaios críticos sobre a EC n. 45/2004. São Paulo: Revista dos Tribunais, 2005.

MARINELLI, Vicenzo. *Ermeneutica Giudiziaria*: modelli e fondamenti. Milano: Giuffrè, 1996.

MARINONI, Luiz Guilherme; MITIDIERO, Daniel. *Repercussão geral no recurso extraordinário*. 2.ed. São Paulo: Revista dos Tribunais, 2008.

MARQUES, José Frederico. *Manual de Direito Processual Civil*. v. 1. Campinas: Bookseller, 1997.

MARTINS-COSTA, Judith H. A re-significação do princípio da segurança jurídica na relação entre o Estado e os cidadãos: a segurança como crédito de confiança. *Revista CEJ*, Brasília, v.8, n.27, p. 110-120, dez. 2004. .

MEDEIROS, Hortêncio Catunda de. *Recursos atípicos*. Rio de Janeiro: Forense, 1980.

MENDES, Gilmar Ferreira. Ação declaratória de constitucionalidade no âmbito estadual. Disponível em: http://br.geocities.com/profpito/acaodeclaratoriagilmar.html#_ftn14>. Acesso em: 16 jul. 2009.

——. *Direitos fundamentais e controle de constitucionalidade*: estudos de Direito Constitucional. 2. ed. rev. e ampl. São Paulo: Celso Bastos Editor; Instituto Brasileiro de Direito Constitucional, 1999.

——. *Controle de constitucionalidade*: aspectos jurídicos e políticos. São Paulo: Saraiva, 1990.

——. O Efeito Vinculante das decisões do Supremo Tribunal Federal nos processos de controle abstrato de normas. *Revista Jurídica Virtual*, Brasília, v. 1, n. 4, ago. 1999. Disponível em:< http://www.planalto.gov.br/ccivil_03/revista/Rev_04/efeito_vinculante.htm>. Acesso em: 17 jul. 2009.

MENDES, Gilmar Ferreira; COELHO, Inocêncio Mártires; GONET BRANCO, Paulo Gustavo. *Curso de Direito Constitucional*. 3 ed. rev. e atual. São Paulo: Saraiva, 2008.

MILHOMENS, Jônatas. *Dos recursos cíveis*: doutrina, legislação, jurisprudência e formulário. Rio de Janeiro: Forense, 1991.

MIRANDA, Jorge. *Manual de Direito Constitucional*: actividade constitucional do Estado. t. 5. ., Coimbra: Coimbra Editora, 2000.

——. *Manual de Direito Constitucional*: Constituição e inconstitucionalidade. 3. ed. v. 2. Coimbra: Coimbra Editora, 1996.

MIRANDA, Tássia Baia. *Stare Decisis* e a aplicação do precedente no sistema norte-americano *Revista da Ajuris*, Porto Alegre, v.34, n.106, p. 259-292, jun. 2007.

MOCCIA, Luigi. *Comparazione giuridica e Diritto europeu*. Milano: Giuffrè, 2005.

MOORE, Michael S. Interpretando a interpretação. In: MARMOR, Andrei (org.). *Direito e interpretação*. São Paulo: Martins Fontes, 2000.

MORAES, Alexandre de. *Direito Constitucional*. 23 ed. São Paulo: Atlas, 2008.

——. *Jurisdição Constitucional e Tribunais Constitucionais*: garantia suprema da Constituição. São Paulo: Atlas, 2000.

MORATO, Leonardo L. *Reclamação e sua aplicação para o respeito da Súmula Vinculante*. São Paulo: Editora Revista dos Tribunais, 2007.

MÜLLER, Friedrich. *Métodos de trabalho do Direito Constitucional*. 3. ed. rev. e ampl. Rio de Janeiro: Renovar, 2005.

NEGRÃO, Theotonio. *Código de Processo Civil e legislação processual em vigor*. 30. ed. São Paulo: Saraiva, 1999.

NERY FERRARI, Regina Maria Macedo. *Efeitos da declaração de inconstitucionalidade*. 5. ed. São Paulo: Revista dos Tribunais, 2004.

NERY JUNIOR, Nelson. *Princípios do Processo Civil na Constituição Federal*. 2. ed. rev. e aument. São Paulo: Editora Revista dos Tribunais, 1995.

——. *Princípios fundamentais*: teoria geral dos recursos. 2. ed. rev. e ampl São Paulo: Revista dos Tribunais, 1993.

——; ANDRADE NERY, Rosa Maria de. *Código de Processo Civil comentado e legislação extravagante*. 7. ed. rev. e ampl. São Paulo: RT, 2003.

NORTHFLEET, Ellen Gracie. Ainda sobre o Efeito Vinculante. *Revista de Informação Legislativa*, n. 132, 1996.

NUNES, Castro. *Teoria e prática do Poder Judiciário*. Rio de Janeiro: Forense, 1943.

OHLWEILER, Leonel. Dos motivos à motivação dos atos administrativos como dever de ponderação: uma análise a partir da viragem hermenêutica. *Revista da AJURIS*, Porto Alegre: AJURIS, v.34, n.107, p. 157-170, set. 2007.

OLIVEIRA, Pedro Miranda de. A (in)efetividade da Súmula Vinculante: a necessidade de medidas paralelas. In: ALVIM WAMBIER, Tereza Arruda (coord.). *Reforma do Judiciário*: primeiras reflexões sobre a Emenda Constitucional n. 45/2004. São Paulo: RT, 2005.

OLIVEIRA GIDI, Antonio Carlos. O *instituto da coisa julgada e a litispendência nas ações coletivas do Direito brasileiro*. Dissertação de Mestrado, PUC-SP, 1993.

OTERO, Paulo. *Legalidade e Administração Pública*: o sentido da vinculação administrativa à juridicidade. Coimbra, 2003.

PINTO, Alexandre Roque. Súmula Vinculante: instrumento de pacificação? Ou o curioso caso da Súmula Vinculante n. 4. *Jus Navigandi*, Teresina, ano 13, n. 2065, 25 fev. 2009. Disponível em: <http://jus2.uol.com.br/doutrina/Texto.asp?id=12382>. Acesso em: 04 ago. 2009.

PIZZOL, Patrícia Miranda. *A competência no Processo Civil*. São Paulo: Revista dos Tribunais, 2003.

PONTES DE MIRANDA, Fracisco Cavalcanti. *Comentários ao Código de Processo Civil*. 3. ed. atual. legislativa por Sérgio Bermudes. t. 2. Rio de Janeiro: Forense, 2000.

——. *Comentários ao Código de Processo Civil*. t. 5. (arts. 444 a 475). Rio de Janeiro: Forense, 1997.

RE, Edward D. *Stare decisis*. *Revista da Ajuris*, Porto Alegre, v.21, n.60, p. 94-106, mar. 1994.

RIBEIRO DANTAS, Marcelo Navarro. *Reclamação constitucional no Direito brasileiro*. Porto Alegre: Sergio Antonio Fabris Editor, 2000.

RODRIGUEZ, César. *La decisión judicial*: el debate – Hart-Dworkin; estudio preliminar. Bogotá: Siglo del Hombres Editores; Facultad de Derecho, Universidad de los Andes, 1997.

ROSA TESHEINER, José Maria. *Elementos para uma teoria geral do Processo*. São Paulo: Saraiva, 1993.

ROSAS, Roberto. *Direito Sumular*: comentários às Súmulas do Supremo Tribunal Federal e do Superior Tribunal de Justiça. 8. ed. rev. e atual, São Paulo: Malheiros, 1997.

——. *Direito Processual Constitucional*: princípios constitucionais do Processo Civil. 2. ed. São Paulo: Revista dos Tribunais, 1997.

SALMON, Wesley C. *Lógica*. 3. ed. Rio de Janeiro: Editora Prentice-Hall do Brasil Ltda, 1993.

SANTOS, Boaventura de Sousa. Introdução à Sociologia da Administração da Justiça. *Repro*, v. 37.

SARLET, Ingo Wolfgang. Argüição de descumprimento de preceito fundamental: alguns aspectos controversos. *Revista da Ajuris*, Porto Alegre, v. 27, n. 84, p. 117-137, dez. 2001.

——. Argüição de descumprimento de preceito fundamental: alguns aspectos controversos. *Revista Diálogo Jurídico*, Salvadorv. I, n. 3, jun. 2001. Disponível em: <http://www.direitopublico.com.br>. Acesso em: 17 jul. 2009.

SCHÄFER, Gilberto. Ausência de licitação de linhas de ônibus. Sentença em Ação Civil Pública. *Jus-Navegandi*, Teresina, Ano 10, n. 1149, 24 de agosto de 2006. Disponível em:< http://jus2.uol.com.br/pecas/Texto.asp?id=707> . Acesso em: 11 set. 2006.

——. *Ação Civil Pública e controle de constitucionalidade*. Porto Alegre: Sergio Antonio Fabris Editor, 2002.

——. Os contornos da argüição de descumprimento de preceito fundamental na jurisprudência do Supremo Tribunal Federal. *Revista da Ajuris*, Porto Alegre,, v.33, n.102, p. 143-157, jun.2006.

SCHAUER, Frederick. Precedent. *Stanford Law Review*, fev. 1987. Disponível em:< http://www.trinitinture.com/documents/schauer.pdf>. Acesso em: 10 ago. 2008.

SCHLAICH, Klaus. Procedures et techniques de protection des droits fondamentaux: Tribunal Constitutionnel Federal Allemand. *Revue Internationale de Droit Compare*, Paris, 1981.

SIFUENTES, Mônica. *Súmula Vinculante*: um estudo sobre o Poder Normativo dos Tribunais. São Paulo: Saraiva, 2005.

SILVA, Almiro do Couto e. O princípio da segurança jurídica (proteção à confiança) no Direito Público brasileiro e o direito da Administração Pública de anular seus próprios atos administrativos: o prazo decadencial do art. 54 da Lei do Processo Administrativo da União (Lei n. 9.8784/99. *Revista Eletrônica de Direito do Estado*, Salvador, Instituto de Direito Público da Bahia, n. 2, abr./mai./jun. 2005. Disponível em:< http//direitodoestado.com.br>. Acesso em: 20 fev. 2009.

——. Poder Discricionário no Direito Administrativo brasileiro. *Revista de Direito Administrativo*, Rio de Janeiro, , n. 179-180, p. 58, , jan/jun. 1990.

SILVA, Celso Albuquerque. *Do Efeito Vinculante*: sua legitimação e aplicação. Rio dc Janciro: Lumen Juris, 2005.

SILVA, Clóvis do Couto e. *Comentários ao Código de Processo Civil*. v. 11, t. 2. Artigos 1046 a 1102, São Paulo: Editora Revista dos Tribunais, 1981.

SILVA, José Afonso da. *Curso de Direito Constitucional positivo*. 23. ed. São Paulo: Malheiros, 2004.

SILVA MARTINS, Ives Gandra da; MENDES, Gilmar Ferreira. *Controle concentrado de constitucionalidade:* comentários à Lei n. 9868, de 10-11-1999, 2. e 3. ed. São Paulo: Saraiva, 2007 e 2009.

——. Ação declaratória de constitucionalidade. São Paulo: Saraiva, 1994.

SILVA MARTINS, Ives Gandra da; GARCIA, Fátima Fernandes. Ação declaratória de constitucionalidade.In: SILVA MARTINS, Ives Gandra da; MENDES, Gilmar Ferreira (coords.). *Ação declaratória de constitucionalidade*.São Paulo: Saraiva, 1994.

——. Aspectos processuais da denominada ação declaratória de constitucionalidade. In: SILVA MARTINS, Ives Gandra da; MENDES, Gilmar Ferreira (coords.). *Ação declaratória de constitucionalidade*. São Paulo: Saraiva, 1994.

SOTT, Airton José. A possibilidade do controle judicial de constitucionalidade – incidental, concreto e difuso – Direito brasileiro anterior à Constituição Federal de 1988 – em conexão com os direitos fundamentais. *Revista da Ajuris*, Porto Alegre, v.31, n.93, p. 9-24, mar. 2004.

SOUZA, Nelson Oscar de. A inconstitucionalidade. *Revista da Ajuris*, Porto Alegre, n. 70, p. 128- 130, 1997.

STRECK, Lenio Luiz. *Jurisdição Constitucional e Hermenêutica*: uma nova crítica do Direito. Porto Alegre: Livraria do Advogado, 2002.

——. *Súmulas no Direito brasileiro*: eficácia, poder e função: a ilegitimidade constitucional do Efeito Vinculante. 2. ed. rev. e ampl. Porto Alegre: Livraria do Advogado, 1998.

——. O Efeito Vinculante e a busca da efetividade da prestação jurisdicional – da Revisão Constitucional de 1993 à Reforma do Judiciário (EC 45/04). In: AGRA, Walber de Moura (coord.). *Comentários à Reforma do Poder Judiciário*. Rio de Janeiro: Forense, 2005.

STRUCHINER, Noel. *Direito e linguagem*: uma análise da textura aberta da linguagem e sua aplicação ao Direito. Rio de Janeiro: Renovar, 2002.

SWISHER, Carl Brent. *Decisões históricas da Côrte Suprema*. Rio de Janeiro: Editora Forense Rio, 1964.

TARUFFO, Michele. Il significato costituzionale dell'obbligo di motivazion. In: GRINOVER, Ada Pellegrini; DINAMARCO, Cândido Rangel; WATANABE, Kazuo (coords.). *Participação e Processo*. São Paulo: Editora Revista dos Tribunais, 1988.

TAVARES, André Ramos. *Nova Lei da Súmula Vinculante*: estudos e comentários à Lei n. 11.417 de 19.12.2006. 2.ed. rev. atual. e ampl São Paulo: Método, 2007.

——. Perplexidades do novo instituto da Súmula Vinculante no Direito brasileiro. *Revista Eletrônica de Direito do Estado,* REDE, Salvador, Instituto Brasileiro de Direito Público, n. 11, jul./ago./set. 2007. Disponível em: <http://www.direitodoestado.com/revista/REDE-11-JULHO-2007-ANDRE%20RAMOS.pdf>. Acesso em: 15 jun. 2009.

TEIXEIRA, Sálvio de Figueiredo. As tendências brasileiras rumo à Jurisprudência Vinculante.*Revista da Escola da Magistratura do Estado de Rondônia.* Porto Velho, n. 6, 1999. Disponível em: <http://www.tj.ro.gov.br/emeron/revistas/revista6/13.htm>.Acesso em: 30 jul. 2009.

THEODORO JÚNIOR, Humberto. *As novas Reformas do Código de Processo Civil.* Rio de Janeiro: Forense, 2006.

——. *Curso de Direito Processual Civil* . v.1. 39. ed. Rio e Janeiro: Editora Forense, 2003.

WATANABE, Kazuo. Filosofia e características do Juizado de Pequenas Causas. In: —(coord.). *Juizado Especial de Pequenas Causas.* São Paulo: Editora Revista dos Tribunais, 1985.

WETZEL DE MATTOS, Sérgio Luís. O princípio do devido processo legal revisitado. *Revista da Ajuris,* Porto Alegre, v.32, n.97, p. 265-290, mar. 2005.

——. *Devido Processo legal e proteção de direitos.* Porto Alegre: Livraria do Advogado, 2009.

ZAGREBELSKY, Gustavo. *El Derecho dúctil*: Ley, Derechos, Justicia. Madrid: Editorial Trotta, 1999.

ZAVASCKI, Teori Albino. *Eficácia das sentenças na Jurisdição Constitucional.* São Paulo: Revista dos Tribunais, 2001.

ZITSCHER, Harrit Christiane. *Introdução ao Direito Civil alemão e inglês.* São Paulo, 1999.